Ute Becker

Einsam!
Kindheit unter Alkoholfahne

RUHLAND

Ute Becker

Einsam!
Kindheit unter Alkoholfahne

Ruhland Verlag

Bibliografische Information der Deutschen Nationalbibliothek

Die Deutsche Bibliothek verzeichnet diese Publikation
in der Deutschen Nationalbibliografie; detaillierte bibliografische
Daten sind im Internet über http://dnb.d-nb.de abrufbar.

Das Werk einschließlich aller seiner Teile ist urheberrechtlich
geschützt. Jede Verwertung außerhalb der engen Grenzen des
Urheberrechtsgesetzes ist ohne Zustimmung des Verlages unzulässig
und strafbar. Das gilt insbesondere für Vervielfältigungen,
Übersetzungen, Mikroverfilmungen und die Einspeicherung und
Verarbeitung in elektronischen Systemen.

ISBN 978-3-88509-180-6
© Ruhland-Verlag, Frankfurt 2022
Ute Becker, Einsam! Kindheit unter Alkoholfahne
Umschlagbild: © Finn Jaeyoung Heo
Alle Rechte vorbehalten.
Gedruckt in Polen

www.ruhland-verlag.de

Für Marlene

Einleitung

„Ich kenne meine Mutter nur betrunken!", so sagt eine erwachsene Frau in diesem Buch.

Einsamkeit. Angst. Scham. Das sind Gefühle, die ihre Kindheit geprägt haben.

Ihr Leiden und was sie mitnehmen in ihr Erwachsenenleben, darüber sprechen die Betroffenen hier erstmalig: Alkoholsucht und die verheerenden Folgen für die Kinder.

Noch immer ist dies ein Tabu-Thema. Niemand spricht darüber. Das ganz große Schweigen aber, es schützt die Alkoholkranken und nicht die Kinder. Oft sind sie gewalttätigen Eltern ausgesetzt und müssen irgendwie heil groß werden. Sie haben ganz unterschiedliche Strategien entwickelt, ihre Kindheit seelisch zu überleben.

Davon berichten sie in diesem Buch.

In Deutschland leben schätzungsweise bis zu 6,6 Millionen minderjährige Kinder bei Elternteilen mit riskantem Alkoholkonsum. (Studie des Robert Koch-Instituts von 2016)

Die Recherche zu diesem Buch ist dennoch schwierig. Keine Selbsthilfe-Gruppe antwortet auf meine Fragen. Viele Reha-Kliniken winken ab.

Am Ende geben zwei Psychiater, Jürgen Vieten und Said Hooboty Fard, sowie der renommierte Neurobiologe und Hirnforscher Gerald Hüther schließlich ein Interview.

Aber am wichtigsten sind die Betroffenen selbst. Endlich kommen sie zu Wort, viel zu lange haben sie geschwiegen.

Einsam begann ihre Kindheit und auch ihr Leben als Erwachsene war in den meisten Fällen genauso.

Vorwort: Die vergessenen Kinder

Dr. med. Jürgen Vieten, Psychiater in Mönchengladbach

Man muss sich folgendes vorstellen: Ein Kind steht morgens auf, weiß nicht, ob Frühstück auf dem Tisch steht. Bei anderen ist das normal. Stattdessen muss es Angst vor einem betrunkenen Elternteil haben, Angst vor Schlägen oder dass kein Geld mehr da ist. Es lernt nicht, dass man sich auf Erwachsene verlassen kann. Also muss es mit dieser Unsicherheit klarkommen.

Es lernt vielmehr, dass es sich nur auf sich allein verlassen kann.

Es muss vielleicht auf seine Mutter aufpassen, dass sie nicht betrunken vor den Mitschülern erscheint. Es muss sich schämen, es muss Angst haben vor seiner Mutter oder vor seinem Vater.

Das bedeutet den kompletten Verlust von Fürsorge.

Vielleicht können diese Kinder ihre Grundbedürfnisse erfüllen, sie strengen sich an. Aber es führt nicht zum Erfolg, denn es führt nicht zu Liebe, Anerkennung, Unterstützung – Im Gegenteil, diese Kinder werden nach wie vor links liegen gelassen, obwohl sie sich so anstrengen.

Wir alle müssen im frühkindlichen Alter Muster erlernen, mit denen wir überleben. Diese Muster gucken wir uns auch bei den Eltern ab. Die sind dann wie in Stein gemeißelt. Diese Muster loszuwerden ist unglaublich schwer. Es ist, als würde man mit einem Löffel einen großen Stein bearbeiten, um das Gemeißelte zu verändern. Aber mit Ausdauer kann es gelingen. Mit einem Therapeuten, zu dem der oder die Betreffende eine gute Bindung hat, kann das aktuelle Verhalten immer wieder analysiert daraufhin werden, welche Verhaltensweisen aus der Vergangenheit herrühren und welche nicht.

Wir haben es mit einem Tabu zu tun: Erwachsene Kinder, deren Eltern alkoholkrank waren, schweigen, wie sie es ihr ganzes Leben lang getan haben – aus Scham und aus Angst vor Stigmatisierung. Sie haben gelernt, sich zu verschließen, Probleme mit sich selbst auszumachen, und das tragen sie mit sich rum.

Grundsätzlich gilt: Die Stigmatisierung psychischer Krankheiten führt zu Verheimlichung. Wenn ich eine dicke Warze am Bein habe, ziehe ich eine Hose an. Wenn ich ein Gefühl der Scham in mir trage, erzähle ich das nicht. Es ist wichtig, den Betroffenen zu sagen, dass sie nicht allein damit sind und dass sie keine Schuld hatten und haben. Der Stempel „Aus dir wird nie was, weil du aus so einer Familie kommst" muss gelöscht werden. Die Entwertung der Persönlichkeit des Betroffenen muss beendet werden, damit die Einsamkeit aufhört, die diese Menschen umgibt. Entstigmatisierung heißt: An die Öffentlichkeit bringen.

Wünschenswert für unsere Gesellschaft wäre, dass sich mehr prominente Menschen dazu bekennen, aus solchen Familien zu kommen. Sie haben eine Vorbildfunktion.

Es wird häufig über Kindesmissbrauch gesprochen, was gut und wichtig ist. Wünschenswert wäre, dass auch mehr über Kinder aus alkoholbelasteten Familien und den psychischen Folgeerkrankungen wie Depressionen oder Suchterkrankungen, gesprochen wird.

Maike

Vom Alkohol besessen,
Bier und Kegeln deine einzigen Interessen.
Warst in deiner Stammkneipe anzutreffen,
hast da mit dem letzten Geld gesessen
und Mama hatte kein Geld für Essen.
Verantwortungslos und unangemessen,
das beschreibt dich und deine Taten treffend.
Aufsichtspflicht verletzen,
hast nachts in der Kneipe gesessen,
und ich schlief allein zu Haus währenddessen.
Jede Abmachung vergessen,
mich jedes Mal versetzen,
hieltst nicht ein Versprechen.
Ich entschied, mit dir zu brechen,
denn wir sind nicht zu retten.
Ich will dich niemals wieder treffen.

Sabine

Ich habe zwei Brüder und eine Schwester, die alle einige Jahre älter sind als ich. Ich bin das Nesthäkchen. Ich bin auf dem Land aufgewachsen, in einem Dorf, in dem jeder jeden kennt. Meine Familie hatte sehr wenig Kontakt zu anderen. Wir hatten als Familie nie Besuch und waren auch nie zusammen bei anderen, vielleicht habe ich deshalb oft mit meinen Geschwistern auf der Straße gespielt.

Ein Nachbar verbot seinem Sohn, mit meinem Bruder zu spielen. Mir kam es vor, als seien wir anders. Als würden unsere Nachbarn uns als „asozial" abstempeln. Ganz selten war ich mal bei Freunden aus der Schule. Und ich habe alles dafür getan, meine Freunde nicht zu mir nach Hause zu bringen. Denn ich schämte mich für unser unordentliches Zuhause, für meinen Vater, der schon mittags anfing zu trinken, und für meinen Bruder, der oft 'rumschrie.

Meine Freunde fanden es komisch, dass ich nicht wollte, dass sie zu mir kommen.

Meine ersten Kindheitserinnerungen habe ich, da bin ich ungefähr vier Jahre alt. Ich war auch da viel alleine, vielleicht war ich sogar damals schon einsam. Ich habe mittags immer am längsten geschlafen, weil ich jeden Tag sehr müde war. Die anderen waren dann schon draußen spielen. Ich war mit meinen Gedanken immer woanders, konnte nie im Moment und einfach Kind sein. Ich kann mich an meine Gefühle von damals nicht erinnern. Ich weiß nicht mal, ob ich welche hatte.

Meine beiden ältesten Geschwister waren und sind sehr selbstbewusst. Sie konnten sich schnell von Zuhause abkapseln. Sie wussten, was sie wollten, und konnten ihre Meinung bestimmt und frei heraus sagen. Mein anderer Bruder und ich sind sensibel und unsicher. Ich wurde nicht ernst genommen, weil ich die jüngste war. Ich hatte immer das Gefühl, dass ich nicht gesehen werde. Ich war unsichtbar. Außerhalb unseres Zuhauses war ich immer das ruhige Kind. Zu Hause aber konnte ich auch temperamentvoll sein. In den schlimmen Momenten, also dann, wenn es brenzlig wurde, war ich ruhig und habe versucht, nicht zu existieren. Ich konnte mich aber auch gut mit meinen Geschwistern streiten. Wir haben uns angeschrien, beleidigt und geschlagen. Wir wussten auch nicht, wie wir Streitigkeiten anders klären konnten, da das in meiner Familie normal war. Manchmal hatte ich auch plötzliche Wutausbrüche meiner Mutter gegenüber, die ich kaum kontrollieren konnte.

Seit ich denken kann, trinkt mein Vater. Viele Flaschen Bier und Schnaps. Für mich war es normal, bis ich bei Schulfreunden gemerkt habe, dass es das nicht ist. Dann habe ich begonnen, mich zu schämen.

Eine Erzählung über meine Kindheit hätte diese Überschrift: „Der nächste Schrecken wartet." Ich weiß nicht genau, warum mir dieser Satz jetzt eingefallen ist. Aber ich habe mich schon früh immer mental darauf vorbereitet, dass gleich etwas Schlimmes passiert. Ob es ein Gewaltausbruch meines Vaters war oder eine Psychose meiner Mutter. Ich wusste, dass so etwas immer wieder auf mich zukommt. Es fiel mir schwer, mich leicht zu fühlen. Meine schönsten Zeiten hatte ich im Kindergarten und in der Grundschule, da ich da das Gefühl hatte, dass meine Erzieherin und meine Lehrerin mich mochten und förderten. Auch im Urlaub in Bosnien war ich frei, weil ich dort mit meinem Bruder und zwei Jungs viele Abenteuer erleben konnte.

Mein Vater hat jeden Tag getrunken. Er war jeden Abend in Düsseldorf und hat sich dort mit seinen Freunden getroffen, um zu saufen. Stundenlang. Bis meine Mutter ihn abholte, spätestens um Mitternacht. Uns nahm sie mit, denn wenn wir dabei waren, schlug er sie nicht. Wenn sie alleine fuhr und er sie schlug, erzählte sie uns davon. Ich habe sogar ein Szenario in meinem Kopf, wie mein Vater meine Mutter schlug und sie an eine Tankstelle fuhr, um vor ihm zu fliehen. Ich weiß nicht, ob ich wirklich dabei war oder sie es mir nur erzählt hatte.

Meine Psychologin sagt, dass Kinder in Bildern denken und ich genauere Details wissen würde, wenn ich dabei gewesen wäre. Ich war also nicht dabei, aber durch ihre Erzählung habe ich es mir so bildlich vorgestellt, dass ich es bis heute in meinem Kopf abspielen kann wie einen Film. Ich wurde jeden Tag mit Alkohol und den Folgen konfrontiert, obwohl ich so jung war und das alles gar nicht verstanden habe. Das war zu viel, ich war überfordert, ängstlich und traurig.

Zu mir war mein Vater sehr liebevoll. Gerade wenn er getrunken hatte, sagte er mir immer wieder, wie viel ich ihm bedeutete. Ich wusste immer, dass mein Vater mich liebt. Ich war ein absolutes Papakind, da meine Mutter ihre Liebe nie zeigen konnte. Aufgrund ihrer psychischen Erkrankung konnte sie uns nicht einmal umarmen.

Aber meiner Mutter gegenüber war mein Vater sehr gewalttätig. Er schlug sie und beleidigte sie, er drohte, sie aus dem Fenster zu schmeißen. Oft waren wir oben, während er unten ausgerastet ist. Ich war hilflos. Mein Papa, den ich fast schon anhimmelte, war gleichzeitig ein Monster. Das wollte und konnte ich nie wahrhaben. Ich gab meiner Mutter die Schuld.

Mein Vater ist nüchtern meistens ruhig. Dann kann man sich mit ihm gut und vernünftig unterhalten und ihn auch um Rat bitten. Er ist dann ein ganz normaler Mann. Doch sobald der Alkohol im Spiel ist, redet er oft wirres Zeug, verliert die Kontrolle, hat Wutausbrüche oder liegt besoffen in Unterhose auf der Couch. Er lässt sich dann gehen.

Ich erinnere mich, dass der Fernseher den ganzen Tag ganz laut lief. Mitten in der Nacht lief er und auch morgens, wenn ich aufstand.

Ich habe mich oft geschämt, vor anderen und auch für meinen Vater. Er schlief immer auf der Couch. Morgens, wenn ich aufgestanden bin, habe ich unser Wohnzimmer gemieden. Ich wollte ihn so nicht sehen, ich habe mich so für ihn geschämt. Dass er sich jeden Tag vor seinen Kindern so gibt und sich nüchtern nicht daran erinnern konnte, war mir peinlich, und ich habe ihn auch nie darauf angesprochen.

Ich erinnere mich an eine Szene, da war ich acht Jahre alt. Eine Klassenkameradin fiel auf dem Weg zur Grundschule vor unserem Gartenzaun auf den Kopf. Sie blutete stark, und meine Mutter brachte sie in unser Haus. Ich bin mit einer anderen Freundin weiter zur Schule gelaufen. Den ganzen Tag habe ich daran gedacht, dass sie jetzt sehen wird, wie unordentlich es bei uns ist und wie mein Vater in Unterhose auf der Couch liegt.

Und es gibt einen Tag, an den ich mich für immer erinnern werde. Da war ich auch acht. Mein Vater war betrunken und schrie. Ganz laut. Ich war oben und hörte wie die Haustür auf und zu ging. Meine Mutter ging. So schnell ich konnte, lief ich nach unten, zog meine Schuhe an und rannte meiner Mutter hinterher. Ich weiß nicht warum, weil ich ja sehr an meinem Vater hing. Meine Mutter ging zur Telefonzelle, die nur eine Straße entfernt war. Ich stand in dieser Telefonzelle mit meiner Mutter, die nicht wusste, ob sie die Polizei holen sollte. Ich sagte, dass sie es tun solle, und gab ihr den

Hörer in die Hand und wählte 110. Die Polizei kam, holte uns ab und fuhr zu uns nach Hause. Mein Vater schrie und schrie. Meine Geschwister haben mir gesagt, dass mein Vater mich überall gesucht habe. Die Polizei nahm ihn nicht mit. Mein volljähriger Bruder, der schon ausgezogen war, wollte unseren Vater mit zu sich nehmen.

Die Polizei verbot ihm, sich unserem Haus zu nähern. Ich sehe es ganz deutlich, wie ich vor der Treppe stand, die Haustür offen, mein Vater schreiend auf der Straße. Ich weiß nicht, was ich gefühlt habe. Ich war einfach leer. Wenn ich an diesen Tag denke, kommen mir die Tränen. Eigentlich würde man denken, dass dann der ganze Spuk vorbei gewesen wäre, aber mein Leben wurde gefühlt noch schlimmer. Als mein Vater weg war, bekam meine Mutter die ersten Psychosen. Meine Eltern ließen sich scheiden. Wir Kinder waren ganz auf uns alleine gestellt.

Meine Kindheit war immer unsicher. Chaotisch. Ich war oft alleine. Über Gefühle, die mich bedrückten oder beschäftigten, ob positiv oder negativ, habe ich nie gesprochen, es hat niemanden interessiert.

Meine Mutter war leider sehr schwach und mit uns vier Kindern und einem Vollzeitjob überfordert. Sie wünschte sich eigentlich ein anderes Leben. Sie hätte am liebsten nur zwei Kinder gehabt und einen anderen Mann. Das sagte sie mir oft.

Manchmal bat sie uns Kinder auch um Rat, und wenn irgendetwas schief ging, gab sie uns die Verantwortung dafür.

Als ich ungefähr fünfzehn Jahre alt war, normalisierte es sich bei uns zu Hause. Meine Eltern heirateten wieder, was ich überhaupt nicht verstand. Mein Vater trank zwar immer noch, allerdings schlug er meine Mutter nicht mehr. Es gab ab und zu noch verbale Ausbrüche.

Ich war sehr schüchtern, hatte zwar Freunde, aber ging nie mit jemandem aus. Ich war sehr unsicher und überhaupt nicht selbstbewusst. Ich glaube auch, dass ich bereits seit der Mittelstufe depressive Phasen hatte. Ich war sehr niedergeschlagen und hatte kaum Energie. Nach der Schule schlief ich stundenlang, da ich einfach keine Kraft hatte, wach zu bleiben. Meine Eltern bezeichneten mich daher als faul, was mich nur noch weiter herunterzog. Ich lebte nicht wirklich, sondern existierte nur. Mir fiel es schwer, Momente mit Freunden zu genießen, weil meine Gedanken dann oft zu Hause waren. Ich hatte immer Angst, dass zu Hause die Welt wieder untergehen könnte.

Einen festen Partner habe ich bis heute noch nicht gehabt. Ich hatte immer das Gefühl, anders zu sein. Ich denke, dass ich im Unterbewusstsein schon ganz früh wusste, dass bei uns etwas nicht stimmt. Die Probleme, die meine Freunde im Jugendalter hatten, hatte ich nie, und die kamen mir auch schwachsinnig vor. Wenn meine Freunde Liebeskummer hatten, sah ich das als kein großes Problem an. Ich habe mir solche Probleme gewünscht und nicht die, die ich hatte.

Ich habe mein Abitur gemacht. Danach arbeitete ich ein Jahr in einer Bäckerei und dann machte ich einen Bundesfreiwilligendienst in einer Grundschule. Das hat mir so gut gefallen, dass ich Grundschullehrerin werden wollte. Leider begann mit dem Studium auch meine Angststörung, die mich aus der Bahn schmiss.

Bis vor etwa zwei Jahren war ich die absolute Weltmeisterin im Aushalten. Ich habe mich zurückgezogen, um mich zu schützen. So musste ich nicht über mich sprechen, und andere mochten meine Art. Ich konnte gut zuhören und Ratschläge geben.

Irgendwann merkte ich aber, dass das Aushalten und immer leise zu sein mich zu viel Kraft kosteten. Seitdem versuche ich auch auf meine Bedürfnisse einzugehen und mich auch mal in den Vordergrund zu stellen.

Ich habe depressive Phasen, die für mich meistens überraschend kommen. Zurzeit kämpfe ich noch mit meiner Agoraphobie und sozialen Ängsten. Die Agoraphobie ist eine übertriebene Platzangst und die Angst vor Menschenmengen. Ich habe oft das Gefühl, dass ich flüchten muss, um Dinge nicht mehr aushalten zu müssen. Diese Angst hat ihre Wurzeln in meiner Kindheit.

Betrunkene Menschen versuche ich zu umgehen, so gut es geht. Zu Hause, wenn mein Vater trinkt, bleibe ich in meinem Zimmer. Die Nähe zu Betrunkenen tut mir nicht gut, und ich fühle mich immer sehr unwohl, auch wenn die Person gut drauf ist. Wenn meine Freunde trinken, bin ich nicht dabei. Ich habe auch Angst, dass die Stimmung von jetzt auf gleich umspringt, ich möchte diese plötzlichen Wutausbrüche nicht miterleben.

Ich wohne immer noch bei meinen Eltern. Manchmal überlege ich, wie es wäre, keinen Kontakt mehr zu ihnen zu haben. Ich kann mir vorstellen, eines Tages weit weg zu ziehen und nur noch ab und zu mit ihnen zu telefonieren. Ich glaube, dass mir eine gewisse Distanz zu ihnen guttun würde.

Wenn es mir nicht gut geht, habe ich Flashbacks und denke an meine Kindheit. Ich bin oft sauer, dass es mich so hart getroffen hat. Dann gibt es da noch so ein Gefühl, was ich schon seit der Kindheit habe und welches ich nicht genau definieren kann. Es ist eine Mischung aus Unwohlsein und Angst.

Wenn ich von Betrunkenen umgeben bin, fühle ich mich unwohl, und Menschen, die mir komisch rüberkommen, machen mir Angst, sie erinnern mich an die Zeit, in der meine Mutter Psychosen hatte. Ich analysiere meine Umgebung genau und fühle mich schnell unwohl, wenn etwas für mich nicht normal erscheint. Ich kann es nicht leiden, wenn Menschen sich streiten, weil mich das mitnimmt. Auch wenn Fremde auf der Straße diskutieren, legt sich das schwer auf mein Herz.

Leider habe ich überhaupt kein Selbstvertrauen oder Selbstwertgefühl. Insgeheim weiß ich, dass ich ein guter Mensch bin, der empathisch und stark ist, und ich wirklich stolz auf mich sein könnte. Trotzdem vergleiche ich mich oft mit anderen und mache mich dann klein und fühle mich dumm. Auch für meine Angststörung und meinen Lebenslauf werte ich mich oft ab.

Ich bin ungeheuer sensibel und mitfühlend; ich spüre genau, wenn etwas nicht stimmt, auch wenn es nur eine ganz kleine Sache ist – ich habe dafür Antennen. Ich kann mich auch gut in andere hineinversetzen, da ich weiß, wie sich innerer Schmerz anfühlt. Ich glaube, dass meine Empathie eine besondere Gabe ist. Ich fühle sehr viel und intensiv, was für mich allerdings nicht immer gut ist, da ich mich auch schwer von den Gefühlen anderer abkapseln kann.

Dafür habe ich ein ganz starkes Verantwortungsbewusstsein. Ich achte besonders auf andere und fühle mich oft verantwortlich für deren Gefühle. Ich versuche, mit meinen Worten und Taten achtsam zu sein. Oft übernehme ich auch für viele Probleme die Verantwortung, beispielsweise auf der Arbeit. Andere drücken mir dann noch mehr auf, weil sie denken, dass ich so viel Verantwortung übernehmen kann.

Seit zwei Jahren mache ich eine Verhaltenstherapie, in der wir gerade am Anfang viel über meine Kindheit gesprochen haben. Ich möchte immer wissen, warum etwas passiert. Die Therapie half mir, meine Eltern und deren Krankheiten zu verstehen. Ich gebe ihnen nicht mehr alle Schuld, weil ich weiß, dass sie krank sind.

Wenn es mir nicht gut geht, hilft mir der Glaube daran, dass es immer weitergeht. Ich habe schon viele Sachen überstanden, bei denen ich mir dachte, dass sie nie vorübergehen. Aber es geht immer weiter.

Wenn ich meinen Eltern einen Brief schreiben würde über meine Kindheit, würde ich ihnen gerne einmal sagen, wie hilflos ich war; ich war so jung und musste so viel aushalten; wie traurig ich manchmal über meine Kindheit bin und dass es mir schwerfällt, sie komplett loszulassen.

Ich möchte, dass sie sich einmal mit ihren Krankheiten und deren Folgen, die ich aushalten musste, auseinandersetzen. Ich wünsche mir, dass sie sehen, wie stark ich war und dass auch ich Gefühle habe. Mein wahres Ich möchte gesehen werden und nicht nur die Fassade. Ich glaube, dass meine Eltern viel Schmerz in ihrem Leben erfahren mussten und diesen an uns weitergegeben haben. Ich würde ihnen sagen, dass ich das verstehe und nicht sauer bin und dass ich mir aus tiefstem Herzen wünsche, dass ihre gebrochenen Herzen heilen.

Barbara

Mein Name ist Barbara. Ich bin dreiundvierzig Jahre alt und komme aus dem Saarland. Ich habe drei Geschwister, aber nur zu einem Bruder hatte ich eine enge Bindung. Das war mein kleinster Bruder, der zwölf Jahre jünger war als ich und für den ich wegen des großen Altersunterschiedes oft ein Mama-Ersatz war. Nur leider ist dieser Bruder gerade im Alter von nur einunddreißig Jahren wegen Drogen- und Alkoholproblemen gestorben.

Aufgewachsen sind wir in einem kleinen Dorf. Ich hatte ein sehr enges Verhältnis zu unseren Nachbarn, dort konnte ich immer hin, wenn es zu Hause nicht auszuhalten war. Ich habe ein Bild vor mir, da bin ich ein Kind, gerade vier Jahre alt, ich bin total außer mir vor Freude, weil es gefühlt das einzige Mal ist, dass meine Mama etwas mit uns gemacht hat. Wir waren im Freibad, und ich war so stolz, mit meiner Mama im Freibad zu sein. Sonst hat sie nie etwas mit uns gemacht. Wir waren immer auf uns alleine gestellt. Sonst erinnere ich mich nur an mich selbst als ein kleines Mädchen, das immer sehr dicke Augen hatte vom Weinen. Ich war immer sehr traurig. Nur wenn ich nicht zu Hause war, war es anders. Dann war ich offen und kontaktfreudig, gierig nach Fröhlichkeit und hoffte, Menschen zu treffen, die es gut mit mir meinten.

In meinen ersten sechs Lebensjahren war es mein Vater, der alkoholkrank war. Weil ich so jung war und er immer so aggressiv zu meiner Mutter (es gab jedes Wochenende Gewalt), hatte ich große Angst vor ihm. Ich war eher zurückhaltend, denn ich wusste nie, wann er austickte.

Meine erste Erinnerung an den Alkohol, da war ich ungefähr vier Jahre alt: Mein Vater war in der Woche auf Montage und kam immer nur freitags zum Wochenende nach Hause. Ich erinnere mich an den Geruch, den er dann an sich hatte, an die Zwangsschmuserei, die ich bis heute nicht abkann. Für mich ist es das Schlimmste, wenn mich jemand zu einer Umarmung zwingt und dabei noch nach Alkohol riecht. Das war immer die Vorstufe zur Katastrophe, und es gab kein Wochenende, an dem es nicht zu Gewaltangriffen auf meine Mama kam.

Die ersten sechs Lebensjahre waren die Hölle. Ich durfte kein Kind sein und war ständig damit beschäftigt, wenigstens das Minimum meiner Bedürfnisse befriedigt zu bekommen, ich brauchte Aufmerksamkeit, Nähe, Körperkontakt, aber all meine Versuche, diese zu bekommen, scheiterten. Für Aufmerksamkeit hatten meine Eltern keinen Raum, zu sehr waren sie mit sich selbst beschäftigt. Wegen der Ängste, die ich schon so früh in mir hatte, weinte ich viel und brauchte sehr viel Zuwendung. Aber das nahm meine Mama als Anlass, mich noch mehr zu bestrafen und mir zu erklären, dass es keinen Grund zu weinen gebe. Sie warf mir vor, dass ich sie mit meinem Wunsch nach Nähe erdrücken und sie mit dem Weinen manipulieren würde. Ich konnte abends nicht einschlafen vor Angst, weil ich immer ahnte, dass sie uns alleine lassen und feiern gehen würde. Die Nächte, in denen sie uns alleine ließ, waren für mich die Hölle. Ich konnte diese Angst nicht mehr kompensieren und litt schon sehr früh unter Alpträumen und Panikattacken. Mich unter der Bettdecke zu verstecken, gab mir ein Gefühl von Sicherheit, hier dachte ich, findet mich niemand. Irgendwann fühlte ich dann keine Angst mehr. Dann wollte ich ein großes Mädchen sein. Ich habe mich allein angezogen. Wenn Mama dann nicht aufstehen wollte, weil sie so lang gefeiert hatte, bin ich eben alleine in den Kindergarten. Im ersten Schuljahr hatte ich dann so viele Fehlzeiten, bin so oft zu spät gekommen und habe mich so geschämt, dass ich in der Klasse auf meinem Platz in die Hose gemacht habe.

Meine Mama fand es nicht wichtig, sich um ihre Kinder zu kümmern. Feiern und Bekanntschaften mit irgendwelchen Männern waren immer wichtiger. Mein Papa war ja die ganze Woche nicht da.

Dann kamen wir irgendwann zu unseren Großeltern. Dort erfuhr ich endlich die Zuwendung, die mir so gefehlt hatte. Endlich wurden wir versorgt und regelmäßige Schule wurde zur Normalität. Ich hasse es noch heute, zu spät zu kommen. Seit wir bei meinen Großeltern lebten, wurden die Alkoholprobleme meiner Mutter immer größer. Wir sahen sie sehr wenig, sie vergaß sogar Weihnachten und unsere Geburtstage, weil anderes wichtiger war oder weil es ihr schlecht ging. Wenn sie sehr betrunken war, kam sie manchmal und wollte uns von den Großeltern wegholen. Dann kam meine Angst sofort wieder. Ich habe mich dann immer eingesperrt, weil ich nicht mit ihr mitwollte. Sie hatte in der Zeit verschiedene Wohnungen, in keiner gab es liebevoll eingerichtete Zimmer für uns. Ihre Partner wechselten sehr häufig, und ich hasste es, wenn sie mal wieder eine neue Bekanntschaft hatte, mit der sie, wenn eigentlich Kinderzeit war, vor unseren Augen rumfingerte und Zärtlichkeiten austauschte. Ich fühlte mich immer falsch, zur falschen Zeit am falschen Ort.

Daher war es mir lieber, wenn sie nicht da war. Dann gab es keine Dramen, und wir durften Kinder sein. Oma und Opa haben uns versorgt, bei ihnen war unser Zuhause, und ich wollte dort nicht weg.

Familienfeiern waren ganz schwierig, meistens wegen zu viel Alkohol. Ich kann mich an kein Weihnachten, kein Ostern, keinen Geburtstag erinnern, der nicht in einem Desaster endete und mich allein und angsterfüllt zurückließ. Mein Vater war immer sehr gewalttätig und narzisstisch, und meine Mutter war launisch und ebenfalls narzisstisch.

Bei meinem Vater konnte ich irgendwie nie einen Unterschied erkennen, ob er nun betrunken war oder nicht, außer dass er mit Alkohol sehr viel anhänglicher war. Aber die Gewaltausbrüche waren immer gleich, ob nun mit oder ohne. Er war sehr schnell aus der Fassung zu bringen, wenn ihm etwas nicht passte. Er schmiss immer irgendwelche Dinge durch die Wohnung oder Möbel aus dem Fenster. So war es auch bei der Kommunion meines großen Bruders, da hatte er alle Gäste rausgeworfen und die Stühle aus dem Fenster geworfen. Das werde ich nie vergessen.

Meine Mama war eigentlich andauernd betrunken, seit wir bei den Großeltern waren. Ohne Alkohol habe ich sie selten gesehen – und wenn, dann war sie mir gegenüber immer sehr abwertend und vorwurfsvoll. Letztlich war immer ich an allem schuld. Irgendwie. Das hat sich bis heute nicht geändert. Sie konnte nie Mama sein, weil immer der Alkohol und irgendwelche Beziehungen zu Männern wichtiger waren. Da hat sie uns Kinder auch mal versetzt oder im Zimmer nebenan eingesperrt.

Den Geruch von viel Alkohol rieche ich schon von weitem. Es ist sogar so, dass ich es Menschen ansehe, wenn sie ein Alkoholproblem haben. Und erstaunlicherweise sind es sehr viele – was aber irgendwie nie zum Thema gemacht wird, weil es gesellschaftlich ja in Ordnung ist.

Meine Jugendjahre waren zum Teil sehr zehrend, denn ich hatte das Gefühl, ich könnte das alles nicht überleben. Alles kostete mich so viel Kraft: Schule, Lernen, Anpassung bei zwischenmenschlichen Kontakten. Alle Mädchen in meinem Umfeld hatten schon sehr früh Erfahrungen mit Jungs, ich hinke bis heute allem hinterher, ich komme irgendwie nie an, nie zum Ziel. In der Entwicklung war ich sehr weit hinten. Ich war immer sehr klein, viele Sachen verstand ich nicht, und modisch war ich nie auf dem neuesten Stand.

In meinen Jugendjahren hatte meine Mama aber auch ihre schlimmste Zeit. Sie trank immerzu. Ich war ständig bemüht, sie nicht fallen zu lassen, für sie da zu sein, ihr finanziell unter die Arme zu greifen und sie emotional aufzufangen. Was mir natürlich nie gelang.

In nüchternen Zeiten war ich in ihren Augen der Teufel. Ich ließ sie angeblich hängen, gab ihr nie so viel Geld, wie sie eigentlich gebraucht hätte, dabei bekam sie schon mein ganzes Taschengeld. Wenn ich ihr mit Blumen zum Geburtstag gratulieren wollte, öffnete sie nicht, weil sie ihren Rausch ausschlief. Wenn sie dann aufwachte, rief sie mich an, um mich fertig zu machen: Was mir denn einfalle, Blumen einfach an die Tür zu legen, ob ich ihr nicht mehr wert sei. In dieser Jugendphase konnte ich nichts richtig machen.

Alles wurde immer schwerer, immer kräftezehrender, und mit der Zeit habe ich irgendwie gelernt, weniger zu fühlen und die Dinge einfach nur auszuhalten.

Als ich zwölf war, kam mein jüngster Bruder zur Welt. Meine Mutter war zweiunddreißig. Für mich war der Kleine die erste Liebe meines Lebens. Ich werde diese Verbundenheit nie vergessen. Denn ich war für ihn die engste Bezugsperson überhaupt. Meine Mama machte ihr Ding weiter, und es kam oft vor, dass mein Opa den Kleinen einfach in der Kneipe abgestellt hat, weil meine Mama keine Verantwortung übernehmen wollte und stattdessen feiern ging. So war mein kleiner Bruder immer dabei, musste alles mit aushalten, und meine Mama hat einfach ihr Ding gemacht.

Wenn sie nachts am Limit ihrer Alkoholexzesse ankam und nur noch weinte und mit Suizid drohte, hat der Kleine mich gerufen. Vor einigen Wochen ist er mit einunddreißig Jahren an seiner Alkohol- und Drogensucht gestorben. Meine Mama schreibt in ihrer Traueranzeige, „All meine Liebe konnte ihn nicht retten." Welch ein Hohn…

Als ich achtzehn Jahre alt war, endlich volljährig, war ich noch lange nicht erwachsen. Denn ich bin nie wirklich gewachsen – völlig überfordert mit mir, dem Leben und den Menschen in meiner Familie. Dann kam mein erster Freund. Es war eine Katastrophe. Er hat mich ständig belogen und betrogen, aber ich habe auch hier den Kampf aufgenommen, um zu beweisen, dass ich es wert bin, dass man mich gut behandelt und ehrlich zu mir ist. Leider ohne Erfolg. Nach knapp zwei Jahren habe ich diese Beziehung beendet. Die Jahre darauf war ich alleine, denn ich hatte genug mit mir und meinen Themen zu tun. Die Versorgung meiner Mutter ging weiter, ich war zuständig für das Auffangen ihrer Katastrophen. Sie klingelte nachts, terrorisierte mich am Telefon und ließ mir keine Ruhe. Ich musste morgens zur Arbeit, aber das war ihr egal. Mit fünfundzwanzig hatte ich dann einen Partner, aber diese Beziehung war mir zu ruhig, zu langweilig. Hier spürte ich nichts, weil es keine Dramen gab. Daher beendete ich auch diese nach zwei Jahren.

Danach hatte ich noch zwei weitere Beziehungen, narzisstische und egoistische Männer, ähnlich wie meine Eltern. Da wurde mir endlich klar, in welcher Opferrolle ich mich befand, und da wollte ich um alles in der Welt ausbrechen.

Ich hatte immer schon das Gefühl, dass mit mir etwas nicht stimmte, denn trotz aller Bemühungen kam ich einfach nicht aus diesem Kreislauf heraus. Der rote Faden nahm kein Ende. Mein starkes Bedürfnis nach Zugehörigkeit hat zu mehr Ausgrenzung geführt, meine Sehnsucht nach Bindung dazu, ausgenutzt zu werden. Je mehr ich mich und meine Bedürfnisse zurücknahm, desto weniger spürte ich mich selbst. Irgendwann konnte ich meine Bedürfnisse nicht einmal mehr benennen. Ich hatte irgendwie keine mehr.

Beruflich wusste ich nie, was mir eigentlich Spaß machte. Mein Opa sagte immer: „Egal, was du arbeitest, du musst Geld verdienen." Das war die einzige Motivation, die es gab. Ich wusste auch hier nicht wohin, denn ich hatte keine Interessen, keine Bedürfnisse, und ich hatte schlechte Noten, weil mein Kopf so voll war mit fremdem Müll. Ich konnte stundenlang lernen, aber es blieb nichts im Kopf. Also machte ich eine kaufmännische Ausbildung. Das machte die Mehrheit, und somit war ich nicht ganz auf mich alleine gestellt, ich hatte bekannte Menschen um mich herum.

Ich lernte in einem Maschinenbaubetrieb den Beruf der Industriekauffrau, das gelang mir auch relativ gut, denn anpassen und anpacken konnte ich schon immer. Hier fand ich schon wieder die Problematik Alkohol, denn der Geschäftsführer war Alkoholiker und mochte mich nicht. Es kam oft vor, dass er wie aus dem Nichts durch die Flure schrie: „Die schmeiß ich raus, die hat hier nix zu suchen!" Die war ich.

Da war sie wieder, meine Angst, keine Daseinsberechtigung zu haben. Noch heute gehe ich an diesem Menschen vorbei, er ist gezeichnet vom Alkohol. In dieser Firma war ich acht Jahre lang. Ich war immer schon eine treue Seele und verantwortungsbewusst. Ich musste Geld verdienen, daher kam es für mich nie in Frage, etwas anderes zu machen. Schließlich war ich es ja, mit der etwas nicht stimmte, wenn andere austickten. Also musste ich mich noch mehr anpassen.

Diese Strategie begleitet mich bis heute. Aber nicht mehr um jeden Preis. Ich habe schon sehr viele Beziehungen und auch Freundschaften beendet, weil sie nicht gut für mich waren. Das war eine große Herausforderung. Ich habe jetzt aber verstanden, dass all meine Anstrengungen, all meine Versuche, mich anzupassen, all meine Kraft und meine Energie, einen alkoholkranken Menschen zu überzeugen, nicht mehr zu trinken, vergebens sind. Die Sucht nach Alkohol ist mächtiger als alles andere auf der Welt.

Das Thema Sucht betrifft zum Glück nicht mich. Bis auf die Co-Abhängigkeit. Aber ich kämpfe immer mal wieder mit depressiven Phasen. Der letzte knallharte Aufprall hat vor zwei Jahren zu einem Burnout geführt. Seitdem versuche ich meine Vergangenheit Stück für Stück aufzuarbeiten und mich wieder zu spüren. Ich hatte mich verloren. Aber ehrlich gesagt gab es mich vorher nie wirklich.

Im Umgang mit anderen Menschen und Alkohol bin ich recht frei. Solange es mich nicht betrifft, kann ich beim Feiern gut damit umgehen. Aber ich bin dann immer im Scanmodus und muss die komplette Situation im Auge behalten. Weil ich hochsensibel bin, kann ich das ziemlich gut. Ich merke schnell, wenn etwas aus dem Ruder läuft. Dann muss ich mich zurückziehen oder nach Hause gehen, denn ich halte die Situation dann nicht mehr aus, auch wenn ich nur eine Randfigur bin.

Meine Eltern leben beide noch. Aber ich habe den Kontakt abgebrochen – zu beiden. Meinen Vater kenne ich kaum, da waren nur Angst und schlechte Erlebnisse. Seit meinem Zusammenbruch denke ich sehr oft an meine Kindheit. Heute, nach zwei Jahren Therapie, hänge ich nicht mehr so oft im Modus des verletzten Kindes fest, aber hin und wieder schon. Die Gefühle dabei sind sehr vielfältig. Traurigkeit wegen der vielen verpassten Zeit, die ich in der Kindheit nicht leben konnte. Zorn über die Unfähigkeit meiner Eltern und über Suchterkrankungen.

Ich habe ein großes Schuldgefühl. Ich fühle Einsamkeit, ich habe mich immer so allein und nicht in die Welt passend gefühlt, so verloren, so überfordert mit all den Dingen, die es in unserer Familie gab. Angst vor dem Leben, Angst vor Situationen, die ich nicht ändern kann, Angst unterzugehen. Angst, wie eine kleine Ameise im Wald einfach zertrampelt zu werden.

Es gibt nach wie vor Gerüche, Geräusche oder Worte, die mich triggern – der Geruch von Alkohol und wenn jemand seine Macht ausspielt. Wenn man mich zu Unrecht attackiert oder für Dinge verantwortlich macht, die ich nicht zu verantworten habe. Dann ticke ich regelrecht aus.

Ein gutes Selbstvertrauen habe ich mittlerweile, das aber schnell ins Wackeln kommen kann; ein gutes Selbstwertgefühl habe ich leider nicht. Das heißt: Ich kann zwar handeln, aber ich mag mich nicht besonders. Empathie und Hochsensibilität habe ich zu viel. Es ist schön zu wissen, dass ich sehr viel mehr spüre, als man mir zutraut. Das rettet mich oft in verschiedensten Situationen, aber es macht mich nicht aus.

Ich möchte auch nicht mit Samthandschuhen angefasst werden, weil ich so sensibel bin. Ich habe ein starkes Verantwortungsbewusstsein, übernehme Verantwortung sogar für andere, wenn ich merke, dass sie es alleine nicht schaffen. Das empfinde ich oft als schlimm, denn ich mache das, auch wenn der andere noch gar nicht so weit ist und gar nicht versteht, was los ist. Wegen meiner Hochsensibilität ist das ein großes Thema. Auch wenn ich eigentlich nur helfen will, trete ich damit oft Menschen auf die Füße. In den letzten Jahren musste ich lernen, erst dann zu helfen, wenn ich einen Auftrag habe, und nicht schon dann, wenn ich spüre, hier braucht jemand Hilfe.

Wenn es mir nicht gut geht, hilft mir eine Pranayama-Atemübung aus dem Yoga. Die hat mich mein Therapeut gelehrt, um mich schnell wieder zurückzuholen, wenn ich dissoziiere oder um Angst und Panikattacken auszuhalten. Auch Sport hilft mir, und Spaziergänge tun unheimlich gut. Unser Hund ist mein größter Aufpasser und begleitet mich seither durch alle Höhen und Tiefen. Er fängt mich immer wieder auf.

Ob ich meinen Eltern einen Brief schreiben würde? Nein, ich habe ihnen nichts mehr zu sagen.

Andrea

Aufgewachsen bin ich mit meiner drei Jahre jüngeren Schwester, meiner Mutter und meinem Vater in einer Kleinstadt, schon fast ländlich. Wir wohnten in einem Mehrfamilienhaus.

Meine erste Erinnerung, ist jene, wie meine Mutter sich über ihren Bauch streichelt und mir sagt, dass ich bald ein Geschwisterchen habe werde. Ich war zwei Jahre alt und freute mich riesig über ihre Nachricht. Generell war ich ein ausgeglichenes und fröhliches Kind. Meine Mama sagt immer, ich war ihr Sonnenschein. Ich war neugierig und aufgeschlossen und hatte ein Herz mit unheimlich viel Liebe darin, was sich leider im Laufe der kommenden Jahre nach und nach ändern sollte.

Bis ich drei wurde, war alles in Ordnung. Dann ging das Chaos langsam los. Ich selbst kann mich nicht richtig daran erinnern. Heute weiß ich, dass Kinder geniale Strategien entwickeln, um das schreckliche Erlebte besser ertragen zu können. Als ich vier war, bekam mein Vater einen Schlaganfall, der unser ganzes Leben auf den Kopf stellte. Meine Mutter hatte gerade meine Schwester auf die Welt gebracht, und ich kann mir vorstellen, dass eine Vierjährige, ein Neugeborenes und ein Ehemann mit Schlaganfall an die Belastungsgrenze führen. Mein Vater erholte sich körperlich von diesem Schock, aber nie von den seelischen Folgen. Meiner Mutter zufolge fing mein Vater in dieser Zeit zu trinken an. Langsam und schleichend, so wie es meistens der Fall ist. Hier ein Bier, da ein Wein, Sherry mochte er auch gern. Und so landete bei jedem Einkauf immer eine Flasche mehr im

Einkaufswagen. Bis es meiner Mutter eines Tages auffiel und sie ihn darauf ansprach. Wenn ich mich richtig erinnere, antwortete er ihr sinngemäß etwas wie „Mein Leben hat eh keinen Sinn mehr". Da war das Kind bereits in den Brunnen gefallen.

Ich selbst kann mich an diese Zeit nicht erinnern, für mich war mein Vater immer da, er kümmerte sich um uns, spielte mit uns, war ein klassisch funktionierender Alkoholiker im Anfangsstadium. Ein Weizenbier stand immer irgendwo herum. Wir kannten es als Kinder nicht anders, es war normal. Meine Erinnerung ist sehr schwammig, ich glaube auch, dass meine Mutter unheimlich viel abgefedert hat, so dass wir es gar nicht so sehr mitbekommen haben.

Und dann kam der Tag, der alles veänderte. Es war ein warmer Sommertag, ich war zehn Jahre alt, hatte ein Eis in der Hand. Unsere Eltern baten meine Schwester und mich, uns im Wohnzimmer hinzusetzen, da sie mit uns reden müssten. Und dann verkündeten sie ihre Trennung und dass Papa ausziehen würde. Ich habe das Eis nicht zu Ende gegessen. Und diesen Verlust bis heute nicht verkraftet.

Ich möchte nicht falsch verstanden werden. Wie kann man über den Verlust eines Alkoholikers nach über 20 Jahren immer noch traurig sein? Es ist ganz einfach: Mein Papa war für mich mein Hero, ich war seine kleine Prinzessin, ich war ein absolutes Papakind – und plötzlich geht dieser Mensch aus deinem Leben. Kinder sehen nicht den Alkohol, sie sehen den Menschen, und der war plötzlich weg.

Mein kleines Kinderherz hat es einfach nicht verstanden, ich habe mich oft gefragt, was ich falsch gemacht habe, warum er geht, warum er mich nicht mehr liebhat. Kinder wissen es einfach nicht besser und beziehen alles auf sich und nehmen es persönlich. So auch ich. Dann stand die Entscheidung an, bei wem wir wohnen sollten. Ich wollte zu meinem Vater, habe mich dann aber dagegen entschieden, weil ich meine Schwester nicht alleine lassen wollte. Insgesamt war es eine beschissene Situation. Man sollte sich nicht entscheiden müssen, man liebt doch beide.

Nach dem Auszug sind wir alle zwei Wochenenden zu ihm gegangen. Auch in den Ferien waren wir die Hälfte der Zeit immer bei ihm. Da ging die eigentliche Alkoholgeschichte erst richtig los. Es war die Hölle. Mein Vater, immer noch funktionierender Alkoholiker, trank nun am Wochenende richtig. Wie es unter der Woche war, weiß ich nicht. Er hatte nie, zumindest nicht in unserer Anwesenheit, einen Voll-Suff wie man es von anderen kennt. Der Schein, dass er alles im Griff habe, musste noch gewahrt werden. Aber wenn wir bei ihm waren, wurde nach der Zigarette und dem Kaffee, so ab zehn Uhr morgens, das Weizenbier aufgemacht und dann konstant durchgetrunken. Für mich war es am schlimmsten, wenn in einem bestimmten Moment die Seele und das Glänzen in seinen Augen erlosch. Ich kann es bis heute bei Menschen nicht ertragen, wenn der Alkohol in den Augen die wahre Essenz einfach auslischt. Ich meine damit nicht die Menschen, die auf einer Party einen zu viel trinken, sondern richtige Alkoholiker. Ich erkenne diesen kleinen, feinen Unterschied sofort. Schlimm war für mich die Wesensveränderung. Dieser Mensch, den du über alles liebst, der fröhlich und lebensbejahend ist und von einer Sekunde auf die nächste stirbt. Und die Traurigkeit. Diese unendliche Traurigkeit in seinen Augen. Diese Leere. Er war einfach weg. Zudem kam natürlich noch der Geruch, die klassische Fahne. Wenn heute noch jemand eine Bierfahne hat, bin ich kurz davor zu kotzen. Sorry, und dann auch wieder nicht sorry, denn genau so ist es. Wir dürfen nichts mehr schönreden!

Ja, und so waren auch die Wochenenden. Meine Mutter konnte nichts mehr abfedern, wir waren seiner Sucht voll und ganz ausgeliefert. Unternommen haben wir wenig. Freunde hatte er keine, also waren wir die meiste Zeit in seiner Wohnung. Im Sommer sind meine Schwester und ich noch rausgegangen, aber das war es auch schon. Ab und zu waren wir noch bei den Großeltern.

Irgendwann lernte er dann eine ganz furchtbare Frau kennen, die das Ganze nur noch schlimmer gemacht hat. Sie war selbst Alkoholikerin und führte sich auf wie die letzte Furie, schikanierte uns mit irgendwelchen Regeln, und mein Vater saß daneben und unternahm – nichts. Er meinte sogar, wir bräuchten noch ein wenig mehr Strenge. Worte können leider kaum wiedergeben, welche Gefühle man entwickelt und dann auch wieder abspaltet, um nicht fühlen zu müssen, wenn man, und sei es nur für ein Wochenende, solchen Menschen ausgesetzt ist. Ohnmacht, das ist das Wort, das ich dafür habe. Ohnmacht. Wir waren der Sucht der beiden komplett ausgesetzt, und obwohl wir aus einer Großfamilie kommen, hat sich niemand darum geschert.

Ich habe mich in der ganzen Zeit viel um meine Schwester gekümmert. Wir waren verloren, isoliert. Meine Mutter hatte angefangen, Vollzeit zu arbeiten, und konzentrierte sich auf ihre Karriere. Wir blieben alleine und komplett auf uns gestellt. Also habe ich die Mutterrolle mit übernommen. Ich habe mich um den Haushalt gekümmert, Essen gekocht, mit meiner Schwester Hausaufgaben gemacht, das ganze Programm. Ich musste sehr schnell sehr erwachsen werden. Meine Gefühle spielten dabei keine Rolle. Zuflucht fand ich Gott sei Dank im Sport, der später auch mein Beruf wurde, und ein guter Freund meiner Mutter war viel für uns da. Ein Fels in der Brandung. Für mich ist er mein Ersatz-Papa, auch heute noch.

Mit etwa vierzehn habe ich es nicht mehr ausgehalten. Ich merkte, dass ich nach den Wochenenden immer aggressiver nach Hause kam. Ich konnte mich selbst nicht mehr ausstehen und spürte den Zusammenhang mit dem Alkoholismus meines Vaters. Und so stellte ich meinen Vater irgendwann zur Rede – entweder der Alkohol oder ich. Sie wissen, wie die Entscheidung ausfiel. Er wählte den Alkohol, aber ich war nicht mehr bereit, mir das anzutun, also brach ich für mehr als fünfzehn Jahre den Kontakt ab. Ich habe es einfach nicht mehr ertragen. Leider wurde meine Schwester im Laufe der Jahre selbst zur Alkoholikerin, was ganz klassisch für dieses System ist: ein Geschwisterkind übernimmt die Aufgaben der Verantwortung und eines die der Sucht. Wenn ich könnte, hätte ich ihr gerne die Sucht abgenommen. Wirklich. Denn ich sehe, wie auch sie darunter leidet. Worte können auch hier nur schlecht widerspiegeln, wie sich das wirklich anfühlt. Das können leider nur Gleichgesinnte nachempfinden.

Als ich Ende zwanzig war, entschied ich mich dazu, wieder Kontakt zu meinem Vater aufzunehmen. In all den Jahren hatte ich ihn nie vergessen. Ich spürte, dass mir der Kontaktabbruch guttat. Und irgendwie auch nicht. Ich hatte Sehnsucht nach ihm und wollte auch für mich diesen Zustand klären, auch für den Fall, dass er stirbt und wir dann nicht im Guten auseinandergegangen wären. Das hätte ich mir nie verzeihen können. Und genau das habe ich dann auch gemacht. Es war ein offenes Gespräch ohne Vorwürfe, aber mit vielen Emotionen. Das müsste jetzt sieben oder acht Jahre her sein. Danach habe ich ihn insgesamt vielleicht fünf Mal gesehen, mehr nicht. Es tut mir nach wie vor einfach nicht gut. Wenn ich bei ihm bin, gibt es nur Wein. Kein Wasser, nichts.

Und ich trinke nicht, wenn er dabei ist. Einfach weil ich das Gefühl habe, dass eine Person im Raum die Kontrolle behalten muss. Er erzählt nur von sich und wie toll alles früher war. Ich bin sein ganz persönlicher Mülleimer, wenn ich bei ihm bin. Er fragt mich nicht, wie es mir geht und was ich eigentlich mache. Er vergleicht mich beschuldigend mit meiner Mutter und sagt, wie sehr ich ihr ähnele. Er ist komplett auf sich bezogen, das ist die Realität. Seit drei Jahren ist er in Rente, ich weiß nicht so wirklich, wie es ihm geht. Ab und zu bekomme ich eine SMS von ihm, dass er hoffe, dass alles ok sei. Aber ganz ehrlich? Ob ich die SMS bekomme oder nicht, spielt keine Rolle, er ist nicht Teil meines Lebens, einfach weil ich seine Krankheit nicht aushalte und mich selbst schützen muss, um nicht mit ihm unterzugehen. Ich warte eigentlich nur auf den Anruf, dass er sich etwas angetan hat oder ins Heim kommt. Es war die Hölle, so groß zu werden, und ich wünsche von Herzen, dass niemand so etwas durchmachen muss.

Ich habe es aber geschafft, Abstand zu bekommen. Eine

weitere Wahrheit ist, dass er nie seine Enkelkinder sehen wird. Ich möchte meine Kinder nicht solch einem Menschen aussetzen – Vater hin oder her. Denn das würde ich auch bei keiner anderen alkoholkranken Person zulassen. Und noch eine Wahrheit ist, dass ich mir schon gewünscht habe, dass er einfach stirbt. Ja, Sie haben richtig gelesen. Ich habe so viele Jahre unter dieser Sucht gelitten und hoffe, dass es einfach nur einen Schlag macht und er friedlich einschläft und nicht auch noch ins Pflegeheim muss, wo ich dann auch noch für seine Pflege aufkommen muss, denn sein Geld hat er ja versoffen. Ich entschuldige mich hier nicht für solche Sätze, auch das gehört für mich dazu, und ich bin mir sicher, dass ich nicht die einzige bin, die solche Gedanken über einen suchtkranken Verwandten hat.

Im August 2019 hatte meine Schwester, zu der ich nach wie vor Kontakt habe, leider wieder einmal einen ihrer alkoholbedingten Aussetzer, dabei sagte sie mir unter Tränen, wie sehr sie unter dem Alkohol leide und dass sie Hilfe brauche. Mein Vater dagegen hat bis heute immer abgestritten, dass er ein Problem hat. Trotzdem packte ich es nicht mehr. Ich sah meine Schwester an und spürte, dass ich mir Hilfe suchen musste. Mir war klar, dass ich sie nicht auch noch retten kann, aber mich. Also ging ich zu einer Untergruppe der Anonymen Alkoholiker, die Gruppe für erwachsene Kinder von Alkoholikern, und konfrontierte mich selbst mit meiner Co-Abhängigkeit. Ich sprach das erste Mal unter Tränen aus, dass ich das Kind eines alkoholkranken Vaters und Schwester einer Alkoholkranken bin.

Ich habe die Worte fast nicht über die Lippen gebracht. Aber es hat mir sehr geholfen. Endlich war ich unter Gleichgesinnten, die sich mit dem Thema bereits intensiv auseinandersetzten. Und ich hörte davon, dass ein Teil dieser Menschen eine Therapie machte, hörte, welche Bindungsprobleme sie haben, wie sehr sie sich für ihre Eltern schämen und dass es auch manche Mütter nicht geschafft haben, die Väter zu verlassen, und sich nach wie vor dieser Tortur aussetzten. Damit begann für mich ein neues Leben. Es fühlt sich wie eine zweite Geburt an. Ich bin nie wieder zu dieser Gruppe gegangen, aber zur Therapie, und das seit nun eineinhalb Jahren. Dadurch habe ich es geschafft, meine Bedürfnisse, Grenzen und Gefühle wahrzunehmen. Ich arbeite meine Geschichte auf und werde immer glücklicher. Alkoholismus hat schwerwiegende Folgen für die nahestehenden Menschen und bleibt niemals ohne Folgen. Ich werde Ihnen nun aufzählen, unter welchen Folgen ich leide: Depression, Angstzustände, Panikattacken, Erythrophobie (Angst vor Erröten), Bindungs- und Verlustangst, Co-Abhängigkeit, ein extrem niedriger Selbstwert, Zwangsgedanken, übertriebener Perfektionismus, Anfangsstadium einer Magersucht, Misstrauen, ich habe Ihnen jetzt wirklich alles aufgezählt. Vieles, wirklich sehr vieles, ist davon heute kein Thema mehr. Zum Glück. Aber nur, weil ich mich dem gestellt habe.

Damit hier jetzt aber niemand in Schwermut verfällt, hier die positiven Aspekte, denn auch die gibt es: Ich bin ziemlich sensibel, emphatisch, fürsorglich, verantwortungsbewusst, diszipliniert und ehrgeizig. Ich liebe Begegnungen mit Menschen, führe tolle Freundschaften und habe es geschafft, mein großes Herz wieder sprechen zu lassen. Ich bin authentisch und direkt und trotz allem eine Optimistin, denn das Leben hat mir zwar keinen einfachen Start geschenkt, aber alles, was ich brauche, um den Rest selbst zu bestimmen.

Meine Schwester stellt sich ihrer Krankheit, und ich unterstütze sie, wo ich nur kann, auch wenn es nicht immer einfach ist. Und keine Sorge, aufopfern werde ich mich auch für sie nicht. Zu meiner Mutter habe ich eine tolle Bindung, auch wenn es nicht immer so war. Aber auch wir haben uns ausgesprochen und heilen gemeinsam. Sie beide sind unendlich wichtig für mich, und ich bin froh, dass es sie gibt, ich liebe sie sehr und bin einfach nur glücklich, dass wir es geschafft haben.

Abschließend möchte ich sagen, dass ich mir zutiefst wünsche, dass auch mein Papa aufwacht und sich seiner Geschichte stellt, auch wenn ich realistisch bin und weiß, dass das nicht passieren wird. Das ist die Realität, nicht immer gibt es ein Happy End, auch das musste ich lernen. Ich habe mich bewusst für mich und gegen seine Krankheit entschieden, niemals aber gegen ihn. Vermissen tue ich ihn trotzdem jeden Tag, das wird wahrscheinlich nie vorbei gehen und das muss es auch nicht. Denn er ist mein Vater und ich liebe ihn.

Michael

Die Geschichte mit dem Alkoholismus meiner Mutter fing an, als ich fünf Jahre alt war. Das haben mir meine Eltern jedenfalls später erzählt.

Wir lebten zu viert in einer kleinen Mietwohnung in Hamburg, mein Vater, meine Mutter, mein Bruder und ich. An dem Tag, an dem meine Mutter anfing zu trinken, waren mein Vater und mein Bruder krank und meine Großmutter war da, um auf mich aufzupassen. Meine Eltern kamen nicht gut mit ihr klar, sie mochten sich nicht.

Meine Großmutter kam in unsere kleine Wohnung und spielte mit mir. Es war schön für mich, mit ihr zu spielen, und so fragte ich, als sie weg war: „Wann kommt Oma wieder?" Diese Frage hat meine Mutter wohl so aus dem Konzept gebracht, dass sie etwas brauchte, um ihre Nerven zu beruhigen. Sie hat dann ein Glas Schnaps getrunken. Das hatte den gewünschten Erfolg, und daraus machte sie eine fatale Angewohnheit.

Die Sucht dauerte fünfundzwanzig Jahre. Sie trank schnell und regelmäßig. Die Flaschen hatte sie in einem kleinen Küchenregal gebunkert, das hatte keine Türen davor, sondern Glas und einen Vorhang aus Stoff, blau und weiß kariert, und darauf waren pinkfarbene Blüten gedruckt. In diesem Schrank hatte meine Mutter die Sektflaschen gelagert. Diese grünen Flaschen sahen aus wie Tiere hinter einer Glasscheibe. Wenn ich das Trinken mitbekam, sagte meine Mutter, dass ich es nicht Vati erzählen solle. Es herrschte also eine komische Atmosphäre, weil ich als Kind wusste, dass meine Mutter etwas getan hatte, das ich nicht wissen und nicht weiter erzählen durfte. Es war mir sehr unangenehm, das weiß ich noch, sie war irgendwie nicht mehr meine liebe Mutter. Sie war nicht mehr zugewandt und hat sich nicht mehr gekümmert. Ich merkte, ich war ein Störenfried.

Ich erinnere mich an eine Begebenheit, da ging ich schon in die Schule.

Ich kam eines Tages nach Hause, meine Mutter lag auf dem Fußboden, mein Bruder hatte sie dort bewusstlos gefunden, das passiert bei Alkoholikern ja häufiger. Offenbar hatte mein Bruder die Nachbarn alarmiert, die haben meinen Vater angerufen, und der hat sie dann ins Krankenhaus gebracht. Als sie dort untersucht wurde, kamen die Ärzte zu meinem Vater und fragten ihn, ob er eigentlich wüsste, dass seine Frau seit mindestens zwei Jahren Alkoholikerin sei, und er musste zugeben, dass er es nicht wusste. Meine Mutter hatte sich eben nur für den Tag immer mit ein bisschen Schaumwein in Schwung gebracht und war nie wirklich auffällig geworden.

Ich habe sie dann am Wochenende mit meinem Vater besucht, und meine Mutter lag wie tot in ihrem Bett. Sie erzählte, dass sie mit Wildgänsen durch die Gegend fliegen würde, und sie sei in der vergangenen Nacht mit mir im Bett Schiffschaukel gefahren. Ich habe aus dem Fenster geguckt, aber da waren keine Wildgänse, und wie man mit dem Bett Schiffschaukel fahren kann, war mir ein Rätsel. Wir sind dann nach Hause gegangen, und mein Vater hat mir erzählt, dass meine Mutter etwas gesehen habe, das gar nicht da sei.

Ich hatte also erlebt, wie es ist, wenn jemand im Delirium ist.

Einmal ist mein Vater mit meinem Bruder in eine Klinik zu einer Routineuntersuchung gefahren.

Da waren meine Mutter und ich alleine, und wir machten

einen Ausflug. Sie nahm mich mit in die Innenstadt, da war ein Jahrmarkt. Es waren viele Leute da, die hatten Spaß. Vor allem war meine Mutter nüchtern. Wir sind dann wieder nach Hause gegangen. Irgendwann auf dem Weg sagte meine Mutter zu mir: „Jetzt siehst du mal, wie Mutterliebe sein kann", und in dem Augenblick war ich sehr glücklich, voller Hoffnung, und ich dachte, es würde alles wieder gut werden, meine Mutter würde wieder nüchtern sein, meine liebe Mutter eben. Am selben Nachmittag war sie wieder betrunken, und ich glaube, das war der schlimmste Tag meines Lebens. Ich hatte an dem Tag gelernt, dass ich auf nichts mehr hoffen durfte, dass meine Wünsche nie in Erfüllung gehen würden, dass meine Mutter auf jeden Fall mein Feind ist und dass ich in allem enttäuscht werden würde.

Das war wirklich der schlimmste Tag meines Lebens.

Als ich zehn Jahre alt war, rief meine Mutter mich und meinen Bruder zu sich ins Badezimmer. Wir machten die Tür vom Badezimmer auf und sahen meine Mutter mit glasigen Augen und aufgeschlitzten Handgelenken, notdürftig verbunden. Alles im Bad war blutverschmiert.

Meine Mutter stand da, schaute uns verständnislos an und sagte: „Tut doch mal was!"

Haben wir auch, wir haben geheult und geschrien. Ich war mir ganz sicher, dass ein Mensch mit aufgeschlitztem Handgelenk nicht überleben könnte. Ich erinnere mich, dass meine Mutter mit halb geöffneten Augen dastand und die Hände hinter dem Rücken versteckt hielt. Irgendjemand hatte die Polizei gerufen, und sie erzählte den Polizisten, nein, sie habe nicht angerufen und nein, es gebe keinen Selbstmordversuch, das müsse ein ganz großer Irrtum sein, das sei falsch.

Ich meine, die Polizisten wussten genau, was los war, die konnten ja eine betrunkene Frau erkennen, sie haben sicherlich auch wahrgenommen, dass meine Mutter ihre Hände versteckt hielt, und sie werden mich auch gesehen haben, den kleinen Jungen mit dem verheulten und wilden Blick.

Ich weiß nicht genau, was als nächstes passiert ist. Mein

Vater war da, und meine Mutter kam ins Krankenhaus. Mein Vater ist dann einige Zeit zu Hause geblieben. Irgendwann ist meine Mutter dann wiedergekommen, und ich erinnere mich an die langen Schnitte und an die Narben, wo die Schnitte vernäht wurden.

Im Laufe der Jahre wurde nichts wirklich besser. Meine Mutter war bei den Anonymen Alkoholikern und in psychiatrischer Behandlung, irgendwann hat sie ein spezielles Medikament bekommen, aber das hat letzten Endes alles nicht geholfen. Wir sind dann, als ich 15 oder 16 Jahre alt war, nach Oldenburg gezogen. Das war ganz schrecklich für mich.

Ich war mitten in der Pubertät, die Leute in Oldenburg waren völlig anders, also war ich die ersten zwei Jahre dort völlig alleine. Ich hatte nichts von dem, was die Leute in meinem Alter normalerweise hatten. Den besten Freund oder die Clique oder die erste große Liebe. Ich war zu Hause und musste den Alkoholismus meiner Mutter aushalten. Also bin ich in unsere Bücherei gegangen und habe gelesen. Das waren meine großen Fluchtnachmittage. Oft kam ich mit einer prall gefüllten Tasche zurück nach Hause, ging in mein Zimmer und schloss mich ein.

Der Alkoholismus meiner Mutter hat sich auf mein ganzes Erwachsenenleben ausgewirkt. Weil ich mich wertlos und nicht liebenswert fühlte, glaubte ich, kein Anrecht darauf zu haben, mich zu äußern, mir einen Platz im Leben zu erarbeiten, Erfolg zu haben und das zu tun, was ich will. Ich leide an Multipler Sklerose, eine anstrengende Krankheit, von deren psychosomatischen Ursprung ich überzeugt bin. Ich lebe von Grundsicherung.

Weil ich mich wertlos und nicht liebenswert fühlte, war mein Liebesleben eine Katastrophe. Ich traute mich nie, die jeweilig Begehrte anzusprechen, und deshalb war ich heilfroh, dass irgendwann überhaupt eine Frau reagierte.

Die erste Frau, die ich näher kennenlernte, habe ich auch gleich geheiratet, und jetzt sind wir geschieden, fünfzehn Jahre ist das her.

Ich versuche die Traumata zu verarbeiten. Zwölf Jahre

Gesprächstherapie waren wirkungslos. Eine homöopathische Behandlung, die meiner MS galt, hatte erste Erfolge gezeigt, weil sie meine verhärteten psychischen Strukturen behandelte. Jetzt ist es die sehr intensive und zugewandte liebevolle Freundschaft mit einer einfühlsamen Frau, mit der ich mich sehr wohl und sicher fühle. Wir führen lange und intensive Gespräche, in denen ich aufmerksam gemacht werde, herausgefordert, auf neue Spuren gebracht. In diesen Gesprächen kommt nach und nach das Wesen hervor, das ich unter all diesen Narben eigentlich bin.

Ich verdanke ihr mein Leben. Jetzt arbeite ich daran, mein Leben wiederzubekommen. Dafür brauche ich meine Mutter nicht mehr.

Anja

Ich bin zweiundvierzig Jahre alt, wohne in Hamburg und arbeite dort in einer Bank. Ich habe zwei Kinder und bin verheiratet.

Ich liebe Freude, Spaß und Kontakt zu Freunden. Ich liebe Musik und tanzen gehen. Ich liebe die Leichtigkeit. Dieses Gefühl kenne ich leider kaum aus meiner Kindheit. Nur wenn meine beste Freundin Meike kam und mich rausholte aus dem Zuhause, in dem ich Ohnmacht, Traurigkeit, Wut, Hilflosigkeit und Benommenheit fühlte. Wenn die Welt zu Hause wieder einstürzte und mich zu verschütten drohte, kam meine Meike und half mir raus. Als Kind fragte ich mich oft, warum meine Mutter manchmal so komisch aussah. Immer dann, wenn Sie ihren Putztag hatte. Wenn sie dann rückwärts an der Wand entlang krabbelte, dachte ich damals noch kindlich naiv, das sei vom Putzmittel. Heute weiß ich, dass meine Mutter dann betrunken und längst alkoholkrank war.

Mit neunzehn Jahren bin ich so schnell wie möglich ausgezogen. Abitur in der Tasche und bloß weit weg.

Die Zeit zwischen vierzehn und neunzehn Jahren empfand ich als sehr anstrengend. Immer so sein wie die anderen in der Klasse, bloß nicht auffallen. Nicht, dass jemand etwas von unserer Familie mitbekommt. Freunde zum Lernen einladen, nicht bei mir.

Irgendwie fand ich mein Kinderzimmer immer eklig. Es wurde mir eingerichtet, vielleicht habe ich mich auch dafür geschämt. Es hatte keine individuelle Note von mir. Es war nur ein Zimmer, das ich mir mit meiner Schwester teilen musste. Ich durfte keine Poster ankleben, ich durfte keine Farbe entscheiden, ich durfte keinen Computer haben. Mädchen zu sein, dafür war hier kein Platz. Selbst wenn ich dieses Schamgefühl überwunden hätte, blieb das Problem, dass ich die Stimmungen meiner Eltern nie richtig einschätzen konnte. Sie stritten und beleidigten sich aufs übelste. Egal, wer diese Konversation mitbekommen musste, sie beschimpften sich und knallten mit den Türen. Es war unangenehm und zog einem den Magen zusammen.

Fast immer ging es um meine Mutter. „Wie siehst Du wieder aus? Hast Dir wieder die Hacken vollgesoffen? Du widerliches Stück Scheisse … Nimm deinen besoffenen Arsch und verschwinde!" Es gab viele dieser Redewendungen und Anmaßungen.

Diese Dinge spielten sich meistens im Wohnzimmer ab oder in der Küche. Meine Mutter wünschte sich immer eine neue Küche. Unsere Küche war beim Einzug 1975 eingebaut worden. Zwischendurch schwelgten beide in der Vorstellung einer schönen neuen Küche, aber spätestens beim nächsten Krach mussten diese Träume wieder der Realität weichen.

Meine Mutter hatte sich eben nicht gut benommen, und wofür sollte mein Vater dann noch die Küche schön machen?

Der Fußboden war aus Lynolium, braun und beige. Ich kann mich noch genau daran erinnern. In der Mitte der Küche spürte man im Boden eine Kuhle, als wenn das Fundament ein Loch hätte. Wahrscheinlich das schwarze Loch meiner Seele, die immer da und nie wichtig genug war, um repariert zu werden.

Meine Mutter war eine gute Köchin. Während des Kochens trank sie oft zwei oder drei Gläser Wein. Wenn mein Vater dann nach Hause kam, war das Geschrei groß. Es würde stinken, sie hätte sich wieder vollgesoffen und solle die Abzugshaube anmachen. Anschließend folgte dann das Gebrülle. Manchmal flüchtete meine Mutter mit mir und meiner Schwester zu ihrer Mutter aufs Land.

Ich war nie gerne dort. Die Erwachsenen redeten, und meine Oma sagte dann: „Kind, mach dir den Fernseher an und geh´ ins Wohnzimmer. Die Erwachsenen wollen reden!" Immer dieser eine Satz. Und sonntags fuhren wir dann mit dem Überlandbus wieder zurück in die Stadt. Dieses Gefühl werde ich nie vergessen. Erst das Fliehen am Freitag, das auch nicht gut war, aber ich wusste, ich hatte Pause von den anstrengenden Themen, und dann am Sonntag das Rückweg-Gefühl. Das war viel schlimmer. Dahin zurück zu müssen, wo sie sich ständig anschrien. Und ich mittendrin. Dann hieß es Ranzen packen und am nächsten Tag in der Schule so tun, als ob nichts passiert wäre.

In der Schule ging es dienstags dann wieder. Meine Meike hatte mich aus meinem Tief befreit und mir erklärt, dass es wichtigeres gibt als Eltern, nämlich Jungs.

Im Sommer 1996 war ich fertig mit der zehnten Klasse, und Meike und ich durften alleine mit einer Jugendgruppe mit dem Bus nach Rimini fahren. Wir hatten so viel Spaß. Ich grinse noch heute, wenn ich daran denke. Einfach mal vierzehn Tage nicht meine Eltern und deren Lasten tragen. Einfach mal Leichtigkeit. Keine Sorgen, kein Alkohol, einfach Menschen um mich, die mir sagen, wie fröhlich, offen, spontan, lustig, liebenswert, gutaussehend und lieb ich bin. Ich kam zurück von dieser Reise, vollgepackt mit Selbstbewusstsein, Glückseligkeit und Liebe im Gepäck, und als ich zu Hause angekommen war, sah ich in zwei traurige, angespannte, desinteressierte Gesichter, die mich weder nach Details, noch nach Erlebnissen meiner vergangenen Tage fragten.

Ich habe dann etwas erzählt, aber nur, weil ich erzählen

wollte, und nicht, weil ich gefragt wurde. Nachdem Meike und ich aus Rimini zurück waren, entschieden wir, die restlichen Ferien auf Fischland Darß zu verbringen. Meikes Eltern hatten da ein Wochenendhäuschen. Wir waren in dem Sommer das erste Mal dort, und die Glückshormone aus Italien strömten über den ganzen Strand, so dass es nicht lange dauerte und wir von der ortsansässigen Clique angesprochen wurden. Ein Typ fiel mir besonders auf, meine erste große Liebe stand vor mir. Wir hatten zwei wundervolle Wochen, aber ich wusste nicht, wie ich das mit meinem Elternhaus vereinbaren sollte. Als ich wieder zu Hause war, wollte er mich besuchen kommen. Ich war voller Panik und beendete meine erste große Liebe am Telefon. Ich litt wie ein Hund und bereute meine Entscheidung, hatte aber keine andere Lösung. Deshalb war mir klar, ein freies Leben funktioniert nur in einer anderen Stadt mit einer eigenen Wohnung. Ich zog von zu Hause aus.

Meine alkoholkranke Mutter rief mich täglich an. Sie erzählte von ihren Exzessen, verlor ihren Führerschein, da sie betrunken Auto gefahren war. Sie erzählte von den Streitigkeiten mit meinem Vater und vom Rauswurf bei ihrem Arbeitgeber. Es wollte einfach nicht aufhören. Ich war für ein Jahr in New York, aber egal, wo ich hinging, sie folgte mir. Das Telefon stand nie still, und ich hörte ihr zu, gab gute Ratschläge, gab ihr meine Kraft.

Aber nachdem sie auf meiner Hochzeit die Treppe heruntergefallen war und unsere Freunde sie völlig betrunken ins Auto setzen mussten, mein Vater sie beleidigte, meine Freunde verstört zu mir schauten und ich mich wieder wie ein Kind fühlte, platzte mir der Kragen.

Sie entschied sich, einen Entzug zu machen. Es hielt genau achtzehn Monate an, dann kam der Rückfall. Einige Wochen, als ich mit meinem ersten Sohn schwanger war, spürte ich es, aber sie verheimlichte es mir.

Als sie dann ins Krankenhaus kam, um mein Baby Louis zu begrüßen, da roch ich die Alkoholfahne, und mir kullerten erneut die Tränen über das Gesicht. Die Enttäuschung war unfassbar. Ich wusste, mein altes Leben war wieder zurück, dabei sollte doch mein neues Leben beginnen, mit Louis auf dem Arm. Ich weinte und weinte, fühlte mich klein, wehrlos, hoffnungslos, überfordert und taub.

Alle sagten, das sei der Babyblues, aber ich wusste, es war die Ohnmacht gegenüber der Krankheit meiner Mutter. Ich kannte dieses Gefühl ja von all den Jahren zuvor. Ich sah wieder die Gläser im Wohnzimmer an die Wand fliegen, wenn mein Vater ausrastete, weil er es nicht ertragen konnte, dass sie sich nicht änderte. Ich sah, wie meine Mutter von der Eckbank in der Küche runtergestoßen wurde, weil sie beim Frühstück nach Alkohol roch. Ich sah mich, wie ich in der Nacht, wenn er sie schlug, bewegungslos im Bett liegen blieb. Sie schrie. Meine Schwester rief den Rettungswagen und meine Mutter stammelte: „Ich will sterben." All das, was ich mühsam versteckt hatte, kam in diesem Moment zur Tür herein und sie tat, als wenn nichts passiert wäre, so wie immer.

Ich habe mich nicht von ihr abgenabelt und blieb mit ihr verbunden bis zu ihrem Tod im letzten Jahr. Sie fiel einfach beim Einkaufen um, ihr Herz hörte auf zu schlagen. Bewegungslos, hoffnungslos.

Meinen Mann lernte ich im Oktober 2004 kennen. Immer, wenn ich Männer kennengelernt hatte, kam irgendwann der Moment: Wie erkläre ich meinem Gegenüber meine familiäre Situation. Ich nahm niemanden mit nach Hause, aus Angst davor, „es" erklären zu müssen, mir war klar, dass ich niemanden einfach in die „Geheimnisse" einweihen kann. Es waren also nur wenige Menschen, denen ich die Wahrheit erzählte.

Wenn ich doch etwas erzählte, merkte ich, dass ich meine Partner verschreckte, weil ich beim Erzählen zitterte. Die meisten flüchteten, bevor es zum Treffen mit meinen Eltern kam. Mein Mann Christian erzählt mir noch heute, wie mysteriös er mich und die Situation empfand, als ich ihm davon erzählte. Er sagt auch heute noch, dass er damals abwog, ob er dieser Familie überhaupt näher kommen wolle. Er entschied sich für mich und für meinen Rucksack. Er kämpfte an allen Ecken und Enden für mich. Dutzende Male versuchte er, mir klar zu machen, dass ein Ablösen besser wäre, aber ich wollte und konnte es nicht hören und nicht wahrhaben.

Wurde ich doch erzogen, dass man gehorcht und lieb und artig ist, dass man seine Stimme nicht erhebt und ja nicht aus der Reihe tanzt. Also tat ich das, was mir beigebracht worden war. Anpassen, lieb sein, mitspielen und geheim halten.

Mein Mann hatte seine eigene Mutter sehr früh verloren. Sie starb an Herzversagen. Zuvor hatten sich seine Eltern getrennt, und seine Mutter hatte bei einem Kuraufenthalt einen neuen Partner kennengelernt. Mein Mann wuchs bei seinem Vater auf. Ihm fehlte seine Mutter. Er sah meine Mutter dann stets mit liebevollen Augen, half ihr, hörte ihr zu, begleitete sie sogar auf Reisen zu ihrer Schwester nach Chicago. Vielleicht hatte mein Mann Hoffnung, dass alles gut werden würde, weil er selbst keine Mutter mehr hatte.

Wenn sie nicht getrunken hatte, war sie ein liebevoller Mensch. Sie war fröhlich und locker. Immer hilfsbereit, loyal und ehrlich. Sie kämpfte für ihr Recht und auch für meins. Sie war herzlich und warm. Irgendwann verstand ich, dass sie schwer krank war.

Sie ist immer über das Ziel hinausgeschossen. Wenn andere genug getrunken hatten, fing meine Mutter erst so richtig an. Dann wurde sie laut, ungerecht, streitsüchtig und aggressiv.

Dann wurden alle aus der Familie auseinandergenommen und so richtig Dampf abgelassen. Als sie die achtzehn Monate nüchtern war, sagte ich meinem Vater, dass es von Vorteil sei, wenn auch er die Finger vom Alkohol lassen würde. Darauf wollte er sich nicht einlassen. Aber er meinte, dass um sie herum immer getrunken würde und man es ja nicht jedem verbieten könne. Als ich eine Eheberatung oder Therapie vorschlug, schüttelten beide den Kopf. Sie hätten nichts zu besprechen, war die Antwort.

Ich selbst würde mein Trinkverhalten als normal einordnen. Ich trinke gerne ein Glas Wein, empfinde das als Genuss. Nicht mehr und nicht weniger.

Letzten Sommer brach mein Kartenhaus leider zusammen. Völlige Erschöpfung und das Gefühl von Wertlosigkeit machten sich breit. Ich hatte das Gefühl, ich schaffe den Alltag nicht mehr, die Kinder, die Schule, den Job. Ich ging zum Arzt. Jetzt habe ich zwei verschiedene Therapeuten, gehe in eine Frauen-Gesprächsgruppe. Ich gehe mit meinem Mann zur Eheberatung, mache zu Hause nicht mehr alles alleine. Ich treffe wieder regelmäßig meine Freundinnen, für die ich die letzten elf Jahre zu wenig Zeit hatte. Ich versuche Sport zu machen, Pobleme nicht an mich ranzulassen und räume meine Kindheit auf. Mein Vater versteht meinen Wandel, kann loslassen und findet einen guten Weg, mit mir in Kontakt zu sein. Ich verzeihe ihm heute und weiß, dass ich meine Vergangenheit akzeptieren muss. Ich war ein Kind, da darf man Opfer sein. Als Erwachsener hat man ein Wahlrecht.

Ich bin ich und ich bin die Wichtigste.

Gerald Hüther, Teil 1
Neurobiologe und Hirnforscher

Die Jugendämter haben andauernd mit diesen Fällen zu tun. Es kommen immer genug nach, es hört nicht auf. Dabei fängt es bei jedem Menschen perfekt an:

Wenn Kinder auf die Welt kommen, sind sie bereit für alles, was sich ihnen bietet. Sie werden mit einem unglaublichen Spektrum an neuronalen Verknüpfungssystemen und Vernetzungsangeboten geboren. Sie sind großzügig ausgestattet mit genetischen Programmen – aber die Genetik ist nicht allein für die Entwicklung eines Kindes verantwortlich. Die Umwelt legt fest, was stabilisiert wird.

Wenn ein Kind in einer Familie groß wird, in der ein oder mehrere Mitglieder alkoholabhängig sind, muss das Kind ein Verhalten entwickeln, das ihm hilft, aus einer so schlimmen Situation herauszukommen.

Das Hirn strukturiert sich anhand der individuell gefundenen Lösungen. Nicht anhand der Probleme, sondern anhand der Lösungen, die jemand findet. Das ist grade bei so belasteten Familien sehr wichtig.

Für ein Kind, das in großer Unberechenbarkeit und Unsicherheit groß wird, ist die häufigste und nahe liegende Lösung: Das Kind muss das Bedürfnis, bei so einem Elternteil Schutz und Liebe zu finden, unterdrücken. Das machen nicht die Eltern, das macht das Kind selber. Die Eltern rufen nur die Situation hervor, für die das Kind eine Lösung finden muss.

Das Kind löst sich innerlich von den Eltern. Das können Kinder nicht gut, und so einfach ist es auch nicht. Kinder lösen sich nicht nur von Mama oder Papa oder beiden, sie müssen das gesamte Bindungsbedürfnis unterdrücken.

Diese Menschen laufen dann möglicherweise ihr ganzes Leben lang mit einer großen Bindungsunsicherheit durchs Leben. Sie lassen sich nicht gern auf Beziehungen oder generell auf Vertrauenssituationen mit anderen Menschen ein. Aber für ein Kind aus so einer dysfunktionalen Familie ist es zumindest eine Lösung, so kann es die furchtbarsten Situationen aushalten.

Eine andere Strategie ist, dass sich das Kind mit einem Elternteil identifiziert. Das nennt man Täterintrojektion.

Das Kind erlebt, dass eine Person – oft ist es der Mann – am Ende des Tages gewinnt, also der Sieger bleibt. Das erleben Kinder oft, wenn der Elternteil unter Alkohol aggressiv und gewalttätig ist, und dann kann die Lösung heißen: Ich muss auch so einer werden. Ich muss meine Unsicherheit so ausleben, egal was kommt und egal, wie die anderen darunter leiden.

Das Gefühl der Scham ist bei all diesen Kindern groß und hat seine Notwendigkeit. Scham ist ein soziales Gefühl, das immer dann auftritt, wenn man etwas tut oder erlebt, wovon man befürchten muss, dass man dafür aus der Gemeinschaft ausgeschlossen wird. Wer keine Scham mehr empfindet, hat kein Korrektiv mehr, um zu sehen, ob das eigene Handeln für andere gut ist oder nicht.

Viele der betroffenen Kinder haben auch ein Gefühl der Wertlosigkeit. Das passiert, wenn man in einer Familie groß wird, in der es zutiefst unsicher und unberechenbar zugeht. Dann kann das Kind kein Gefühl entwickeln, selbst Gestalter des eigenen Lebens zu sein, weil es ständig hin und her geworfen wird. Kinder können nur ein Gefühl des Selbstvertrauens, ein Selbstwertgefühl, ein Gefühl für das eigene „Ich" entwickeln, wenn sie in einer beständigen und verlässlichen Umgebung aufwachsen, in der sie auch selber etwas tun können.

Kinder, die in so belasteten Familien groß werden, haben oft auch kein Gefühl für die eigene Würde. Es entwickeln sich dann Menschen, die zeitlebens unsicher in Beziehungen oder furchtbar dominant sind und sich über alles hinwegsetzen.

Es gibt auch Menschen, die ihr Leben lang in einer Opferhaltung bleiben. Sie haben gelernt, dass es das Beste ist, sich in schwierigen Situationen zu ducken, sich vielleicht sogar schlagen oder demütigen zu lassen. Das tun sie dann ihr Leben lang weiter. Es ist vielleicht nicht die beste Lösung, die ein Kind für sich gefunden hat, aber es war eine Lösung, die dem Kind insofern geholfen hat, als dass es einfach am Leben geblieben ist.

Wenn diese Kinder aus dem Umfeld dieser Erwachsenen rausgehen, stellen sie fest, dass es nicht normal und richtig ist, was sie in ihrer Familie erlebt haben. In dem Umfeld, in dem sie groß geworden sind, merken sie es nicht. Nachbarn gucken oft weg, Freunde, Bekannte sagen sich los von den Familien, in denen unkontrolliert Alkohol oder Drogen konsumiert werden, und damit bleiben die Kinder ihren Eltern auf Gedeih und Verderb ausgesetzt.

Moni

Meine Kindheit war zweigeteilt, als gäbe es zwei unterschiedliche Abschnitte, die sich irgendwann überschnitten haben. Wie ein Farbverlauf von bunt zu grau. In meiner jüngsten Kindheit erstrahlen Erinnerungen in den buntesten Farben. Ich war glücklich, habe mich umsorgt gefühlt und geliebt. Ich bin Einzelkind und war gut aufgehoben. Wir haben tolle Sachen unternommen, sind schwimmen gegangen, haben Radtouren gemacht. Ich erinnere mich an ein Kindergartenfest, bei dem ich mit meinen Freunden war, und auch an schöne Urlaube an der Nordsee. Ich schätze, damals dürfte alles – zumindest vordergründig – in Ordnung gewesen sein. Bis ich ungefähr sieben Jahre alt war. Der Alkohol wurde schleichend präsenter. Ich kann mich gar nicht an das Trinkverhalten erinnern, sondern nur an die Wesensveränderung meines Vaters, der zunehmend aggressiver wurde, wenn er getrunken hatte.

Ich sehe mich in unserem Haus, in dem wir damals lebten. Das Haus hatte einen tollen großen Garten, und vor meinem Fenster war ein riesiger Pflaumenbaum. Ich habe unser Haus, mein Zuhause, über alles geliebt.

In der anderen Phase, in der der Alkohol dominierte, fühlte ich in erster Linie Angst, Hilflosigkeit, Wut, Enttäuschung und mit zunehmendem Alter das Bedürfnis, meine Mutter vor ihm zu schützen. Manchml habe ich meinen Vater gehasst und empfand Schmerz über all die falschen und haltlosen Versprechungen. Irgendwann setzte ich meinem Vater einen Vertrag auf, der in etwa lautete: „Wenn du mich liebhast, hörst du auf zu trinken. Bitte unterschreibe hier…" Was er auch getan, aber nicht umgesetzt hat. Dieser Schmerz und diese Enttäuschung sind mir sehr bewusst. Da war immer dieses Gefühl von drohender Eskalation; immer dieses: Was passiert heute? Wie ist er drauf? Was zündet den Streit? Ich habe so viel gefühlt, dass ich irgendwann anfangen musste, die Gefühle zu verstauen, weil es schwierig ist, wenn die Gefühle einen dominieren. Also, es wird zunehmend schwierig, im Leben zu bestehen, wenn nicht ständig Drama ist.

Irgendwie war Jägermeister mit einem Mal ein gegenwärtiger Gegenstand für mich. Jägermeister war immer der Inbegriff der Sucht meines Vaters. Wenn er in diesem Zustand war, waren es oft abstoßende Gefühle, die präsent waren. Ekel. Wut. Frust. Es ist sehr schwer, die Anfänge festzumachen, da es so schleichend kam. Mit einem Mal war es so.

Ich war zunächst geliebt, später dann verlassen und allein. Es ging irgendwann nur noch darum, wie ich sicherstellen konnte, da einigermaßen heil rauszukommen, psychisch und physisch – wobei ich an dieser Stelle betonen muss, dass mein Vater mir gegenüber nie handgreiflich geworden ist. Er hat mich angebrüllt, war ausfallend, rücksichtslos und grenzüberschreitend, hat mich aber nie geschlagen oder getreten. Das hat er stattdessen mit meiner Mutter gemacht.

Wenn ich an meine Kindheit denke, macht mich das heute oft traurig, weil mir dieses Kind, was ich da sehe, leidtut, da es nicht den Rahmen bekommen hat, den es gebraucht hätte, um sich zu entwickeln.

Die Kindheit ist wertvoll. So wertvoll, dass sie den Lebensweg maßgeblich prägt. Und in dieser Zeit, sollte ein Mensch seine Farben entwickeln. Und es tut mir für mich leid, dass ich das nicht hatte. Ich musste sehr schnell und sehr früh erwachsen sein und mich mit Situationen und Themen auseinandersetzen, die für Kinder nichts sind. Das Problem ist, dass es mir heute ständig klar wird, dass ich viele Dinge, die man eben braucht im Leben, nicht gelernt habe, da sie in dem Moment nicht wichtig waren. Wichtig war, es zu überleben. Ich habe heute oft das Gefühl, suchen zu müssen, wer ich überhaupt bin, was mich ausmacht, was meine Persönlichkeit ist, was ich in meinem Leben gerne hätte. Oft sehe ich bei anderen etwas und denke, dass das toll ist, aber ich kopiere es dann nur. Es kommt nicht aus mir, weil ich nicht weiß, was da eigentlich ist. Wenn ich heute depressive Phasen habe, ist es immer ein Gefühl von Schwere und Alleinsein, das mich immer und immer wieder einholt. Macht- und Hilflosigkeit.

Dies sind meine schlimmsten Erinnerungen:

Die Axt

Es ist absolut erstaunlich, dass es meiner kindlichen Wahrnehmung vollkommen egal war, um was sich meine Eltern eigentlich gestritten haben. Ich weiß aus Erzählungen, dass es oft um Geld ging, da er alles versoffen hatte und meine Mutter letztlich mit Pfandflaschen einkaufen gegangen ist, damit ich etwas zu essen bekam. Sie hat für verschiedenste Dinge gespart und musste irgendwann erkennen, dass er all ihr Geld gestohlen und versoffen hatte. Allein das ist eine Tatsache, bei der mir heute noch der Kamm schwillt. In meiner Erinnerung stehe ich bei uns im Flur, und meine Eltern streiten in der Küche. Es ist sehr aggressiv und laut, und mein Vater wird zunehmend bedrohlicher. Ich sehe, wie meine Mutter meinen besoffenen Vater an mir vorbei schubst und aus der Diele raus in den eigentlichen Hausflur schiebt und die Tür schließt. Vom Hausflur abgehend befand sich zum einen die Treppe hoch ins Dachgeschoss und auch der Abgang zum Keller. Wir hören, wie er in den Keller geht und wieder raufkommt und beginnt, mit einer Axt die Tür einzuschlagen. Das war der Moment, in dem meine Mutter mich angeschrien hat, ich soll die Polizei anrufen. Mein Vater hat das wohl auch gehört, denn er hat die Axt zur Seite geworfen und ist gegangen.

Ich denke, ich brauche nicht zu beschreiben, wie es sich angefühlt hat.

Mein Vater hat bei jeder Gelegenheit getrunken. Also irgendwie immer. Manchmal habe ich es nicht mal mitbekommen, wie er es geschafft hat, sich zu betrinken. Zum Beispiel auf dem Minigolfplatz. Er hatte mit mir einen Ausflug zum Minigolf gemacht. Wir sind losgefahren und ich habe ihn nicht einmal trinken sehen. Aber am Ende vom Spiel ist er besoffen in eine Rosenhecke gefallen. Vielleicht wollte ich es auch nicht sehen, oder ich erinnere mich einfach nicht mehr daran. Aber an dieses Gefühl von Wut, Scham, Frust und Enttäuschung erinnere ich mich genau.

Scham ist hier ein ganz eigenes Thema. Ich glaube, ich habe mich immer dafür geschämt, in diesen Verhältnissen zu leben, wenngleich ich „die Verhältnisse" gar nicht erfasst habe. Für mich war das ja alles normal. Aber natürlich habe ich gemerkt, dass es bei anderen anders war.

Im betrunkenen Zustand war er unberechenbar, laut, aggressiv, gewalttätig und nicht nachvollziehbar.

Die Suppe

Wieder ein Tag, an dem Streit und Geschrei zu hören waren. Ich hatte eine erstaunlich umfangreiche Sammlung diverser Disney-Filme und Cartoons auf Videokassette, was damals noch üblich war. Ich erinnere mich, dass ich oft diese Filme schauen durfte. Übersteigerte Romantik, Liebe, „Prinz rettet Prinzessin" und stets ein Happyend. Und neben mir meine sich verkloppenden Eltern. Was für ein absolut surreales und irritierendes Bild. An jenem Tag war es also wieder wie oben beschrieben. Meine Mutter bereitete das Essen vor und mein Vater hat sich an irgendwas gestört, was als Anlass gereicht hat, meine Mutter anzugehen. Als es nicht mehr auszuhalten war, stand ich auf und ging zur Küche, um einmal dazwischen zu schreien, dass es nervt. Da sehe ich, wie der Topf mit Suppe quer durch die gesamte Küche kracht, so richtig schön gegen die Wand. Der Versuch meiner Mutter, sich gegen meinen Vater zur Wehr zu setzen...

In den darauffolgenden Tagen waren sie damit beschäftigt, die Wand neu zu tapezieren.

Der Fight

Wieder startet meine Erinnerung, dass ich im Wohnzimmer sitze und einen Disney-Film sehe und das Schreien aus der Küche höre. Dann verlegten die beiden ihren Streit ins Wohnzimmer. Ich kam nicht umhin, das Geschehen zu sehen und zu verfolgen. Worum es eigentlich ging, kann ich nicht sagen. Aber als mein Vater meine Mutter angehen wollte, konnte sie sich nicht anders helfen und hat ihn mit aller Kraft in die Genitalien getreten. Wer schon mal einen Mann gesehen hat, der gerade was in die Eier bekommen hat, weiß, wie schmerzvoll das ist. Umso erschreckender, wenn man klein ist und danebensteht.

Das Telefonkabel

Es ist ein Tag wie jeder andere. Streit, Gewalt, Aggressivität. Auch diese Situation spielt sich kurz vor dem Höhepunkt ab. Ich weiß wie immer nicht, was eigentlich der Grund gewesen ist für diesen Streit, es ist auch nach wie vor nicht von Belang. Es gibt aber einen entscheidenden Unterschied. Meine Mutter ist fast soweit, dass wir gehen. In ihrem Streit mit meinem Vater, fordert sie mich auf, meine Tante anzurufen, damit sie uns abholen kommt. Meine Mama hatte zum damaligen Zeitpunkt noch keinen Führerschein, da mein Vater ihr zusammengespartes Geld gestohlen und versoffen hatte.

Mein Vater hat die Aufforderung gehört und wusste ganz genau, was das bedeutet. Nämlich, dass wir nicht wiederkommen würden. Das wollte er um keinen Preis der Welt. Ich war also am Telefon und wählte die Nummer, da stürmt er mit einer Schere auf mich zu. Ich hatte Angst. Aber er tat mir nichts. Er schnitt das Telefonkabel durch. Wir waren – zumindest für den Moment – gefangen.

Die verbale Attacke

Trotz dieser vorherrschenden Situation des Alkoholismus und der damit ständig stattfindenden Gewalt war ich auch noch Grundschulkind. Ich musste den halben Tag normal zur Schule gehen und die andere Hälfte des Tages Unerträgliches ertragen. An einem Abend ging ich wie jedes andere Kind zeitig ins Bett, weil ich ja früh raus musste. Meiner

Mutter war es auch wichtig, dass ich meinen Schlaf bekam und ausgeruht war. Es ist sowieso unglaublich, wie sehr sie versucht hat, mir Stabilität zu geben, wo keine vorhanden war. Als ich zu Bett ging, war mein Vater nicht da. Er war in der Kneipe oder Frittenbude. Ich schlief schon tief und fest, da poltert plötzlich ein volltrunkener Mann in mein Zimmer, klatscht die Deckenlampe an, setzt sich an den Schreibtisch und fängt an, mich vollzulallen mit irgendwelchen Sachen. Ich weiß noch, wie ich die Decke hochzog und krampfhaft versucht habe, die Situation zu erfassen und vorherzusehen, was passieren würde. Bleibt er ruhig, oder dreht er durch? Dann höre ich, wie meine Mutter die Treppe hochkommt. Sie öffnet die Tür und fordert ihn auf, das Kinderzimmer zu verlassen, da ich am nächsten Tag Schule hätte und meinen Schlaf bräuchte. Das Kampfsignal. Absolut ausreichend, ihn durchdrehen zu lassen. Er schreit sie in einer Art und Weise an, die absolut irrational ist. Ich habe mich geduckt und mich in meine Decke verkrochen, aber ein Satz ist hängengeblieben: „Ich will gar nicht wissen, wie viele Schwänze du in dir gehabt hast!"

Solche niederträchtigen Attacken führten bei mir dazu, den Respekt vor ihm zu verlieren und Hass zu entwickeln.

Verbale Gewalt ist etwas sehr Unterschätztes, wie ich finde. Worte können immensen Schäden anrichten.

Mein Verschwinden

Es war einer der üblichen Tage, an denen mein Vater sich unbemerkt hat vollaufen lassen. Meine Mutter hatte irgendeinen Anlass, ihm etwas zu sagen. Manchmal reichte es schon, dass sie einfach etwas sagte, irgendetwas, das in seinen Ohren ein Angriff gewesen sein musste. Was es an diesem Tag genau gewesen ist, weiß ich nicht. Ich war vielleicht sechs Jahre alt, und uns gegenüber lebte eine sehr nette, vierköpfige Familie. Mit der jüngeren Tochter hatte ich manchmal gespielt und kannte sie recht gut. Rückblickend bin ich ziemlich sicher, dass sie genau wussten, was bei uns los war. Aber mit mir hat nie jemand darüber gesprochen.

An besagtem Tag haben sich meine Eltern so hochgeschaukelt in ihrem Streit, dass es nicht auszuhalten war. Sie schrien in aggressiver Weise herrum, so sehr, dass ich es schlichtweg nicht mehr ertrug. Ich bin zu den Streitenden in die Küche gegangen und habe dazwischen gebrüllt, dass ich es nicht mehr aushalte und jetzt abhauen werde.

Das Traurige ist: ich wurde nicht gehört. In ihrer Schreierei nahmen sie keinerlei Notiz davon, dass ich überhaupt da war. Also bin ich gegangen. Und wo geht man hin, wenn man sechs Jahre alt ist und abhauen will? Ich habe weinend vor der Tür unserer Nachbarn gestanden, und als sie mich reinließen, hörte ich schon meine Mutter rufen.

Das ins Ohr schreien

Ich glaube, dass ich Glück im Unglück hatte, mir ist keine körperliche Gewalt widerfahren. Ich bin sicher, es gibt mehr als genug Fälle, in denen das anders ist, und ich möchte mir nicht ausmalen, wie viel unerträglicher diese sowieso schon kaum auszuhaltende Situation dann ist. Es kam aber der Tag, an dem die beiden sich wie Irre im Wohnzimmer anschrien, und von Mal zu Mal und je älter ich wurde, wuchs in mir der Hass und die Wut und der unbändige Drang, meine Mutter gegen meinen Vater zu verteidigen. Ich begann also, mich vom Sessel aus einzumischen und schrie dazwischen. Zur Folge hatte das jedoch nur, dass mein Vater sich umdrehte und mich so dermaßen angeschrien hat, dass es mir heute noch in den Ohren klingelt, wenn ich daran zurückdenke. Ich war etwa neun Jahre alt. Eskalation war eine Frage der Zeit.

Der Welpe

Im Oktober 1995 wurde ein kleiner, schwarzer Welpe geboren, der mein bester Freund wurde. Ich weiß nicht, ob es der Versuch war, in irgendeiner Art und Weise Normalität zu spüren. Warum ich mir in der heiklen Situation einen Welpen anschaffte, war mir aber offen gesagt auch egal. Ich war so verliebt in dieses kleine schwarze Bündel. Er war so süß, und er war mein Freund, ich war nicht mehr allein in dieser dunklen Welt. Eines Abends, als es wieder zur Sache ging, stritten die beiden sich lauthals im Wohnzimmer, und es ging richtig rund. Mit einem Mal greift mein Vater sich diesen kleinen, hilflosen Hund und schleudert ihn meiner Mutter in die Arme. Ich habe keine Worte dafür, welch ein Hass mich überkam. Wenn ich nicht bereits den Punkt erreicht hatte, meinen Vater zu verachten, dann war es spätestens jetzt soweit. Was ein schrecklicher, verachtenswerter, armseliger Säufer. Von was für einem Wesen stamme ich ab! Ich bin ziemlich sicher, dass das der Punkt gewesen ist, an dem sich in mir festgesetzt hat, dass ich nichts wert bin und nichts erreichen kann.

Weihnachten

Der Höhepunkt. Das Finale. Es war Weihnachten im Jahr 1995, Heilig Abend. Wir saßen im Wohnzimmer, es gab einen geschmückten Weihnachtsbaum, leckeres Essen, Geschenke. Eine gemütliche Atmosphäre. Die Situation fühlte sich an sich schon sehr heuchlerisch an. Ich konnte an dem Abend schon nicht verstehen, warum wir jetzt einen auf heile Familie machen. So tun, als wäre alles „supi". Es fühlte sich so falsch an, so gelogen, so richtig unecht, dass einem fast hätte schlecht werden können. Aber ich war ein Kind. Und es war Weihnachten. Das Fest der Liebe. Man ist ja eine Familie und man vergibt einander. Weihnachten hat immer auch etwas Berührendes und Melancholisches. Ich habe also tatsächlich auch ein ganz kleines bisschen Hoffnung verspürt. Und mit diesem Gefühl ging ich schlafen.

Am nächsten Tag war alles wie immer. Es war wie immer kalt, aggressiv, laut. Es wurde gestritten, und es kam zum Showdown. Der Verdrängungsmechanismus in meinem

Gehirn funktioniert, ich muss mich hier an Erzählungen halten. Die Situation eskalierte, und meine Mutter forderte mich auf, meine Tante anzurufen, das Telefonkabel war repariert. Unter Tränen habe ich also meine Tante angerufen und sie gebeten, ob sie uns abholen kommen könnte. Sie sagt, sie hat dieses Gespräch noch heute im Ohr.

Meine Tante und mein Onkel setzten sich umgehend ins Auto und sind zu uns gekommen. Ich habe notdürftig ein paar Sachen gepackt, und mir war sehr wichtig, dass ich „Der König der Löwen" mitnehmen und vielleicht bei denen schauen konnte. Am selben Abend habe ich den Film dann noch gesehen, die Erwachsenen haben lange Gespräche geführt, und es kehrte ein kleines bisschen Ruhe und ein Gefühl von Sicherheit ein. Nachdem wir eine Woche bei meiner Tante und meinem Onkel gewohnt hatten, sind wir zu meinen Großeltern gezogen. Ich habe in einem Klappbett in meiner neuen Tabaluga-Bettwäsche im Gästezimmer geschlafen und musste jetzt mit dem Bus zur Grundschule fahren, da sie in einem anderen Stadtteil wohnten als wir. Das war beängstigend, ich war noch nie zuvor alleine Bus gefahren. Aber das war weniger schlimm als vermutet. An einem Abend hörte ich, wie meine Mama sich in der Küche mit meinen Großeltern unterhielt, und das war der Moment, in dem ich verstand, dass sich etwas grundlegend verändert hatte. Ich stand also auf, taperte in die Küche und fragte: „Gehen wir nicht mehr zurück?"

Und meine Mama antwortete: „Nein, wir gehen nicht mehr zurück."

In diesem Moment zerbrach meine Welt.

Ich habe meinen nüchternen Vater als irgendwie ruhigen, melancholischen, beschwerten Menschen in Erinnerung. Er hatte eine gewisse Ernsthaftigkeit und nur sehr wenig Leichtigkeit. Für mich war er trotz allem immer auch mein Held, ich fand ihn stark, und ich habe mich immer bei ihm beschützt gefühlt. Jedenfalls früher. Später natürlich nicht mehr. Im Grunde war er ein guter Mensch, der ebenfalls einfach schlechte Karten gezogen hatte und total in die Falle getappt war. Er hat alte familiäre Muster übernommen. Man hat mir aber erzählt, dass er einen guten Humor hatte und auch lustig sein konnte. Es gibt aber nicht viele Bilder, auf denen er lacht.

Meine Mutter hat stets versucht mich zu schützen, auch körperlich. Aber nach meiner Erfahrung gibt es einen gewissen Punkt, von dem an das Kind vor Schäden gar nicht mehr zu schützen ist. Und am Ende ist die gesamte Alkoholerkrankung ein Prozess und in diesem Prozess auch eine schwere Schädigung am Kind. Von der Erkenntnis, dass wir ein Suchtproblem in der Familie haben, bis zur Trennung meiner Eltern vergingen fünf Jahre. Aber damit war das Ganze nicht vorbei. Eigentlich erst mit seinem Tode. Offen gestanden hatte ich ein klitzekleines Gefühl von Befreiung, als die Nachricht von seinem Tod eintraf. Ich wusste in dem Moment, es ist vorbei. Es droht keine Gefahr mehr.

Ich habe nach dem Abitur eine Ausbildung zur Medienkauffrau in Hamburg absolviert und insgesamt sechs Jahre dort verbracht. Der Abstand hat mir gutgetan, und ich habe die Ausbildungszeit sehr genossen. Da war für den Moment alles in trockenen Tüchern. Ich habe mich dann entschieden, eine Weiterbildung zur Medienfachwirtin zu machen.

In dieser Zeit lernte ich meinen heutigen Ehemann kennen. Er lebte zu der Zeit in Karlsruhe, so dass wir ständig gependelt sind zwischen Hamburg, Köln und Karlsruhe. Zunächst hatte ich ständig Bauchschmerzen. Nach eingehenden Untersuchungen konnte nichts festgestellt werden. Das Problem verlagerte sich dann in den Hals. Ich hatte immer das Gefühl, ich hätte einen Kloß im Hals,. Irgendwas drückte mir den Hals zu. Ich habe noch meinen damaligen Hausarzt im Ohr, wie er zu mir sagte: „Sie machen auf mich keinen depressiven Eindruck bisher, aber wenn Sie nicht aufpassen und Ihr Leben ändern, wird es Sie in die Knie zwingen." Das habe ich dann so zur Kenntnis genommen. Und er sollte Recht behalten.

Das mit dem Hals ging weg, doch ich entwickelte von

heute auf morgen eine Reizblase und hatte Panikattacken, und das in einem Ausmaß, dass mein Leben zur Qual wurde. Sobald ich in eine Situation kam, der ich nicht so einfach entkam, ob in der Bahn, bei einer Hochzeit oder auf Autofahrten, musste ich sofort zur Toilette. Ich habe mich verkrampft ohne Ende, bin manchmal aus der Bahn gestiegen, noch weit vor meiner Haltestelle, weil ich Angst hatte, mich einzunässen.

Mein Mann und ich haben dann irgendwann entschieden, dass es Zeit wird, zusammenzuziehen. Also zog ich nach Karlsruhe und suchte mir einen Job.

Nachdem der erste Job in Karlsruhe nichts war und der Zweite noch schlimmer, kam es so weit, dass ich 2016 mit schweren Depressionen in einer psychosomatischen Klinik aufgenommen wurde mit den Worten: „Es ist gut, dass Sie hier sind, Sie kommen da alleine nicht mehr raus." Man hat mir da auch gesagt, dass das Problem mit der Blase erst besser werden würde, wenn die eigentlichen Probleme angegangen werden. Und so war es dann letztlich auch. Insgesamt war ich sieben Monate lang krank.

Bis ich einen Job fand, bei dem ich mich richtig wohl fühlte und das erste Mal wieder einen Platz gefunden hatte. Ich war weiterhin in Therapie, und als ich mich sicherer fühlte, wurde ich schwanger und wir haben geheiratet. Heute ist meine Tochter zweieinhalb Jahre alt, und wir haben ein kleines Häuschen in der Pfalz. Aber ich habe nichtsdestotrotz immer wieder depressive Phasen, in denen es schwieriger ist.

Nachdem ich in der Klinik war, habe ich sehr viel verstanden, warum ich bin, wie ich bin, und dass ich nahezu der Prototyp bin für erwachsene Kinder aus Suchtfamilien.

Ich habe sehr lange gebraucht, bis ich ein paar Informationen zur Hand hatte, die mir das klar gemacht haben. Ich habe sehr viel gelernt über mich und meine Vergangenheit, und es macht mich heute noch wütend, dass ich einfach keine andere Wahl hatte. Ich hatte absolut keine Schuld an dem, was war, aber dennoch werde ich mein Leben lang die

Folgen tragen müssen. Ich habe oft das Gefühl, dass mir etwas Entscheidendes fehlt, um mich in meinem Leben sicher zu fühlen. So entstanden ganz große Selbstzweifel, Frustration, Selbstverachtung und am Ende die Depression.

Ich habe mich nun so weit berappelt, dass ich ein gutes Leben führen kann. Ich habe das Rauchen aufgehört, habe eine tolle kleine Tochter und einen sehr bodenständigen Ehemann. Wir haben ein kleines Haus, ich habe einen Bürojob. Alles in allem geht es mir sehr gut. Ich habe nur nach wie vor leider keine Ahnung, wer ich tatsächlich bin. Also was mich ausmacht und was meine Stärken sind. Ich habe derzeitig auch nicht das Ziel, das Ganze zu verstehen. Ich habe akzeptiert, dass es ist, wie es ist, und ich habe Anlaufstellen, wenn nichts mehr geht. Es wird immer wieder Phasen geben, in denen mich meine Kindheit einholen wird und in denen es mir nicht gut geht, und ich habe auch Phasen, in denen es super läuft. Ich hatte lange Angst, dass ich genauso enden würde wie mein Vater. Als wäre mein Schicksal bereits besiegelt, und ich würde früher oder später alkoholabhängig. Gerade als ich noch stark geraucht habe, ist mir diese Schwäche immer wieder aufgefallen. Einen gewissen Hang zur Selbstzerstörung kenne ich, aber das habe ich im Blick.

Überlebensstrategien, Teil 1

> Dr. med. Jürgen Vieten, Jahrgang 1960, betrieb gut zwei Jahrzehnte eine Praxis für Psychiatrie und Psychotherapie in Mönchengladbach. Er war einer der Ersten, der sich mit dieser Spezialisierung niederließ. In seinem Fachgebiet engagiert er sich vielfältig, besonders liegt ihm das Ende der Stigmatisierung und die Ausgrenzung psychiatrischer Patienten am Herzen; er möchte Verständnis für psychisches Leid vermitteln.

„Die Patienten, die zu mir kommen, sind oft unsicher und, zum Beispiel in der Depression, besonders ängstlich. Dann trauen sie sich nicht, nachzufragen", sagt Vieten und räumt ein, dass auch er als junger Arzt erstmal lernen musste, sich in seine Patienten hinein zu versetzen. Von Schizophrenien über die Alzheimer-Krankheit bis zu Essstörungen behandelt er fast alle Krankheiten und Störungen, mit denen er als Arzt im Laufe seiner Berufsjahre zu tun hatte. Dabei auch viele Patienten, die eine alkoholbelastete Kindheit hatten.

„Kinder, die mit alkoholkranken Eltern aufwachsen, leben in großer Unsicherheit, fühlen sich ständig hin- und hergerissen. Sie haben schon sehr früh Zukunftsängste und ein Gefühl von unbefriedigender Lebensweise. Sie sind generell oft unzufrieden, es fehlen Glücksgefühle, sie haben selten das Gefühl, angekommen zu sein. Diese Kinder erwarten im Erwachsenenalter häufig Negatives für ihr Leben. Das ist die Projektion der Kindheitserlebnisse in die Gegenwart. Wer immer Unsicherheit erlebt hat, für den wird dieses Gefühl Teil der Lebensrealität.

Kinder passen sich immer an, das gehört zum Menschsein. Sie sind enorm anpassungsfähig, sie nehmen die Welt wie sie ihnen entgegenkommt.

Erst nach ein paar Jahren erkennen sie, dass die Welt auch ganz anders sein kann als die, die sie erlebt haben.

Das Klima der Unsicherheit ist das schwierigste für die Betroffenen. Das muss nicht andauernd sein, das kann auch immer mal wieder sein.

Sie müssen sich mehr Sorgen um den Zustand des Zuhauses und der Eltern machen, als dem Alter des Kindes guttäte.

Manchmal müssen sie deren Job übernehmen, indem sie sich ständig fragen, wie geht es denen, obwohl es der Job der Eltern wäre, das Kind zu fragen, wie es ihm geht. Das nennt man Umdrehung der Mutter – Vater – Kind - Dyade.

Es bedeutet, dass das Kind für das Aufrechterhalten der Strukturen in seinem Leben selber kämpfen muss, immer wieder.

Es muss einen Weg finden, selber für sich sorgen.

Deshalb ist es sehr empfänglich für Veränderungen. Alles soll am liebsten bleiben wie es ist, weil es sonst gefährlich werden kann.

Im Außenleben schämt sich das Kind häufig für seine Eltern oder ein Elternteil und fühlt sich schuldig. Oft wird es ausgegrenzt von Mitschülern und Freunden, wenn die mitbekommen haben, dass die Eltern trinken.

Das Kind fühlt sich dann bestraft, hat ein schlechtes Gewissen und weiß nicht warum.

Statistisch gesehen leiden diese Menschen im Erwachsenenalter sehr häufig an Depressionen.

Alkohol wirkt angstlindernd, viele Depressive fangen an zu trinken.

Der Weg zu Depressionen führt immer über Überlastungen und Überforderung.

Es ist also ein Zusammenbruch des Stressapparates.

Kinder aus diesen Familien haben oft nicht gelernt, auf sich zu achten und ihre eigenen Grenzen zu erkennen, eigene Erholungsstrategien zu entwickeln.

Sie wissen dann gar nicht, wie sie anfangen sollen. Sie fühlen oft nicht, wenn es ihnen schlecht geht.

Wir wissen, dass Traumata, wie Gewalt, Schläge, Allein-gelassen-sein und Ängste wundartige Verletzungen im Hirn hinterlassen.

Das sind die Trauma-Narben und die führen ein Risiko für Depressionen mit sich.

Kinder, die in alkoholbelasteten Familien aufwachsen, müssen ständig Angst haben und die Krankheit ihrer Eltern vertuschen.

Sie müssen ständig Fassade zeigen, um die Schande in der Familie zu halten.

Deshalb kann das Kind nie etwas ändern, nie ehrlich sein, obwohl es das eigentlich will. Es muss Treue halten, sie schützen.

Am liebsten möchten diese Kinder dann gar nicht mit anderen zusammen sein.

Sie lernen, dass sie mit anderen nicht gut zusammen sein und nicht vertrauen können.

Sie fühlen sich beschämt und werden ausgegrenzt. So kann eine Sozialangst im Erwachsenenalter entstehen.

Diese Kinder sind meistens massiver Gewalt ausgesetzt.

Ein Patient hat erzählt, dass er als Kind oft eingesperrt wurde. Das ist fast gleichzusetzen mit sexuellem Missbrauch.

Wenn mit der Vernachlässigung nur noch Angst, Stress und Panik entstehen, tritt der sogenannte Tot-Stell-Reflex ein.

So entstehen Trauma-Narben, die mitwachsen beim Älterwerden.

Am häufigsten gibt es die emotionale Vernachlässigung. Das Kind erfährt keine Wertschätzung, es bekommt das Gefühl der persönlichen Bedeutungslosigkeit.

Aber es kann Hilfe geben: Mit wertschätzender, emphatischer Behandlung eines Therapeuten kann das Kind oder das erwachsene Kind nachreifen. Stückweise wird dann Erlebtes als gegeben empfunden werden. Die Menschen müssen wieder fühlen lernen, so können Misstrauen und Sorge losgelassen werden.

Manche Menschen sind sehr kritisch bei der Wahl ihres Therapeuten oder Psychologen.

Aber sie sind ausgebildet, sie haben ihr Metier gelernt. Manchmal werden die Kindheitsprojektionen auch auf die Psychologen angewendet und Patienten laufen dann weg.

Wenn der Patient ein erstes Gespräch mit einem Psychologen oder Psychologin hat, sollte dieser Patient eine Nacht darüber schlafen und noch ein zweites Mal hingehen. Wenn dann die Chemie nicht stimmt oder kein gutes Gefühl da ist, dann sollte man sich natürlich einen anderen suchen.

Die seelischen Narben können vollends heilen. Manchmal braucht es tiefen-psychologische Arbeit, manchmal eine Verhaltenstherapie oder eine Aufarbeitung mit EMDR, einer intensiven Trauma-Therapie.

Für fast jedes dieser Probleme gibt es im Instrumentenkasten der Psychologie die richtigen Werkzeuge.

Das Positive:

Heute gehen Menschen viel freier zum Psychiater oder Psychologen, da hat sich gesellschaftlich viel geändert.

Die Behandlung psychischer Krankheiten ist in der Mitte der Gesellschaft angekommen. Die Stigmatisierungen dafür sind um etwa zwei Drittel zurückgegangen.

Das ist eine enorm verbesserte Bedingung für die Heilung der Betroffenen. Sie müssen nicht im Keller bleiben, es gibt überall Hilfe. Wünschenswert wäre in dem Zusammenhang, dass Kinderärzte viel mutiger Eltern ansprechen und dass angehende Ärzte schon im Studium dahingehend ausgebildet werden.

Ein großer Teil von betroffenen Kindern schafft es gut, durchs Leben zu kommen. Diese Kinder konnten sich abgrenzen.

Sie wissen, das ist das Problem der Eltern gewesen, nicht ihres. Diese Kinder trinken im Erwachsenenalter meistens keinen Tropfen Alkohol. Sie haben im Großen und Ganzen ein gutes Selbstwertgefühl.

Susanne

Ich hatte vier Geschwister, zwei Schwestern und zwei Brüder. Eine Schwester starb, als meine Mutter mit mir schwanger war. Mein älterer Bruder starb 2020 an den Folgen jahrzehntelangen Alkoholmissbrauchs.

Wir haben bis zu meinem zwölften Lebensjahr in kleinen Dörfern gelebt. Da meine Eltern die einzigen waren, die nicht in landwirtschaftlichen Betrieben arbeiteten, waren wir etwas exotisch. Dennoch hatte ich das Gefühl, dass wir von den Dorfbewohnern gemocht wurden.

Ich erinnere mich an eine sehr nette Nachbarin, die sich um mich gekümmert hat.

Mein Vater war kontaktfreudig, und meine Mutter war immer dabei.

Mit der Trinkerei meiner Eltern ist meine älteste Erinnerung die folgende:

Ich muss noch im Elternschlafzimmer geschlafen haben. Ich erinnere mich, dass ich ein Töpfchen brauchte, weil die Toilette damals im Stall war. Es muss noch vor dem Schulalter gewesen sein, vielleicht war ich vier Jahre alt. Da habe ich mich allein nicht getraut, im Dunkeln hinzugehen. Irgendwann wurde ich aus dem Schlaf gerissen, weil meine Eltern einen heftigen und lauten Streit hatten. Sie waren beide betrunken. Meine Mutter war hysterisch – bis mein Vater ihr den Inhalt meines Töpfchens über den Kopf gegossen hatte. Dann besann sie sich, und er forderte sie ruhig und liebevoll auf, sich den Kopf zu waschen.

Eine weitere Erinnerung im Zusammenhang mit der Verzweiflung meiner Mutter:

Ich war noch so klein, dass ich meinen Arm ganz nach oben ausstrecken musste, damit meine Mutter meine Hand zum Wärmen nehmen und in ihre Manteltasche stecken konnte. Sie sah immer sehr elegant aus. Es war bitterkalt und dunkel. Meine Mutter ist mit mir zur Dorfkneipe gegangen, um zu sehen, was mein Vater macht. Ich erinnere mich nicht mehr, wie es ausgegangen ist. Erst später habe ich begriffen, dass sie immer Sorge hatte, er könnte sie betrügen.

Ich habe bei den Streitigkeiten meiner Eltern immer so getan, als würde ich schlafen. Ich hatte Angst, obwohl mein Vater überhaupt nicht gewalttätig war. Ich war ein schüchternes und melancholisches Kind. Wenn die Streitereien vorbei waren, haben sich meine Eltern körperlich geliebt und sind ansonsten auch zärtlich miteinander umgegangen. Mit körperlicher Liebe sind sie sehr offen umgegangen, was für mich als Kind schwierig war. Meine Eltern waren die einzigen im Dorf, die ich je beim Küssen gesehen habe.

Ich war immer sehr zurückhaltend. Mein älterer Bruder war der Laute und Fordernde. Ich bin sehr schnell in die Rolle der Ersatzversorgerin gerutscht, weil meine Mutter im Geschäft meines Vaters mitgearbeitet hat. Das war allerdings damals auf dem Dorf nicht ungewöhnlich.

Da die Bauerstöchter im Dorf auch immer in Haus und Hof helfen mussten, hielt ich diese Rolle für normal. Nur meinem Bruder gegenüber hatte ich schon früh das Gefühl, dass es nicht richtig war, dass er mir vorschrieb, was ich machen sollte, und mir auch seine Aufgaben aufbürdete.

In den ersten Jahren waren die Exzesse meiner Eltern noch erträglich, und das Leben ging danach einfach weiter. Eigentlich sind meine ersten Erinnerungen, abgesehen von Erinnerungsfetzen wie oben, eher lustig und angenehm. Es gab Dorffeste, da wurde ordentlich gebechert, und mir schien es entspannt und witzig, wie die Erwachsenen so hemdsärmelig und jovial miteinander umgegangen sind. Erst in späteren Jahren ist es immer öfter vorgekommen, dass meine Eltern beide viel getrunken haben, wobei mein Vater eher witzig war und Sprüche geklopft hat. Uns Kindern gegenüber war er nett bis gleichgültig, während meine Mutter immer öfter hysterische Anfälle bekam. Das passierte zwar nur alle paar Wochen, machte mir aber mächtig zu schaffen.

Irgendwann habe ich verstanden, dass es um Eifersucht ging, mein Vater ist regelmäßig fremdgegangen.

Der rote Faden meiner Kindheit:
Das ständige Gefühl, nicht zu genügen, ausgleichend wirken zu müssen, mich vor meinem Bruder in Acht nehmen, kochen, aufräumen…

Die Trinkerei meiner Eltern war keine Bedrohung. Mein Vater war eigentlich immer gut drauf, man merkte ihm seinen Alkoholkonsum nicht an. Bei meiner Mutter war es anders. Von Jahr zu Jahr kam es öfter vor, dass sie ein ganzes Wochenende alles getrunken hatte, was ihr unter die Finger kam. Einige Kernaussagen waren dann: „Die Männer sind alle scheiße", „Niemand liebt mich", „Lasst mich alle in Ruhe!" und „Ich kann mich gleich umbringen." Meine daraus resultierenden Gefühle waren Angst und Vernachlässigung. Angst aber eher, dass sie sich etwas antut. Uns Kinder hat sie nicht direkt bedroht, es sei denn, wir haben versucht, sie vom Trinken abzuhalten. Wenn wir sie in den nüchternen Phasen auf die Exzesse angesprochen haben, hat sie es bestritten und uns abgewimmelt. Ansonsten hatten wir eigentlich viel Spaß. Wir lebten auf dem Land und hatten viele Freiheiten. Wir waren in den nüchternen Phasen meiner Mutter gut versorgt, und unser Vater tobte und spielte oft mit uns. Wir sind nie verprügelt worden.

Unser Vater war, abgesehen von den lustigen Momenten, sehr gleichgültig uns gegenüber und hat sich eher mit sich selbst beschäftigt.

Aber es gibt Erinnerungen, die sind wie eingebrannt:
Wir hatten Turnunterricht und sollten an einer Turnstange Übungen machen. Ich hatte ein Sommerkleid an und wusste, dass ich einen Schlüpfer mit gelben Flecken anhatte. Ich hatte morgens keinen sauberen gefunden, und es war immer eine hektische Stimmung bei uns. Ich habe mich vor Scham geweigert, die Übung auszuführen, und bekam dafür Ärger. Solch peinigende Scham kam öfter vor.

Ich erinnere mich, dass eine der Bäuerinnen ihre Flügel über mich gebreitet hatte. Sie nahm mich öfter mit und schenkte mir Kuchen, oder ich durfte bei den Hühnern helfen. Das sind sehr schöne Erinnerungen, weil ich dabei so etwas wie Geborgenheit fühlte.

Wegen der freundlichen Aufmerksamkeit von Nachbarn oder Tanten und Oma ist mir irgendwann auch aufgegangen, dass es auch eine Art von Zuwendung gibt, die ich so nicht kannte. Das muss mir wohl ungefähr am Anfang der Schulzeit aufgegangen sein.

Mein Vater war immer selbstständig, hatte aber keine Ahnung von Buchhaltung. Es gab eine große Kiste, in der von Geburtsurkunden über Versicherungen und Mahnungen vom Finanzamt, alles unangetastet lag, bis es mal wieder einen Vergleich vom Finanzamt gab. Dann musste mein Vater Steuern nachzahlen, und wir waren pleite.

Es war ein ständiges Auf und Ab, ein permanent unsicheres Gefühl. Wir lebten in Saus und Braus – und dann kam wieder eine Zeit, in der ich meine Schulmilch nicht bezahlen konnte. Wenn ich alles so aufschreibe, merke ich, dass es bei mir später im Leben auch immer auf und ab ging.

Unser Vater war, wenn er mal Zeit für uns hatte, sehr zärtlich und lieb. Meine Mutter hat uns nie umarmt, das konnte sie wohl nicht.

Je älter ich wurde, umso mehr ging ich auf Konfrontation mit meiner Mutter. Wir hatten erbitterten Streit während und auch nach ihren Exzessen. Sie hat mir immer vorgeworfen, dass ich ihr nichts gönne, dass ich den Männern nach dem Mund rede oder mich um meine eigenen Angelegenheiten kümmern soll.

Als Jugendliche habe ich selbst Erfahrungen mit dem Trinken gemacht. Ich habe manchmal nach einem Discoabend im Bett gelegen und hatte das Gefühl, als drehe es sich unter mir. Oder mir war so schlecht, dass ich mich übergeben musste.

Bei meiner ersten Hochzeit ist meine Mutter auch wieder ausgeflippt, und ich fand es unglaublich blamabel vor den neuen Kollegen meines Mannes. Ich war so sauer, dass ich sie am nächsten Morgen, da war sie noch stark angetrunken, in den Zug nach Hause gesetzt habe.

Irgendwann danach musste sie aus gesundheitlichen Gründen mit dem Alkohol aufhören. Das war gut so, denn so konnte ich meinen Sohn vor ihren Exzessen schützen. Er hat sie nur einmal in seiner Kindheit so erlebt wie ich, und er kann heute noch nicht glauben, dass ich es so oft erleiden musste.

In der Schwangerschaft und Stillzeit habe ich keinen Tropfen Alkohol getrunken und auch nicht geraucht. Ansonsten kann ich sagen, kämpfe ich schon mein Leben lang mit meiner Gesundheit. Ich muss mich immer wieder bewusst aus der eigenen Falle holen.

Als ich vierzig Jahre alt war, habe ich endlich mit dem Rauchen aufgehört. Alkohol ist jedoch immer ein Thema geblieben. Je älter ich werde, umso häufiger bin ich längere Zeit abstinent und bin auch sehr stolz auf mich. Sobald ich aber wieder anfange, Alkohol zu trinken, merke ich, dass es nach ein paar Tagen wie ein Sog ist. Ich kann besser nichts trinken, als nur ein bisschen. Ich habe es immer in Grenzen halten können, seit mein Sohn auf der Welt ist. Ohne meinen extremen Lebenswillen und mein hohes Verantwortungsgefühl wäre ich aber vielleicht selber in die Sucht gerutscht. Ich bin auf jeden Fall ein Suchtmensch, weiß aber, dass es an mir liegt, ob ich es auslebe oder nicht.

Ich beneide Menschen, die ab und zu mal eine rauchen oder ein einziges Gläschen zum Abendessen trinken können.

Ich würde sagen, dass meine Kindheitserlebnisse mein ganzes Leben geprägt haben. Ich habe mich immer sehr unter Leistungsdruck gesetzt, war aber nie ganz zufrieden mit mir. Es hat mich Jahrzehnte gekostet, ein gesundes Selbstvertrauen aufzubauen.

Einerseits habe ich eine ungeheure Stärke und ein Durchhaltevermögen, andererseits braucht es nur ein paar Querschläge, und ich zweifle an mir und meinen Projekten.

Bis heute muss ich mir immer wieder bewusstmachen, wer ich bin und was ich kann. Es gibt keine ruhige, anhaltende Gewissheit meiner Kraft. Obwohl sie da ist.

Merle

Meine ersten Kindheitserinnerungen sind glückliche. Ich hatte zwei ältere Geschwister und junge Eltern. Meine Familie gehört zu den Spätaussiedlern aus Polen. Eine meiner ersten Kindheitserinnerungen ist eine Abschlussfeier in meinem Kindergarten. Ich bin vier Jahre alt, mein Bruder und ich bekommen Geschenke. Wir verlassen den Kindergarten, da wir umziehen. Meine Eltern haben ein Haus in einer anderen Gegend gekauft. Ich wechsele den Kindergarten, und mein Bruder und meine Schwester gehen dort zur Grundschule.

Wir leben in dem Haus mit meinen Großeltern zusammen, und die nächsten Jahre sind davon geprägt, dass meine Eltern immer nur das Haus renovieren. Wir haben nicht viel Geld, aber uns Kindern fehlt es an nichts. Meine Eltern arbeiten beide in Vollzeit. Oft sind meine Tanten zu Besuch. Meine Eltern machen an Geburtstagen große Partys.

Ich bin ein aufgewecktes Kind und fühle mich in meiner Familie sicher. Ich singe und tanze viel. Ich habe ein paar Freunde in der Grundschule. Ich bin gut in der Schule, aber bekomme auch häufiger mal Ärger, weil ich im Unterricht Unsinn mache oder mich mit den Jungs streite. Trotzdem habe ich gute Noten. Ich habe einige Freunde, treffe mich meistens draußen oder bei ihnen, weil ich nie ein eigenes Zimmer hatte. Ich habe mir das zunächst mit meiner Schwester, später mit meinem Bruder geteilt. Die beiden haben das entschieden und meine Eltern haben sich nie dazu geäußert. Es gab dann sehr oft Streit zwischen meinem Bruder und mir. Wir haben uns gegenseitig Sachen weggenommen und so etwas. Soweit ich mich erinnere, haben meine Eltern sich nie wirklich darum gekümmert.

Meine Mutter hat im Schichtdienst gearbeitet und auch Nebenjobs gehabt und war deswegen oft nicht zu Hause. Mein Vater hat nach der Arbeit meist am Haus oder auch noch nebenbei gearbeitet. Wir Kinder beschäftigten uns dann mit uns selbst.

Ich hatte oft das Gefühl, dass meine Eltern die Erziehung bei mir ziemlich haben schleifen lassen. Meine älteren Geschwister mussten auf mich aufpassen. Ich habe wenig und irgendwann gar nicht über meine Gedanken oder Gefühle mit meinen Eltern oder sonst wem gesprochen. Ich erinnere mich, dass meine Schwester oft auf Partys war und deswegen Streit mit meinen Eltern hatte und auch mal von zu Hause weggelaufen ist. Es ging viel um meine Schwester. Mein Bruder hatte oft einen Sonderstatus, was Aufgaben im Haushalt anging, weil er ein Junge war. Und bei mir hörte das Interesse dann recht schnell auf. Ich habe schon sehr früh viel im Haushalt mitgeholfen. Ich glaube, mit zwölf oder so habe ich das erste Mal alleine das Haus geputzt. Meine Eltern waren weg, und als sie nach Hause kamen, haben sie mich immerhin gelobt, und ich habe zwei Euro von meinem Vater bekommen. Von da an habe ich ständig alles geputzt, und irgendwann war es selbstverständlich. Ich erinnere mich an einen Elternsprechtag in der Schule, da war ich vielleicht fünfzehn, als mein Lehrer fragte, ob meine Mutter und ich denn schon mal etwas einfach nur zu zweit gemacht hätten. Die Antwort war klar: Nein. Ich musste sehr weinen, weil mir da zum ersten Mal klar wurde, wie wenig Aufmerksamkeit ich eigentlich bekommen habe. Als Teenager fand ich das an sich ganz gut, weil ich mehr Freiheiten als meine Geschwister und meine Freunde hatte, dafür aber auch weniger Zuneigung und Fürsorge. Für die einen waren es vielleicht Freiheiten, für mich war es Desinteresse. Ich habe irgendwann in der Schule nachgelassen und öfter auch geschwänzt. In meiner Schulklasse habe ich mich nicht mehr wohlgefühlt. Die meisten anderen waren recht wohlhabende Kinder und sahen anders aus. Ich fand, ich sah immer irgendwie komisch aus im Vergleich zu den anderen und versuchte, mein Aussehen selber zu verändern, und das machte es natürlich nicht besser. Ich habe auch nie wirklich fest zu irgendwem gehört. Ich hatte nie die eine beste Freundin. Manchmal hatte ich auch einfach irgendwie gar keinen. Irgendwann habe ich die Schule gewechselt und hatte dort auch keine Freunde. Dies hat sich erst mit der Zeit in der Oberstufe entwickelt. Aber zu dem Zeitpunkt war ich schon sehr verschlossen und unnahbar. Auch das Trinken meiner Mutter begann zu der Zeit, jedenfalls wurde es offensichtlich.

An wirklich viel aus meiner Kindheit kann ich mich nicht erinnern. Es sind meist kleinere Ausschnitte, durchaus auch glückliche Momente. Das einzige, was mein Vater und ich zusammen gemacht haben, war, dass wir eine Zeit lang zu zweit sonntags in die Kirche fuhren, wenn meine Mutter arbeiten musste. Er machte mir ein Marmeladenbrot und einen Kakao, und wir fuhren schweigend zur Kirche. Wir haben nie viel geredet. Meine Geschwister hatten keine Lust mehr, mit in die Kirche zu fahren, und als Jüngste bin ich noch eine Zeit lang mitgefahren. Wenn wir wieder zu Hause waren, setzte er sich vor den Fernseher, und ich ging meiner Wege.

Es gibt ein paar negative Szenen aus meiner Kindheit, die mir sehr präsent sind. Ich erinnere mich an einen Abend, ich weiß nicht mehr, wie alt ich war, ich schätze zehn oder elf, da hörten ich und meine Geschwister Lärm im Treppenhaus. Wir sind hingelaufen, und am Ende des Treppenabsatzes lag meine Oma in einer Lache aus Blut. Sie war betrunken die Treppe hinuntergefallen und hatte sich den Kopf aufgeschlagen.

Wir weckten unsere Eltern. Der Krankenwagen kam. Meine Eltern haben meinen Bruder und mich ins Zimmer geschickt. Ein paar Tage später kam Oma wieder aus dem Krankenhaus nach Hause, und alle waren bei ihr in der Küche, meine Tanten und Eltern. Sie war komplett rot und blau im Gesicht. Ich hatte solche Angst. Sie hat sich bei mir entschuldigt. Danach ist so etwas immer wieder passiert. Sie ist in der Wohnung gestürzt. Einmal war sie mit meinem Opa in Polen und stürzte dort auch eine Treppe hinunter, sie hatte sich so schlimm den Kopf aufgeschlagen, dass sie den Schädel offen hatte und im Koma lag. Wir sind dann nach Polen gefahren, um uns von ihr zu verabschieden. Sie hat aber überlebt. Ich erinnere mich, wie sie da auf der Intensivstation im Bett lag, aufgequollen irgendwo in Polen im Koma, und ich ihr von ihrer Lieblingssendung erzählt habe, damit sie nichts verpasst. Viele Jahre lang ging es so weiter. Ich habe allein bei meinen Eltern gewohnt, meine Geschwister waren schon ausgezogen. Immer und immer wieder habe ich es abends rumpeln gehört, meist war ich allein oder mal mit meinem Vater oder selten auch mit meiner Mutter. Wir haben meine Oma dann betrunken vom Boden aufgesammelt, sie ins Bett gebracht. Die Flaschen gesucht, leer geschüttet. Immer und immer wieder. Ich habe kaum je jemanden mit nach Hause gebracht zum Übernachten, weil ich so Angst hatte, dass irgendwas passieren könnte. Irgendwann, als ich nicht mehr zu Hause wohnte, haben meine Eltern dann die Rente für meine Oma übernommen, damit sie sich keinen Alkohol mehr kaufen konnte. Sie schlich oft durchs Haus und hat bei meinen Eltern etwas weggenommen oder sich halt selbst was geholt. Wir haben immer alle Türen verschlossen, damit sie nicht raus konnte. Meine Oma hat richtig viel getrunken und auch immer nur das harte Zeug, meist Wodka und Jägermeister. Flaschenweise. Sie leidet mittlerweile unter der Korsakow-Demenz, manchmal erkennt sie mich nicht mehr.

Meine Großeltern haben sich irgendwann getrennt. Mein Opa ist ein ziemlich schlechter Mensch, er hatte schon immer Streit mit meinem Vater und hat auch oft schlecht über meine Mutter und meine Geschwister und mich gesprochen. Irgendwann ist er ausgezogen, und meine Oma blieb.

Eine weitere prägende Erinnerung aus meiner Jugend ist, wie ich irgendwann nach Hause kam, einen wunderschönen Tag hatte und meine Eltern sturzbetrunken zu Hause vorfand. Überall im Haus war Licht an. Meine Mutter lag im Badezimmer auf dem Boden, sie war auf der Toilette eingeschlafen und vornübergekippt. Mein Vater hatte es immerhin geschafft, sich aufs Bett zu schmeißen, hatte jedoch auch alle Türen offen und das Licht angelassen. Ich habe es mit Mühe hinbekommen, meine Mutter ins Bett zu bringen und mich in den Schlaf zu weinen. Solche Abende gab es oft. Ich habe mich dann in den Schlaf geweint oder konnte nicht einschlafen, weil ich immer lauschte, was im Haus vor sich geht. Alkohol war bei uns also immer ein großes Thema. Mein Vater hat auf Feiern immer sehr viel getrunken. In meiner Kindheit war es Standard, dass Papa so viel trank, bis er nicht mehr gehen konnte. Dann wurde er ins Auto gepackt, und Mama hat uns nach Hause gefahren. Aber er war nie ein richtiger Trinker oder so. Irgendwann fing es dann bei meiner Mutter an, dass sie heimlich trank, tagsüber und auch während der Arbeit, und sie stieg auch so ins Auto. So fing die ganze Tortur an. Ich schätze, ich war etwa 17 Jahre alt. Da begann es aufzufallen, doch vermutlich ging das schon länger so.

Wir hatten den Alkohol immer im Wohnzimmer in einem Barschrank, der etwas gequietscht hat, wenn man ihn öffnete. Ich erinnere mich, wie ich mich morgens im Bad zur Schule fertig machte, meine Mutter kam von der Nachtschicht, und ich hörte, wie dieser Barschrank auf und zu ging. Da wurde mir langsam bewusst, dass meine Mutter trank. Ich fing irgendwann an, die Flaschen zu markieren, um meinen Verdacht zu bestätigen. Oder ich kam von der Schule nach Hause, es ging mir nicht gut, und ich habe mich im Wohnzimmer auf die Couch gelegt. Sie hatte mich mehrfach gedrängt, mich in meinem Zimmer hinzulegen, aber ich wollte nicht. Sie war in der Küche, und als sie einmal kurz wegging, sah ich, dass sie eine Weinflasche unter der Spüle versteckt hatte. Solche Situationen gab es unzählige Male. Wenn meine Mutter richtig betrunken war, war sie zu Beginn immer sehr weinerlich, offensichtlich hatte sie das Bedürfnis, sich Dinge von der Seele zu reden. Ich erinnere mich, wie sie einmal in meinem Zimmer war und heulte und mir erzählte, dass sie wohl nach mir ein viertes Kind hätten haben können, dass sie dieses jedoch abgetrieben habe. Vier Kinder hätte man nicht mehr finanzieren können. Sie hat nie wieder davon gesprochen, ich habe auch niemals mit irgendwem darüber gesprochen. Aber es hat mir immer ein komisches Gefühl gegeben. Ich wusste schon, dass ich ein Kind zu viel war und nicht geplant, und dann kam noch eins. Das hätte auch ich sein können. Das schmerzt schon irgendwie. Ich konnte verstehen, dass wirklich kein Geld da war in dem Moment, aber ich konnte mir denken, dass mein Vater meine Mutter dazu gedrängt hatte. Und das ist wirklich übel.

Irgendwann trank sie dann so viel, dass sie es nicht mehr verheimlichen konnte. Auch bei der Arbeit nicht. Sie arbeitete im gleichen Altenheim wie meine Schwester und ging dort betrunken und mit völlig schief geknöpfter Bluse zur Arbeit. Die Chefin schickte sie nach Hause. Das war sehr peinlich für meine Schwester. Da ging sie dann das erste Mal in den Entzug. Ich habe bei uns im Schwimmbad gearbeitet, und irgendwann fing sie dort auch an zu putzen. Auch da war sie betrunken bei der Arbeit, die Kollegen und meine Chefin bekamen das mit. Sie wurde nach Hause geschickt und gefeuert. Ich weiß nicht mehr in welcher Reihenfolge, aber auch da ging sie irgendwann wieder in den Entzug.

In der Zeit des zweiten Entzugs machte ich gerade mein Abi, hatte meine Prüfungen, und wir planten die Abschlussfeier. An dem Tag meiner Abschlussfeier war sie für einen Abend da. Es war schrecklich. Selbst diese schöne Erinnerung wurde überschattet, denn das war der Abend, als sie so betrunken im Schwimmbad arbeitete.

Während sie im Entzug war, war ich allein mit meinem Vater und meiner Oma zu Hause. Also verbrachte ich meine Zeit nach dem Abi – die Zeit, in der andere reisten und feierten – damit, meine betrunkene Oma vom Boden aufzulesen, die Nebenjobs meiner Mutter zu übernehmen, den Haushalt zu schmeißen und mich allein um eine Uni zu kümmern, ohne Hilfe, Beratung oder Unterstützung meiner Familie. Heute heißt es oft, auch von meiner Mutter, ich sei so stark und immer schon so selbstständig gewesen. Es versteht nur keiner, dass ich einfach keine andere Wahl hatte, es war einfach niemand für mich da. Als ich noch ein Kind war, hatten sie keine Zeit, und in meiner Teenagerzeit war der Alkohol ihr großes Thema. Es kam noch oft vor, dass sie betrunken bei der Arbeit war. Sie arbeitete bei einem Bäcker, und da musste ich sie einmal abholen. Sie hatte nur Dreck und Chaos hinterlassen und die Alarmanlage ausgelöst. Mein Vater ist abgehauen und hat mich mit der Situation einfach allein gelassen.

Nichts half. Kein Entzug, keine Therapie, kein Jobwechsel, egal, was wir machten. Sie betrank sich und lag halb im Kuchenteig in der Küche. Oder meine Eltern luden Gäste zum Grillen ein, und sie trank eine Flasche Wodka und schlief dann in der Küche ein, während sie das Essen vorbereitete. Ich sagte dann allen ab und erzählte, Mama hätte Magen-Darm. Ich war so wütend und enttäuscht, dass ich abgehauen bin und bei einer Freundin übernachtet habe. Ich war froh, diese Freundin zu haben, aber auch mit ihr konnte ich nicht darüber reden. Jahre später erfuhr ich, dass ihre Mutter auch Alkoholikerin ist. Wir hätten einander wahrscheinlich sehr helfen und unterstützen können, aber keiner hat sich getraut, darüber zu sprechen.

Mit neunzehn bin ich mit meinem Freund zusammengekommen und habe ihm irgendwann die Wahrheit erzählt. Nach zwei Jahren sind wir zusammengezogen, weil ich es zu Hause einfach nicht mehr ausgehalten habe. Meine Mutter war zu der Zeit ständig betrunken, und es gab jeden Tag Streit und Theater. Ich habe ihm nicht alles im Detail erzählt, aber da er ähnliche Erfahrungen in seiner Familie hatte, war er verständnisvoll und konnte meine Situation nachvollziehen. Er bot mir an, zusammenzuziehen, und der Abstand zu meinem Elternhaus war für den ersten Moment eine Erleichterung. Aber dann hatte sie natürlich noch einen Grund mehr zu trinken. Weil auch ihr letztes Kind ausgezogen und das Haus jetzt so ruhig sei. Für mich war das Haus nie ruhig. Für mich war es immer laut. Und voller Geräusche, die mich beunruhigten.

Die Zeit, die folgte, war ein Auf und Ab. Mal trank sie eine Zeit lang nichts, mal wieder extrem. Als sie bei einem ambulanten Pflegedienst arbeitete, fuhr sie eines Tages mit drei Promille mit dem Firmenwagen und verursachte einen Unfall, bei dem zum Glück niemand verletzt wurde. Sie hat sich eingenässt und eingekotet und wurde von den Polizisten getragen. Natürlich wurde ihr der Führerschein entzogen. Zuständig für ihren Fall war ein Bekannter und Kollege von mir, der in der zuständigen Behörde arbeitete. Ich war zu der Zeit auch bei dem Amt angestellt. Ich fühlte mich jeden Tag unwohl, wenn ich zur Arbeit ging. Ich hatte das Gefühl, jeder wüsste Bescheid und redete über mich. Ich fühlte mich beobachtet und total unter Druck. Drei Jahre hatte ich dafür gearbeitet, diesen Job zu bekommen, und dann fühlte sich jeder Tag schrecklich an – wegen ihr.

Ich selbst habe mich zu einem Menschen entwickelt, der sich nach außen hin total verstellt. Ich habe immer die Starke, Schlagfertige und Witzige gespielt. Ich habe mit fast niemandem über meine Gefühle gesprochen und nie jemanden wirklich nah an mich herangelassen. Über die Alkoholkrankheit meiner Mutter konnte ich nur mit meiner Schwester und irgendwann auch mit meinem Freund sprechen. Aber jemanden, dem ich wirklich alles erzählt hätte, gab es nie. Ich habe immer eine Rolle gespielt und habe auch oft Geschichten erfunden oder gelogen, um mein wahres Ich zu verbergen oder eine Situation anders darzustellen. Bei manchen Leuten habe ich die Maske fallen lassen, aber meist sind diese Leute dann auch irgendwann wieder aus meinem Leben verschwunden.

Meistens denke ich, wie schade das alles ist. Wir hätten eine tolle Familie sein können. Ich hätte eine schöne Kindheit und Jugend haben können. Aber der Alkohol hat alles kaputt gemacht. Vermutlich war vorher auch schon vieles kaputt, was ich als Kind nicht wusste oder verstand. Der Alkohol hat alles überschattet, erst meine Oma und dann meine Mutter. Er hat unsere Familie und mich für immer verändert.

Das Schlimme ist diese Machtlosigkeit. Ich weiß, egal was ich mache oder nicht mache, ich kann niemals ihre Krankheit beeinflussen. Sie ist unberechenbar. Ich wünschte, meine Eltern hätten damals verstanden, dass ein Haus, Autos und Geschenke nichts sind im Vergleich zur gemeinsamen Zeit und Fürsorge und den Gesprächen. Kinder brauchen Zuneigung und Geborgenheit. Wahrscheinlich hatten weder meine Mutter noch mein Vater selber eine liebevolle Kindheit. Es fiel ihnen schwer, uns gegenüber Zuneigung zu zeigen.

Das Ganze hat mich zu einem distanzierten Menschen gemacht, ich kann schlecht Leute an mich heranlassen. Deshalb fällt es mir schwer, Freundschaften zu pflegen. Meinem Freund gegenüber habe ich Jahre gebraucht, wirklich ehrlich über meine Gefühle zu sprechen. Ich denke viel darüber nach, wie ich gerne wäre. Ich habe immer das Gefühl, dass das Leben an mir vorbeizieht, und verspüre oft eine große Last und gleichzeitig eine große Leere. Ich habe selbst auch ziemlich früh mit dem Trinken angefangen. Mit meinen Freunden habe ich Alkohol getrunken und mit dem Rauchen angefangen und war viel und oft auf Partys. Meine Eltern fanden es nicht wirklich gut, aber eine Strafe oder Konsequenz gab es eigentlich nie. Ich hatte auch selbst einige unschöne Abstürze, was in unserer Gesellschaft aber als lustig gilt und von daher normal ist.

Wegen der Erfahrungen mit meiner Oma und meiner Mutter hat sich bei mir ein starker Kontrollzwang entwickelt. Auch ein gewisser Ordnungsdrang, weil ich zuhause auch immer alles putzte und aufräumte, damit es normal wirkt, während meine Mutter ihren Rausch ausschlief. Außerdem leide ich seit Jahren unter Schlafstörungen, jedes kleinste Geräusch holt mich aus dem Schlaf.

Heute sehe ich das Trinken sehr kritisch; ich beobachte oft, wie sich die Leute verhalten. Wenn mein Partner alleine zu Hause getrunken hat, habe ich das direkt als Warnzeichen gesehen. Ich habe mit ihm darüber sprechen können, und er hat es dann auch gelassen. Ich selber trinke mittlerweile nur noch selten, und wenn, dann ein Bier oder ein Glas Wein. Außerdem habe ich nach zehn Jahren mit dem Rauchen aufgehört.

Letztes Jahr im September gab es eine Situation, die mich sehr stark getriggert und aus der Bahn geworfen hat. Ich arbeite immer noch bei einer Stadtverwaltung. Bei einem Mittagessen mit Kollegen erzählten wir von unseren Erfahrungen bei den verschiedenen Stellen. Ein Kollege, der bei der Führerscheinstelle arbeitet, berichtete von einem äußerst krassen Fall. Das war der Fall meiner Mutter, die ihren Führerschein verloren hatte. Während er erzählte merkte ich, dass ich eine Panikattacke bekam. Er fragte mich, ob ich sie vielleicht kennen würde, wegen des Nachnamens, was ich verneinte. Mein Herz raste. Zurück im Büro musste ich mich fast übergeben. Ich fuhr nach Hause und weinte fast die ganze Nacht lang. Am nächsten Tag meldete ich mich krank und versuchte Hilfe zu bekommen. Ich rief verschiedene Therapeutinnen an, keine hatte jedoch einen Platz für mich. Über die Internetrecherche bin ich dann auf einen Blog über Co-Abhängigkeit gekommen und dann auch auf so eine Facebook-Gruppe. Dort öffnete ich mich zum ersten Mal in meinem Leben und berichtete von dem Erlebnis. Ich habe dann den Kontakt zu meiner Mutter komplett eingestellt. Vor allem auch, weil meine Schwester kurz zuvor einen Autounfall hatte. Ich fuhr mit meiner Mutter hin, um meine Schwester im Krankenhaus zu besuchen. Sie sagte mir, sie wolle für meine Schwester Zigaretten bei der nahegelegenen Tankstelle kaufen, also ließ ich sie dort raus und suchte einen Parkplatz. Als ich wiederkam, sah ich, dass meine Mutter sich in der Tankstelle eine Flasche Jägermeister gekauft hatte und trank. Ich bin richtig explodiert, weil ich so wütend und enttäuscht war. Ein paar Tage später passierte die Situation mit meinem Kollegen. Dann brach ich den Kontakt ab. Ich war dann doch irgendwann bei einem Erstgespräch bei einer Therapeutin, bei der ich mich nicht wohl fühlte und daher nicht weitermachte.

Momentan habe ich eher sporadisch Kontakt zu meinen Eltern. Früher habe ich ganz oft angerufen und bin vorbeigefahren und habe nach dem Rechten geschaut. Jetzt sehe ich meine Eltern vielleicht einmal im Monat.

Wenn ich an meine Kindheit denke, denke ich, es hätte ganz anders laufen können. Aber leider sind meine Eltern selbst traumatisierte Kinder, die nie gelernt haben, mit ihrer Vergangenheit und ihren Gefühlen umzugehen. Ich lerne jetzt immer mehr, die Vergangenheit loszulassen, meiner Mutter und Oma zu vergeben und mich mehr auf mein eigenes Leben zu konzentrieren. Viele Co-Abhängige kümmern sich so sehr um den Suchtkranken, dass sie komplett vergessen für sich selbst zu sorgen.

Steffi

Mein Name ist Steffi, ich bin mit drei älteren Brüdern, meiner Mutter und meinem Stiefvater in Rostock aufgewachsen. Ich mochte meine Brüder, aber das beruhte leider nicht auf Gegenseitigkeit. Oft hatte ich das Gefühl, sie wären von mir genervt, einfach, weil es mich gab und sie zeitweise auf mich aufpassen sollten. Wir lebten in einer Fünfzimmer-Wohnung in einem zwölfstöckigen Hochhaus. Ich kann mich nicht erinnern, ob meine Mutter oder mein Stiefvater Freunde hatten – zumindest kam uns niemand daheim besuchen. Meine Geschwister und ich hatten Freunde aus der Schule und Kita.

In meiner ersten Kindheitserinnerung bin ich ungefähr vier Jahre alt und putze den Balkon der Wohnung. Ich wollte meinen Eltern damit eine Freude machen. Es ist mir in Erinnerung geblieben, weil es davon ein Foto gibt, auf dem ich beim Putzen zu sehen bin, und mir auch noch Jahre später davon erzählt wurde, wie toll ich den Balkon geputzt hätte. Zu diesem Zeitpunkt bin ich ein freundliches, lustiges Kind, das gern mit seinen Freunden in der Kita spielt. Meine Mutter und mein Stiefvater arbeiteten beide, und ich ging gern zur Kita.

Bewusst wahrgenommen habe ich den Alkohol bei uns zu Hause mit ungefähr zwölf Jahren. Zuerst trank mein Stiefvater gelegentlich am Wochenende mit meiner Mutter und meinem zweitältesten Bruder Torsten. Es wirkte alles gesellig und nett. Später wurde die Musik dann etwas lauter gedreht, und irgendwann kippte die Stimmung bis hin zu lautem Schreien und heftigen Diskussionen. Ich verbrachte die Zeit in meinem Zimmer und zog mir ein Kissen über den Kopf, um den Krach nicht hören zu müssen und weiter schlafen zu können.

Mein Stiefvater trank nur in Gesellschaft. Und irgendwann dann jedes Wochenende. Meistens musste meine Mutter mittrinken, und wenn sie nicht daheim war, weil sie arbeiten war, hat er einen meiner Brüder dazugeholt. Ob sie wollten oder nicht, sie sollten mittrinken. Ich habe mich dann in mein Zimmer verkrochen und gelesen oder über meinen Walkman Musik gehört, ich besaß nur eine Kassette, von Roxette, aber das war mir egal, Hauptsache ich musste die Streitereien in den späteren Abendstunden nicht mit anhören. Mir blieb nichts anderes als dieses Zimmer. Freunde zu besuchen, war mir nicht erlaubt, überhaupt durfte ich nur nach draußen, um zur Schule zu gehen oder zum Einkaufen.

Diese Momente habe ich genossen, aber trödeln war nicht gewünscht. Mein Stiefvater gab mir immer eine Zeit mit, und wenn ich mich tatsächlich einmal verspätet hatte, gab es mächtig Ärger. Mein Stiefvater wurde, wenn er zu viel getrunken hatte, auch gewalttätig. Nicht gegen mich, aber gegen meine Mutter und meine Brüder. Sie haben an den Wochenenden grundsätzlich Schläge kassiert – und oft so extrem, dass Blut floss. Die blauen Augen überschminkte meine Mutter, genauso die Flecken auf dem Körper. Schnittverletzungen und blutige Nasen waren keine Seltenheit. Ich habe diese Blutspuren und Flecken, die sich oft durch die

Wohnung zogen, dann weggewischt, aber unauffällig und leise, denn ich wollte weder meinen betrunkenen Stiefvater noch meine Mutter wecken. Ich erinnere mich, dass er meine Mutter immer zwang, mit ins Bett zu gehen, wenn er zu betrunken und müde war. Ich war erleichtert, wenn es endlich still wurde.

Ich weiß noch, dass ich mich oft gefragt habe, was meine Mutter wohl wieder „angestellt" hatte, dass mein Stiefvater dann so sauer werden musste, und ich erinnere mich auch, sie danach gefragt und gleichzeitig darum gebeten zu haben, dies doch zu lassen. Denn wenn sie nicht tranken, war meine Mutter diejenige, die das Sagen hatte, und mein Stiefvater war eher still und in sich gekehrt. Ab und an machte er Witze und freute sich, wenn wir darüber lachen konnten. Ich mochte ihn, wenn er nicht trank. Er war streng und versuchte, mir vieles für das Leben beizubringen. Da waren viele Glaubenssätze dabei, die mich bis heute prägen. Ich habe erst viel, viel später realisiert, dass sein wechselndes Verhalten mit dem Alkohol zu tun hatte. Ich wusste nicht, dass Alkohol den Menschen so verändern kann.

Als ich fünfzehn war, gab es eine Situation, in der ich mich ganz massiv geschämt habe. Mein Stiefvater hatte wie immer zu viel getrunken und war grundlos auf meinen Bruder losgegangen. Ich hörte, wie er seine Zimmertür eintrat und auf meinen Bruder losging. Dieser wehrte sich, die Schlägerei fand direkt vor meinem Kinderzimmer statt. Ich hatte eine Scheißangst, wollte das alles nicht hören, die Schreie, die Schläge, das Gepolter gegen meine Tür. Doch plötzlich herrschte Stille, ich fürchtete mich entsetzlich und versuchte trotzdem, einen Blick durchs Schlüsselloch zu riskieren, aber ich konnte nichts erkennen. Zögerlich öffnete ich meine Tür, und direkt davor lag blutüberströmt mein Stiefvater. Kurzatmig erzählte er mir, dass mein Bruder ihn abgestochen habe und ich Hilfe holen solle.

Ohne zu überlegen, rannte ich los, so schnell ich konnte. Telefon gab es nicht wirklich zu dieser Zeit, aber es gab ein Mädchen in meiner Klasse, Franziska, von ihrem Zuhause wusste ich, dass sie ein Telefon hatten. Sie wohnte ein paar Minuten entfernt von uns. Dort kam ich kopflos an und versuchte zu berichten was geschehen war. Dabei hatte ich es selbst gar nicht wirklich realisiert. Der Bruder von Franziska kam in Windeseile mit und leistete erste Hilfe, bis der Notarzt eintraf. Danach sackte ich zusammen und habe mich unglaublich geschämt. Für das, was ich ihnen zugemutet hatte, und für die Tatsache, dass meine Mutter betrunken in ihrem Bett lag und von all dem nichts mitbekommen hatte.

Mein Stiefvater wurde in der Klinik notoperiert. Es waren fünf oder sechs Stiche, die ihn schwer verletzt hatten. Der Notarzt meinte, ohne die Hilfe wäre er verstorben.

Ich weiß noch, dass es hieß, mein Bruder sei auf der Flucht. Ich habe das alles nicht kapiert – ich glaube, ich habe mich zu dem Zeitpunkt von mir selbst verabschiedet. Ich wollte das, was an Gefühlen durch meinen Körper ging, einfach nicht mehr spüren. Von da an habe ich oft geweint, war still und zurückgezogen. Auch wegen der Scham. Es sprach sich schnell rum, was bei uns zu Hause los war, aber ich wollte davon nichts hören oder mitbekommen. Als mein Stiefvater aus der Klinik kam, hat er meinen Bruder angezeigt – ich fand es nicht fair, denn schließlich war er es, der ihn angefallen hatte, aber niemals hätte ich mich getraut, ein Wort dazu zu sagen. Ich kam mir vor wie eine Verräterin. Wo mein Bruder Torsten untergekommen war, weiß ich bis heute nicht.

Vielleicht aus einem schlechten Gewissen heraus (er hatte meine Mutter wieder grün und blau geschlagen), versprach mein Stiefvater ihr, die Anzeige gegen Torsten zurückzuziehen. Das tat er dann auch. Mein Bruder durfte dann seine Habseligkeiten aus seinem Zimmer holen und verließ die Wohnung für immer. Er landete später im Obdachlosenheim, war Alkoholiker und verstarb mit nur siebenunddreißig Jahren.

Mein Bruder Heiko ist zehn Jahre älter als ich. Er kam für einige Zeit ins Heim, weil er beim Diebstahl erwischt worden war, hatte ebenfalls Probleme mit Alkohol und sitzt seit seinem vierundzwanzigsten Lebensjahr im Rollstuhl, weil er beim Aufspringen auf eine S-Bahn abrutschte und dabei das rechte Bein und den linken Fuß verlor. All das bekam ich mit, aber keiner sprach mit mir darüber. Auch er war nicht in der Lage, eine glückliche Partnerschaft zu halten oder gar zu führen, und Alkohol spielte bei ihm ebenfalls eine wichtige Rolle. Nach diversen Entzugs-Therapien kann er jetzt wohl ohne Alkohol auskommen.

Mein ältester Bruder, der bei der Oma aufgewachsen ist, hatte eine Partnerschaft, aber letztlich gab es auch bei denen wegen Alkohol oft Streitigkeiten und Probleme. Er hat es nicht geschafft, vom Alkohol loszukommen, und starb mit sechsundvierzig Jahren.

Für mich waren all diese Dinge normaler Alltag. Es wurde für mich gesorgt, aber ohne Liebe. Darum fällt es mir wohl noch heute leicht, mich von meinen Gefühlen zu distanzieren, wenn sie mir unangenehm sind.

Meine Mutter hat so oft schlimme Prügel bezogen, da wäre ich nie auf die Idee gekommen, dass sie uns hätte beschützen können.

Auch in einer Situation, in der mein Stiefvater mir gegenüber im betrunkenen Zustand sexuell übergriffig wurde und er es am nächsten Tag dann vor meiner Mutter ins Lächerliche zog, reagierte sie überhaupt nicht. Für mich war es aber die Schlüsselsituation, um von dort wegzuwollen. Ich war im letzten Schuljahr, zehnte Klasse, ich musste mich um einen Ausbildungsplatz kümmern, und für mich stand fest: dieser sollte möglichst weit weg sein von zu Hause. Ich lernte über eine Freundin einen Jungen kennen, der war fünf Jahre älter und hatte gerade einen Job in Hamburg angenommen. Er bekam von meiner schwierigen Situation daheim mit, und seine Eltern boten mir an, zu ihnen zu kommen, um bei ihnen zu wohnen. Was ich dankend annahm. Ich ergriff die Gelegenheit, von zu Hause abzuhauen, als mein Stiefvater mich mal wieder aufs Übelste beschimpfte. Ich hinterließ einen Zettel, auf dem ich mich für mein DASEIN entschuldigte. Darauf stand auch, dass ich nicht mehr wolle, dass sie sich über mich ärgern müssten. Denn genau dieses Gefühl gaben sie mir jeden Tag. Ich hatte einen Zweier-Durschnitt in der Schule, habe mir alles allein erarbeitet, und trotzdem war es nicht gut genug. Ich war in allem nicht gut genug. Darum war ich froh, zu den Eltern des Freundes ziehen zu dürfen. Was ich nicht wusste: die Eltern hatten ebenfalls Probleme mit Alkohol und stritten sehr oft. Ich ertrug es ungefähr ein halbes Jahr. Dann konnte ich nach Hamburg ziehen. Ich hatte eine Zusage für einen Ausbildungsplatz als Kauffrau im Einzelhandel. Mein neuer Chef besorgte mir ein möbliertes Zimmer, wofür ich sehr dankbar war.

In meiner Partnerwahl hatte ich kein gutes Händchen. Mein erster Freund war Alkoholiker, und ich habe lange geglaubt, ich könnte ihn davon wegbringen. Er hat mich zwar nicht geschlagen, aber emotional fertiggemacht. Sein blutiger Überfall auf einen Taxifahrer und ein Selbstmordversuch haben mich dazu gebracht, mich nach drei Jahren zu trennen, als er im Gefängnis saß. Ich lernte dann den Sohn meines Vermieters kennen. Er und sein Kumpel haben sich freundschaftlich um mich gekümmert, und auch in der Berufsschule und bei der Arbeitsstelle konnte ich Freundschaften knüpfen. Mit ihnen fing ich an, geselliger zu werden und Spaß am Feiern zu haben, auch ohne Alkohol, denn von dem hielt ich mich fern. Ich mochte es auch nicht, wenn man in meiner Gegenwart trank. Dann zog ich mich eher zurück. Bis ich lernte, dass nicht jeder, der mal Alkohol trank, auch aggressiv wurde. Irgendwann traute ich mich, auch mal eigene Erfahrungen mit Alkohol zu sammeln. Dabei war mir aber wichtig, nie so viel zu trinken, dass es zum Kontrollverlust hätte kommen können. Diesen Zustand wollte ich nie erleben, und bis auf ein einziges Mal bin ich dem Vorsatz bis heute treu geblieben. Ich achte immer darauf, dass es nicht zu viel ist und schon gar nicht regelmäßig. Insofern fühle ich eine große Vorbelastung bei meinem eigenen Umgang mit Alkohol.

Ich habe lange Zeit nicht auf mein Wohlergehen geachtet; das der Anderen stand für mich immer im Vordergrund. Ich bin zwar in der Lage zu erkennen, wenn etwas nicht gut für mich ist, aber habe es lange nicht geschafft, es rechtzeitig zu äußern. Darum litt ich im Jahr 2011 an einer sehr schweren Depression und war für ein halbes Jahr out-off-order, sprichwörtlich. Ich ging freiwillig in eine Klinik, um mir helfen zu lassen, denn zu dem Zeitpunkt hatte ich bereits eine sechsjährige Tochter. Der Vater hatte sich zwei Jahre zuvor von mir getrennt und war nur unregelmäßig für sie da. Ich habe mich meist allein um meine Tochter gekümmert – bis ich merkte, dass etwas mit mir nicht stimmte und dass ich etwas tun musste, damit es mir besser ging. Ich hatte aber keine Ahnung, dass es sich um eine Depression handelte. Mit Tabletten und langsamen Veränderungen in meinem Leben und an meinem Verhalten habe ich es geschafft, nach einem Jahr die Tabletten wieder absetzen zu können und ohne sie zu leben, bis heute.

Darauf bin ich sehr stolz. Meine Therapeutin spielt dabei eine sehr wichtige Rolle. Ich wüsste nicht, wie es ohne sie geworden wäre, denn gute Ratgeber hatte ich nicht. Ich lernte viele Narzissten kennen, als Partner, und auch unter meinen Freunden befanden sich welche. Ich habe gelernt, mich von Menschen, die mir nicht guttun, fern zu halten. So auch von meinem Stiefvater, von dem ich lange Zeit Anerkennung erhofft hatte, aber nie bekam. Bis zu seinem nicht so schönen Tod. An seinem Sterbebett habe ich mit ihm Frieden geschlossen, und mit Aufstellungsarbeit bei meiner Therapeutin kam ich weiter. Nach dem Tod meines Stiefvaters gelang es meiner Mutter, die Finger vom Alkohol zu lassen und trocken zu bleiben. Wir haben ein wenig Kontakt, denn allzu lange kann ich sie nicht um mich haben.

Ich merke noch heute, dass ich mich unwohl fühle, wenn ich laute Menschen um mich habe. Bei Streitigkeiten zwischen meinem Mann und unserem Sohn oder meiner Tochter fühle ich mich gezwungen, sofort dazwischen zu gehen, wenn er seine Stimme erhebt und lauter wird. Meine Kinder sollen niemals das Gefühl haben, sie wären allein oder hilflos bei Streitigkeiten. Das ist bestimmt nicht immer richtig, aber da kann ich noch nicht raus aus meiner Haut. Ich arbeite aber daran in einer Paartherapie.

Ich möchte einfach nicht, dass meine Kinder auch nur einen Bruchteil meiner schrecklichen Kindheit erleben müssen. Eher würde ich ohne Partner allein weitermachen.

Über die Therapie und eine sehr gute Maltherapeutin war es mir möglich, an die vergrabenen Gefühle aus meiner Kindheit zu kommen. Kein leichter Weg, aber es hat sich gelohnt. Heute nehmen mich meine Mitmenschen als emphatisch wahr, und darüber bin ich sehr froh. Und wenn es mir mal nicht gut geht, tue ich etwas, das mir guttut, und umgebe mich mit Menschen, die ich mag und die mir wohlgesonnen sind, oder ich gönne mir ein Stück Kuchen oder ähnliches. Ich kann gut mit Alkohol umgehen, aber dafür bin ich ein Zuckerjunkie, ohne Aussicht auf Heilung. Mein Selbstvertrauen ist mir in der Kindheit abhandengekommen, mit Therapien war es möglich es wieder zurückzubekommen.

Lieber Vati,
es gibt Momente, in denen ich dich vermisse und mich frage wie es wohl wäre, wenn du noch leben würdest. Als du 2013 von uns gingst, hatten wir keinen guten Kontakt, und ich hätte dir gern noch so vieles gesagt. Ich frage mich, ob du unsere letzte Begegnung an deinem Sterbebett noch wahrnehmen konntest. Für mich war es von großer Bedeutung, ein letztes Mal deine starke Hand zu halten, die so schützend und gewalttätig zugleich sein konnte.
Du solltest wissen, dass ich dir trotz der schweren Lebenssituation, die du uns bereitet hast, auch dankbar bin. Dankbar für die Stärke und den Kampfwillen, den du mich gelehrt hast. Ich habe mich als Kind immer gefragt, warum Du mir kein Vertrauen geschenkt hast – ich hätte mich nie getraut, die Unwahrheit zu sagen – schließlich hast du mich doch so erzogen – wahrscheinlich ohne zu wissen, wie schwer es sein kann, immer mit der Wahrheit auf den Lippen durchs Leben zu gehen und mit der naiven Einstellung, dass andere Menschen auch so sind… Ich musste schmerzlich lernen, dass genau dies nicht der Fall ist. Dein Leitsatz „Niemals abhängig von Männern zu sein", prägt mich noch heute, und dennoch

glaube ich, dass Du zu meinem Mann einen guten Draht gefunden hättest. Vielleicht hättest du es nicht zugegeben, aber ich bin fest davon überzeugt, dass er dir gefallen würde.
Ich frage mich, ob Du etwas hättest anders machen wollen, wenn du von oben auf uns herabschaust und siehst, wie wir leben? Mutti ohne Alkohol, die ihr Leben genießt und Freunde trifft, die ihr bestimmt schon damals gefehlt haben. Wenn Du siehst, was für ein tolles Mädchen aus deiner Enkeltochter Vivian geworden ist und wie sie noch immer mit positiven Gedanken an ihren Opa Haribo zurückdenkt. Oft denke ich, wie viel Spaß wir noch gemeinsam hätten haben können und wie viel Blödsinn du mit deinem Enkel Ben, der ein Jahr nach deinem Tod zur Welt kam, hättest haben können. Er ist so neugierig, liebt Tiere über alles und hat viel Quatsch im Kopf – so wie Du, wenn Du nüchtern warst.
Ich frage mich oft: Was hätte anders laufen müssen? Ich hätte gern mehr über dich und dein Leben gewusst. Bestimmt hätte ich dich besser verstanden. Was hat dich so hart werden lassen? Da sind so viele Fragen in meinem Kopf, auf die ich aber keine Antwort mehr bekommen werde, und ich werde niemals fühlen, dass du stolz auf mich bist. Das wird wohl für immer eine Sehnsucht in mir bleiben. Ich habe mir von Herzen nur eine versöhnliche Umarmung gewünscht – leider vergebens.
Was mir bleibt, sind Erinnerungen an eine Kindheit mit dir, die hätte leichter sein können und auch müssen, aber du konntest es nicht besser. Das glaube ich heute, und das macht es etwas erträglicher für mich. Ich wünsche Dir von ganzem Herzen, dass Du dort, wo du jetzt bist, Ruhe gefunden hast, und mit Freude zusehen kannst, wie schön das Leben sein kann. Und ich wünsche mir, dass ich immer wieder aufstehen werde, wenn ich einmal falle – denn so hast du es mir beigebracht.
Ich vermisse dich, doch am Ende bleiben Tränen.

Deine Tochter Carmen

Ein Kind sucht Lösungen. Eine solche kann sein: Es kann keinem vertrauen, es geht zu niemandem mehr eine tiefe Verbindung ein. Dafür fehlt das Feingefühl des eigenen Selbstwerts und der Selbstachtung, es hat kein Gefühl der eigenen Würde.

Wenn dieses Kind als erwachsener Mensch in schwierige Lebenssituationen gerät, fehlt ihm das Vertrauen zum selbstbewussten Handeln. Dafür gibt es drei Ressourcen, und selbst diese sind bei diesen Kindern oftmals zerrüttet.

Die erste Vertrauensressource heißt: ***Vertrauen in die eigenen Fähigkeiten.*** Wenn ein Kind spüren muss, dass es überhaupt nichts tun kann, außer sich unters Bett zu verkriechen, dann kann man nicht erwarten, dass es später als Erwachsener in schwierigen Situationen Lösungen aus eigener Kraft entwickelt.

Die zweite Vertrauensressource heißt: ***Hilfe von Dritten suchen.***

Wenn das Kind es allein nicht hinbekommt, gibt es andere, die ihm helfen. Die betroffenen Kinder haben diese Hilfe aber meist nie gefunden, weil Nachbarn, Freunde und auch erweiterte Familie sich abwenden und die Kinder hilflos zurückbleiben. Niemand ist für das Kind da, es hat niemals die Erfahrung gemacht, dass jemand kommt und hilft.

Die dritte Vertrauensressource ist in unserer Gesellschaft insgesamt größtenteils abhandengekommen: ***Es ist das Gefühl ‚Es wird schon alles wieder gut werden'.*** Es gibt einen Gott oder eine Art Urvertrauen. Das hat aber für diese Kinder nicht funktioniert, also ist auch diese Ressource verloren gegangen.

So sind alle drei großen Vertrauensressourcen mindestens verstellt und brüchig oder gar ganz verschwunden. Das Ergebnis ist, dass diese Menschen bei späteren Problemen in Gefühle von Ohnmacht und Hilflosigkeit hineinfallen.

Dieser Zustand von erlernter Hilflosigkeit und dem Gefühl der Ohnmacht, weil man niemandem, weder sich selbst noch den anderen oder gar einem Gott vertrauen kann, ist die Voraussetzung dafür, dass jemand depressiv wird.

Wenn Angst und Verunsicherung durch Probleme in der Partnerschaft, im Berufsleben oder im Leben überhaupt nicht mit den genannten drei Vertrauensressourcen abgefangen werden können, bleibt es nicht aus, dass eine solche Person eine psychiatrische Problematik entwickelt; die häufigste ist die Angststörung, und dazu gehört dann auch das Depressive. Manche werden auch zwanghaft, da ist dann die Lösung, alles unter Kontrolle zu bringen.

Es gibt Menschen, die sich deshalb selbst nicht leiden können. Dafür, dass sie so komisch sind. Die fangen dann an, sich selbst zu verletzten. Da ist das Spektrum relativ breit, was man alles tun kann, wenn man mit sich selbst und der Welt nicht zurechtkommt. Aber sogar Selbstverletzungen sind eine Art Lösung. Es wirkt erleichternd für die Betroffenen, so unglaublich das auch klingen mag. Für den Betroffenen ist das erstmal ok.

Die Kinder haben aus der Not heraus Verantwortung zeigen müssen und nicht, weil sie es selbst wollten oder konnten. Sie leben in Familien, in denen es gar nicht anders geht. Wenn Mama und Papa betrunken sind, muss sich das Ältere um die kleinen Geschwister kümmern. Das ist eine Überforderung, dazu sind Kinder nicht befähigt, und es übersteigt ihre Kräfte. Dann kommt es zu einer Frühreife, diese Fähigkeiten und die Verantwortung betreffend; sie werden schneller herausgebildet, aber sie sind unter enormem Druck entstanden, und deshalb fühlen sich die Kinder damit auch nicht gern verbunden. Im Gegenteil: Die Fähigkeit, sich um andere zu kümmern, ist dann verbunden mit dem Gefühl, dass es eine ständige Belastung ist.

Aber den Kindern bleibt meist gar nichts anderes übrig, und wenn sie dann Verantwortung für jemanden oder etwas übernehmen – was viel zu früh ist –, dann erwarten sie, dass sie besonders und dauernd gelobt und anerkannt werden. In den Pflegeberufen haben wir viele dieser Menschen. Wenn die Anerkennung im Berufsleben dann ausbleibt, brechen diese Menschen sehr schnell zusammen, weil das Bedürfnis, anderen zu helfen, nicht aus einer innerlichen Reife und organischem Wachstum kommt, sondern aus einem Zwang entstanden ist.

Wenn dann die erwartete Anerkennung nicht erfolgt, kommt im schlimmsten Fall als Lösung der eigene krankhafte Alkoholkonsum in Frage, bevor der psychische Zusammenbruch kommt.

Oft werden Betroffene später als Erwachsene suchtkrank. Es sind Menschen, die bedürftig sind, die nicht in sich ruhen, die nicht mit sich und ihrem Leben zufrieden sind. Bedürftige lassen sich leicht verführen, und wenn ihnen etwas fehlt, versuchen sie, ein Substitut zu finden: Shoppen gehen, trinken oder andere Drogen nehmen, ganz egal. Es erzeugt eine vorübergehende Beruhigung.

Aber sie haben nicht das gefunden, was sie eigentlich brauchen und vielleicht seit ihrer Kindheit suchen: Sie hätten in den Arm genommen werden müssen, es hätte ihnen gesagt werden müssen, wie wertvoll sie sind, dass sie tolle Typen sind. Wenn das nicht passiert, werden sie bedürftig.

Die vitalen Befürfnisse

In psychisch gesunden Familien wachsen Kinder in die Gesellschaft hinein. Dafür müssen Kinder ihre vitalen Bedürfnisse anpassen, die da sind: Bewegungsdrang, Empathie, Entdeckerfreude, Gestaltungsfreude. Wenn man als Kind zur Schule geht, stört all das manchmal im Unterricht, so dass wir alle gelernt haben, diese vitalen Bedürfnisse zu unterdrücken und anzupassen. Zum Beispiel Bewegungsfreude: Wenn die nicht ausgelebt werden darf, weil es im Unterricht verboten ist, wird das Zentrum im Gehirn, in dem diese Bewegungsfreude generiert wird, verändert. Es werden dann hemmende Synapsen darüber gebaut, so lange, bis die Freude an der Bewegung weg ist. Dann passt das Kind in sein Umfeld, und das empfindet es als Erfolg.

Dann wird das Belohnungszentrum aktiviert, es werden

neuroplastische Botenstoffe ausgeschüttet, die das Ganze noch verfestigen, und dann kann das Kind den ganzen Tag auf dem Stuhl sitzen – da ist nichts mehr, das sich rührt.

Das geht uns allen so, jeder hat irgendetwas eingewickelt. Psychologen nennen das dann „Verdrängung" und „Unterdrückung".

Das gilt für die Kinder aus den vom Alkohol betroffenen Familien natürlich ganz besonders. Bestimmte Verhaltensweisen oder Gefühle stören in dem Umfeld, und wenn es stört, muss das Gefühl oder das Verhalten weg.

Das machen die Kinder von allein, sie schalten bestimmte Bedürfnisse einfach ab. Zum Beispiel von der Mutter in den Arm genommen zu werden, geschützt zu werden – das wollen solche vernachlässigten Kinder dann nicht mehr. Und wenn das Kind älter wird, kommen auch keine Bedürfnisse in der Art wieder hoch.

Dann ist die Frage, wie bekommt dieser Mensch als Betroffener wieder Zugang zu diesen Bedürfnissen, wenn er älter geworden ist und feststellt, dass diese unterdrückten Bedürfnisse doch lebensnotwendig sind.

Wenn dieses Kind dann älter geworden ist und nichts weiter unternommen hat, um zu sich zu finden, sondern die Mechanismen aus der Kindheit beibehalten hat, kann es später zu großen Problemen führen. Wenn die Eltern tot sind, und der Betroffene ist ein unglücklicher Karrierist oder ein Junkie geworden, dann kommen Psychologen gerne mit ihren Ansätzen, wie: „Der Patient muss jetzt erst einmal einiges lernen."

Da heißt meine Entgegnung, er oder sie wird es nicht anders können. Im schlimmsten Fall wird der Betroffene wieder zum Objekt gemacht. Er wird belehrt, er müsse sein Verhalten neu trainieren, und er wird daraufhin bewertet. Das kann nicht funktionieren. Der Impuls zu dieser inneren Verwandlung muss unbedingt aus dem Menschen selbst kommen.

Der Betroffene muss von allein darauf kommen, dass die eingewickelten Anteile wieder ausgewickelt werden, und er muss es wirklich wollen. Auslöser kann eine bestimmte Situation im Leben sein, ein Gespräch mit einem Menschen, ein Kinofilm, ein Lied, das bestimmte Gefühle in dem Menschen auslöst. Dieses gute Gefühl, dass der Betroffene im besten Fall wieder erleben möchte, und er beginnt, sich langsam zu entwickeln. So eine Entwicklung bringt keine „therapeutische Dauerbeschallung".

Psychologen gehen mit einem Machbarkeitswahn an solche Menschen heran und glauben, mit Therapien könnten sie etwas lösen. Ich fürchte, dass das nicht geht. Die behavioristische Schule aus den USA ist hier 'rübergeschwappt, und auch heute noch wird noch so therapiert. Der Mensch soll sich also so und so verhalten und dann ist er in Ordnung.

Die wirklich tiefgreifenden Verwandlungsprozesse können aber nur von der betreffenden Person ausgehen. Entweder, diese Person will es, oder es wird nichts. Damit sie es will, muss sie ein Gefühl davon haben, dass etwas kommt, das schöner ist als das, was sie jetzt hat, etwas, das attraktiver ist.

Für nicht Betroffene ist das relativ einfach. Verhaltensweisen, die man unterdrücken muss, weil sie in der Schule oder im Arbeitsleben einfach nicht angebracht sind, können an anderer Stelle wieder ausgewickelt werden. Bei Menschen aber, die in problematischen Familien aufwachsen, ist das schwieriger, sie wissen meist gar nicht, was sie da eingewickelt haben, weil das Unterdrücken der Vitalbedürfnisse viel zu früh begonnen hat. Es sind oft tiefgreifende Verwicklungen, und es ist schwer, wieder in Kontakt mit diesen verwickelten Bedürfnissen zu kommen.

Mit therapeutischer Intervention kann man den betroffenen Menschen vielleicht helfen, eine Sternstunde des Berührt-Seins zu empfinden und sich dafür zu öffnen. Dazu gehört: Achtsamer mit sich zu sein, auf Signale des eigenen Körpers zu hören, sich mit sich selbst zu verbinden. Orte und Gelegenheiten suchen, wo so ein Berührt-Sein oder tiefes Fühlen wahrscheinlicher wird. Das kann beim

Lesen eines Buches geschehen, bei der Begegnung mit einem Menschen, usw. Ich bin nur skeptisch gegenüber der therapeutischen Professionalität, bei der der Therapeut sich nicht als Bindungsperson anbietet. Er muss immer außen vor sein, also danebenstehen, deshalb kann er nicht derjenige sein, der den Klienten berührt oder ihm hilft, in eine Berührung zu kommen. Aber wenn sich der Betroffene zum Beispiel verliebt, kann etwas entwickelt werden. Oder wenn er jemanden trifft, der ihm ganz toll vorkommt, der bei ihm den Impuls auslöst: So möchte ich auch sein.

Verwandlung von Saulus zu Paulus – in der Bibelgeschichte musste Saulus in die Wüste und mit sich allein gelassen werden und da ist er – Gott sei Dank – in dem Fall wieder ein lebendiger und mitfühlender Mensch geworden. Er hat die eingewickelten Anteile wieder gespürt und sich entwickelt; er ist verwandelt aus der Wüste zurückgekehrt. Das sehe ich als langfristig wirksamen Ansatz zu unserem Thema.

Therapeutische Ansätze richten sich oft danach, Hilfe zu geben, damit der Mensch wieder funktionieren kann. In der Tiefe aber helfen sie dem Betroffenen nicht. Nach dem Motto: „Er hat immer noch eine Klatsche, aber jetzt stört sie nicht mehr..." Übertrieben gesagt.

Die Verwicklung

Das Einwickeln der Gefühle und Bedürfnisse in der Kindheit ist eine Lösung. Dann geht es erst einmal weiter, die Kinder passen in die Familien herein. Draußen in der Welt ist es nicht so gut, aber ins System der alkohol- oder drogenbelasteten Familien passt das Verhalten. Dennoch wird der heranwachsende Mensch später als Erwachsener nicht so richtig glücklich werden. Er spürt, dass da nicht alles in Ordnung ist.

Das gilt auch für Menschen, die um jeden Preis Karriere machen wollen. Er weiß, dass er sehr viel schafft, aber er spürt, dass er seinen Körper vernachlässigt oder Probleme in der Partnerschaft hat. Sinnlichkeit geht verloren, Entdeckerfreude macht keinen Spaß mehr. Das sind ständige Stressfaktoren, die einem das Leben schwer machen. Wenn dieser Mensch sich auf den Weg zu sich selbst macht, bekommt er wieder Kontakt zu sich selbst, plötzlich spürt er ein Gefühl von Kohärenz, dass er noch nie hatte, so eingewickelt war er oder sie.

Nun kommt das Leben zurück, es wird auf einmal attraktiv und die Lösung heißt jetzt auswickeln und entwickeln, nichts mehr einwickeln.

Es ist wichtig, dass der betroffene Mensch selber darauf kommt, dass es viel schöner ist, sich selbst wieder zu spüren, seinen Körper, seine Sinnlichkeit und sich selbst und dann die Wirklichkeit wieder zu entdecken. Dann funktioniert die Verwandlung zurück zu einem autonom agierenden Menschen.

Im Kern treffen all diese Aussagen auch auf Kinder zu, die in karriereorientierten Familien aufwachsen, bei Eltern, die aus ihren Kindern unbedingt „etwas machen wollen". Diese Kinder werden genauso vernachlässigt. Es geht darum, dass Kinder ihre ganz individuell angelegten Potentiale entfalten dürfen. Man darf sie nicht zu Objekten machen. Das macht ein Alkoholiker zwangsläufig. Ein Karrierist aber auch. Die Symptomatik ist nur eine andere, und die Lösungsfindung vielleicht auch.

Beim karrierebewussten Chefarzt erwartet man, dass das Kind auch eine hohe Position einnehmen wird. Dann wird das Kind Lösungswege finden. Entweder das Kind wird genau das gleiche suchen und auch so eine große Karriere starten. Aber es wird niemals glücklich werden, weil es den eigenen vitalen Grundbedürfnissen nicht folgen konnte. Also wird es unglücklich merken, dass es das Leben seines Vaters lebt. Oder das Kind wird in den Widerstand gehen; aussteigen und sich hoffnungslos mit dem Karrieristen überwerfen. Diese Menschen werden auch nicht glücklich, weil sie nicht eigenen Impulsen folgen. Werden diese Menschen dann erwachsen, besteht die Gefahr, dass sie in der ein oder anderen Weise abhängig und süchtig werden. Weil sie zu Hause nicht das bekommen haben, das sie gebraucht hätten, nämlich so angenommen zu werden, wie sie sind. Es ist ihnen immer eingeredet worden oder man hat ihnen signalisiert, dass sie Bestimmtes zu leisten hätten, bevor sie es endlich wert sind, anerkannt zu werden. Das ist die große Verführung.

Wir sind insofern eine kranke Gesellschaft, die von der Verführbarkeit der Menschen lebt. Deshalb haben wir solche Schulen. Eltern sollten lernen, ihre Kinder für die Freiheit zu erziehen, statt sie abhängig oder verführbar zu machen. Sie bieten ihnen Erfahrungsräume an, die Kinder bedürftig und damit verführbar machen. Unsere gesamte Konsum- und Leistungsgesellschaft funktioniert auf Kosten unserer Kinder.

Die Kinder aus beiden Familien (also sowohl Alkohol, als auch Karriere) sind Getriebene. Sie mögen sich selber nicht, sie sind unzufrieden, weil sie nie ihren eigenen Anforderungen genügen können.

Ines

Meine Mutter trinkt, seit ich denken kann. Ich erinnere mich sehr gut an ein Erlebnis in einem Urlaub, in dem ich ungefähr zweieinhalb Jahre alt war. Meine Eltern, meine damals sechsjährige Schwester und ich sind mit einer befreundeten Familie im Urlaub in einem kleinen beschaulichen Örtchen, in einem gemütlichen Ferienhäuschen. Ich erinnere mich an nichts aus diesem Urlaub – außer an eine Szene an einem bestimmten Abend. Wir sitzen noch lange nach dem Abendessen am Küchentisch, die Eltern trinken und erzählen, wir Kinder spielen. Mir fällt plötzlich auf, dass meine Mutter schon länger weg ist. Ich frage mich, wo sie ist, und gehe in unser Schlafzimmer. Dort hängt meine Mutter über einem der Stühle, und hat das Schlafanzug-Oberteil meiner Schwester an. Es platzt aus allen Nähten und reicht ihr gerade bis knapp über die Brüste.

Sie nimmt mich wahr, faselt irgendetwas, das ich nicht verstehe. Sie ist nicht sie selbst. Und das macht mir Angst. Sie ist nicht in der Lage zu laufen. Mein Vater kommt herein und hilft ihr auf. Zieht ihr das Oberteil aus, ihren richtigen Schlafanzug an und trägt sie ins Bett. Es gibt keine Erklärung für mich, keine Entschuldigung, keine beruhigenden Worte. Weder in diesem Moment von meinem Vater, noch am nächsten Tag oder irgendwann später von meiner Mutter. In diesem Moment verliere ich drei Dinge: Den Respekt vor meiner Mutter als Mensch und Frau, das Vertrauen in ihre Fähigkeiten als Mutter und das Gefühl, dass mein Wohlbefinden für meine Eltern eine Rolle spielt.

Einen Absturz wie diesen hat es in meiner Erinnerung nur dieses eine Mal gegeben. Alle anderen Tage meines vierundzwanzig Jahre dauernden Zusammenlebens mit meiner Mutter hatte sie ihren Konsum einigermaßen im Griff. Sie ist eine reine Abend-Trinkerin, ihr Konsum beschränkt sich auf Bier und Wein. Es ist daher keine der dramatischen Gewalt-Geschichten, die ich erzähle, sondern eher eine aus dem Millieu der breiten Masse der Gelegenheits- oder Soft-Alkoholiker im durchschnittlichen Vorort einer mittelgroßen Stadt. Meine Mutter hat es erstaunlich gut geschafft, über einen extrem langen Zeitraum hinweg immer eine gewisse Grenze einzuhalten. Im Grunde war sie unter der Woche abends maximal leicht angetrunken – je nachdem, wie der Tag verlief und immer nur so, dass sie einfach weniger nachdenken und sich um irgendetwas sorgen musste. Am Wochenende war es dann schon mal etwas mehr, was sich dann in undeutlicher Aussprache, Abgeschlagenheit und Gleichgültigkeit äußerte.

Für mich war sie in diesem Zustand gar nicht mehr anwesend. Sie schaute durch einen hindurch, hörte einem nicht richtig zu, äußerte nicht ihre Meinung und gab auf Fragen keine hilfreichen Antworten. Dass ich mich nicht auf sie verlassen konnte, war mir seit dem Vorfall im Urlaub klar und wurde mit den Jahren immer deutlicher. Mir war auch immer bewusst, dass sie irgendein Problem hatte, was sie scheinbar nicht lösen konnte. Ich entwickelte daher die Überzeugung, ihr helfen zu müssen. Das tat ich einerseits, indem ich ihr, so gut ich konnte, nicht zur Last fiel. Ich regelte viele Dinge schon früh alleine, ich redete nie darüber, was mich bedrückte und ich bat sie nie um Hilfe bei Hausaufgaben oder Konflikten mit anderen. Ich wusste, sie konnte mir sowieso nicht helfen und würde dann aus schlechtem Gewissen noch mehr trinken. Das hat bei mir dazu geführt, dass es mir bis heute extrem schwer fällt, mit anderen über meine Sorgen zu sprechen oder jemanden um Hilfe zu bitten. Ich fühlte mich lange dazu gezwungen, die unmöglichsten Dinge allein schaffen zu müssen.

Neben meiner Strategie, ihr nicht zur Last zu fallen, startete ich lächerliche Versuche, sie vom Trinken abzuhalten. Ich kippte ihre Wein- und Biergläser heimlich in die Spüle aus, wenn sie kurz den Raum verließ. Ich schüttete immer wieder mal eine der Weinflaschen aus, die im Keller lagerten. Einmal fiel das auf, und ich handelte mir den riesigen Ärger meines Vaters ein. Was mir einfiele, meine eigenen Eltern zu maßregeln. Eine andere Erklärung für mein Verhalten gab es in seiner Welt scheinbar nicht. Er selbst trank unter der Woche höchstens mal ein Bier zum Abendessen. Dafür war es am Wochenende sehr viel mehr als bei meiner Mutter, und er wurde zehnmal unangenehmer. Er konnte cholerisch sein, was sich unter Alkoholeinfluss extrem verstärkte.

Den Groll und die Wut über seine Firma, die Politik, die Menschen und die Welt im Allgemeinen bekam meistens meine Mutter ab, weil sie sich nie wehrte. Sie ließ alles über sich ergehen und trank einfach noch etwas mehr, um die Mauern um sich herum noch dicker zu machen. Wenn er manchmal aus der Kneipe kam, tranken die beiden zu Hause weiter und saßen bis spät nachts am Küchentisch. Er wurde immer lauter, sie immer leiser. Ich weiß nicht, ob sie sich einredeten, dass wir schlafen würden, oder ob es ihnen egal war, wenn wir alles mitbekamen. Wahrscheinlich dachten sie in diesem Zustand gar nicht an uns.

Ich lag entweder wach im Bett mit einem sehr mulmigen Gefühl, oder ich stand direkt hinter der zugezogenen Küchentür und hörte jedes Wort, was gesagt wurde. Oft ging es um uns. Was meine Mutter alles verkehrt machen würde in unserer Erziehung. Also, was mit uns verkehrt sei. Ich wollte meine Mutter immer aus dieser Situation retten und versuchte, die Diskussion irgendwie zu unterbrechen und zu erreichen, dass sie ins Bett gingen. Ich ging in die Küche und behauptete, Durst zu haben. Oder ich sagte, ich könnte nicht einschlafen. Die Reaktion meines Vaters war meist: „Dann musst du ins Bett gehen und die Augen zumachen, statt hier herumzuschleichen." Oft sagte ich auch, dass ich ihretwegen nicht schlafen könne, dass sie leiser sein sollten. Dass sie ins Bett gehen sollten. Dass sie aufhören sollten zu streiten.

Solche Forderungen gingen seiner Ansicht nach weit über die Autoritäten eines kleinen Mädchens hinaus. Einige Male schrie mein Vater mich dann so extrem an, dass ich dachte, gleich schlägt er mich. Ein Teil in mir wusste, dass er das niemals tun würde. Trotzdem hatte ich natürlich Angst, und dieses Verhalten mir gegenüber hat mein

Selbstwertgefühl sehr geschwächt, das ist mir heute klar. Mein Wohlbefinden und meine Persönlichkeit waren scheinbar nicht wichtig genug, um darauf Rücksicht zu nehmen und dafür auf ein Getränk zu verzichten oder den Konsum einzuschränken. So zumindest interpretierte ich diese Situationen.

Neben den Versuchen, Alkohol wegzuschütten, ging ich im Alter von ungefähr dreizehn Jahren auf Familienfesten oder in Restaurants manchmal auch dazu über, die angefangenen Gläser meiner Mutter selbst auszutrinken, damit sie nicht betrunkener wurde. Das war natürlich ausgesprochen clever, ich schlug damit zwei Fliegen mit einer Klappe: sie trank weniger und ich konnte ihren Zustand besser ertragen. Rückblickend sehr traurig. Ob viele Jugendliche sich so verhalten? Und wie viele entwickeln auf diese Art und Weise selbst eine Sucht? Ich habe in meiner Jugend trotz meiner abschreckenden Vorbilder sehr viel getrunken. Ich war nie wegen Alkohol im Krankenhaus oder in etwas Kriminelles verwickelt. Aber zwischen vierzehn und vierundzwanzig war es für mich normal, am Wochenende regelmäßig Bier, Wein und Schnaps zu trinken – in rauen Mengen – nicht selten wusste ich am Morgen nach einer durchzechten Nacht nicht mehr, wie ich nach Hause gekommen war, und ich verbrachte den Vormittag über der Kloschüssel. Unter der Woche durfte es gerne mal ein abendliches Bierchen sein, mal in Gesellschaft, aber ab und an auch alleine. Ich fühlte mich dann irgendwie besonders erwachsen.

Ich sprach das Thema Alkohol auch immer wieder an. Immer wieder sagte ich meinen Eltern, dass sie weniger trinken sollten. Bei jedem Geburtstag, bei jedem Restaurantbesuch und immer dann, wenn zu Hause mal mehr als ein, zwei Bier zum Essen getrunken wurden. Ich erntete dafür abfällige Kommentare oder wurde einfach ignoriert. Jedes Jahr vor Heiligabend bat ich sie, wenigstens an diesem einen Abend mal nichts zu trinken, weil es, je später der Abend wurde und je höher der Pegel, immer zu lautstarken Diskussionen und sinnlosen Streitigkeiten kam, was jedes

Jahr den bis dahin friedlichen und schönen Tag in Nullkommanichts versaute.

Obwohl ich in meiner Jugend selbst regelmäßig Alkohol getrunken habe, war mir dieses Fest immer heilig, und ich trank, bis ich zwanzig Jahre alt war, an diesem Tag keinen einzigen Schluck. Irgendwie aus Protest und in der Hoffnung, dass man sich mir mal anschließen würde.

Es lagen immer sehr viele Geschenke unter unserem Weihnachtsbaum, und ich kann nicht behaupten, dass es mir oder meiner Schwester materiell jemals an irgendetwas gefehlt hätte. Aber dieser einfache Wunsch nach einem nüchternen Weihnachtsfest wurde mir in keinem einzigen Jahr erfüllt. Ich bin bis heute nicht sicher, ob meine Eltern es einfach nicht geschafft haben, auf den Alkohol zu verzichten, oder ob sie diese Bitte überhaupt nicht ernst genommen haben. Mich hat es jedes Jahr ein Stück mehr enttäuscht und in meiner Überzeugung bestätigt, dass es nicht wichtig war, was ich fühlte, sagte oder wie es mir ging. Mit zwanzig war mein Durchhaltevermögen am Ende, und ich stellte fest, dass ich meine Familie an Weihnachten besser ertrage, wenn ich selbst ebenfalls ausreichend Wein in mich hineinschüttete und mich spätabends ins Nachtleben stürzte.

Mit sechszehn fasste ich mir zum ersten Mal ein Herz und sprach meine Mutter darauf an, dass ich sie für abhängig hielte, und fragte sie, warum sie eigentlich trinke. Es kostete mich eine riesige Überwindung, weil die Worte „Abhängigkeit" oder „Sucht" bisher nie benutzt und die Thematik immer verharmlost worden war. Sie sagte mir zwar nicht, was das ursächliche Problem ist – vielleicht war es ihr auch nicht bewusst – aber zumindest hat sie sich auf das Gespräch eingelassen und eingeräumt, dass sie zu viel trank. Es hat ihr auch klar gemacht, dass es nicht spurlos an ihren Kindern vorbeigeht, und ich habe es geschafft, sie zu einer Psychotherapie zu bewegen. Ich war so stolz auf mich und dachte, ich hätte meine Mutter gerettet.

Leider war die Therapie von geringer Dauer, weil meine Mutter sich nicht wirklich drauf eingelassen hatte. Das Ganze brachte im Endeffekt überhaupt nichts. Es war für mich sehr enttäuschend, und es vergingen weitere Jahre, in denen alles so weiter ging wie bisher. Meinen Vater bat ich auch mehrmals, weniger oder nichts mehr zu trinken, um meine Mutter zu unterstützen. Aber er hielt das für unnötig oder sinnlos. Bis heute verdrängt er das Problem, weil er es nicht wahrhaben will und vielleicht auch, weil er selbst nicht in der Lage ist, ganz auf Alkohol zu verzichten.

Meiner Mutter helfen zu wollen, war nur der eine Teil in mir. Gleichzeitig verlor ich den Respekt vor ihr, weil sie nie versuchte, etwas zu ändern, und sich nur weiter betäubte. Erst mit Ende zwanzig wurde mir bewusst, was für ein negatives Frauenbild ich teilweise wegen ihres Verhaltens entwickelt hatte. Frauen sind schwach, Frauen sind nicht frei, Frauen sind Opfer. Dass ich selbst eine Frau war, auf die das alles nicht zutraf, hatte ich erfolgreich ausgeblendet. Ich war lange Zeit selbst extrem unfair meiner Mutter gegenüber und verhielt mich in manchen Situationen sogar wie mein Vater: Ich nahm sie nicht ernst, hörte ihr nicht zu, ließ meine Wut an ihr aus.

Auch nach meinem Auszug startete ich immer wieder Versuche, meine Mutter davon zu überzeugen, sich ihren Problemen zu stellen. Ich konnte einfach nicht akzeptieren, dass ich es nicht schaffte, ihr zu helfen. Vielleicht zog ich deshalb unbewusst ständig andere Menschen an, denen ich helfen konnte. Ich war und bin teilweise heute noch ein regelrechter Magnet für überforderte, verzweifelte, traurige, unverstandene, ungerecht behandelte oder einsame Menschen jeglichen Alters, die meinen Rat oder meine Unterstützung suchen. Erst vor wenigen Jahren realisierte ich, was ich mit diesem Helfersyndrom eigentlich kompensierte und dass es mich auf Dauer schwer belastete. Mir ist erst nach fast dreißig Jahren klar geworden, dass ich meiner Mutter nicht helfen kann, solange sie es nicht selbst möchte, und dass ich mich davon lösen muss. Es war und ist nicht leicht, weil ich mich noch immer sehr verantwortlich fühle für das Wohl meiner

Eltern. Ich habe sehr früh erkannt, dass sie aus Unzufriedenheit, Traurigkeit und mangelnder Lebensfreude trinken. Für mich bedeutete dies: Solange sie nicht glücklich sind, darf ich es auch nicht sein. Dass ich so dachte und fühlte, fiel mir irgendwann wie Schuppen von den Augen. Immer, wenn es mir besonders gut ging, fühlte ich mich zugleich besonders schlecht und zerstörte damit immer wieder selbst mein eigenes Glück. Viele Männer, die mir die Welt zu Füßen legten, wies ich ab, und wenn es doch einmal jemand in mein Herz geschafft hatte, verlor ich ohne nachvollziehbaren Grund nach wenigen Monaten all meine Gefühle für ihn, als hätte jemand meine Gefühle einfach abgestellt.

Es tut weh, die eigenen Eltern unglücklich zu sehen. Wenn ich heute bei meinen Eltern bin und merke, dass meine Mutter etwas getrunken hat, macht mich das immer noch extrem wütend und traurig. Ich merke ihr auch ganz wenig Alkohol sofort an. Ich kann sie dann sehr schlecht ertragen, weil es mich schmerzt, dass sie auf der Stelle tritt und es mir jedes Mal den Misserfolg meiner Hilfeversuche verdeutlicht. Ich habe meine Wut inzwischen im Griff, und statt ihr wie früher Vorwürfe zu machen, halte ich heute die Gespräche kurz und knapp und ergreife schnellstmöglich wieder die Flucht.

Ich habe aufgehört, ihr Leben verbessern zu wollen, seitdem geht es mir erheblich besser. Ich trinke inzwischen selbst überhaupt keinen Alkohol mehr und vermisse ihn auch nicht. Ich bin stolz darauf, mit einem Mann zusammen zu sein, der noch nie in seinem Leben getrunken hat. Er kommt selbst auch aus einem Elternhaus mit Alkoholproblemen und hat schlimmere Erfahrungen damit gemacht als ich. Er hat die betrunkenen Erwachsenen damals so verachtet, dass er nie das Bedürfnis hatte, auch nur einen Schluck zu trinken. Damit isolierte er sich automatisch, daher hatte er nie ein reges Sozialleben. Als Jugendlicher war er ein Außenseiter und hat auch heute keine richtigen Freundschaften mit anderen Männern.

Es ist unglaublich, wie stark das Alkoholtrinken in unserer Gesellschaft verankert ist. Wie selbstverständlich wir regelmäßig mit dem Alkohol vor uns selbst flüchten. Die, die es nicht tun, werden dafür belächelt und verurteilt.

Mir ist immer klarer geworden, dass die betrunkenen Eltern bei kleinen Kindern Verunsicherung und Angst auslösen. Es ist aus der Kinderperspektive nicht nachvollziehbar, warum die Eltern sich auf einmal anders verhalten als sonst. Warum sie anders sprechen, andere Emotionen zeigen, sich Mimik und Gestik verändern. Es zerstört die Vertrautheit, das Gefühl der Verbundenheit und erzeugt Unsicherheit bis Angst, auch wenn mit dem Konsum keinerlei Gewalt verbunden ist. Mit steigendem Alter gewöhnt man sich daran und lernt mit der Zeit unbewusst, dass der Konsum von Alkohol normal ist und dass es sowohl eine Methode der Problembewältigung ist, als auch eine Art zu entspannen und sich zu belohnen. Je mehr oder je öfter getrunken wird– auch wenig –, desto größer ist die Gefahr, selbst in eine Abhängigkeit zu geraten. Kinder wissen auch nicht, dass Alkohol grundsätzlich nicht gesund ist, sondern ein Giftstoff, den der Körper mühselig abbauen muss.

Wenn ich heute an meine Kindheit denke, fühle ich Wehmut und Bedrückung zugleich. Es ist eine bunte Mischung aus schönen und bedrückenden Erinnerungen. Ich kann nicht behaupten, dass es ohne Alkohol gar keine Probleme in meiner Familie gegeben hätte. Aber der Konsum hat sie verstärkt und in mir noch mehr das Gefühl der Machtlosigkeit ausgelöst. Das ständige Flüchten in das Suchtverhalten hat mich extrem in meinem Denken geprägt. Ich war davon überzeugt, dass Veränderung nicht möglich ist, und so eine Überzeugung blockiert das ganze Leben. Ich bin sehr dankbar, diese Grenzen in den letzten Jahren für mich gesprengt zu haben. Eine klassische Therapie habe ich nie gemacht. Ich glaube immer noch, dass ich meine Themen mit mir alleine ausmachen zu muss.

Zwei Stunden bei einer Hypnosetherapeutin waren sehr hilfreich, das kann ich wärmstens empfehlen. Ich bin von Gesprächstherapien nicht überzeugt, weil unsere Probleme im Unterbewusstsein verankert sind. Einerseits blockieren Scham- und Schuldgefühle die Bereitschaft, ehrlich über die eigenen Gefühle zu sprechen, und andererseits sind viele Gefühle so verdrängt und Überzeugungen unbewusst verinnerlicht worden, dass sie über die bewusste Ebene gar nicht abrufbar sind. Oft redet und redet man dann monate- oder gar jahrelang mit einem Therapeuten, aber es ändert sich so gut wie nichts an den eigenen Mustern und am Verhalten.

Mir hat auch das Alleinsein, das Zur-Ruhe-Kommen und das Aufschreiben meiner Gedanken und Gefühle geholfen. Ich wünsche mir für alle trinkenden Eltern und ihre Kinder, dass sie den Kern ihrer Probleme eines Tages erkennen und den Alkohol als Kompensation nicht mehr brauchen. Kinder saugen alles von den Eltern auf, jede Stimmung und Gemütslage. Sie ziehen daraus ihre Schlüsse über sich selbst, die Wirklichkeit und das Leben. Es ist unnatürlich, dass Kindern Verhalten vorgelebt wird, das nicht sinnvoll für ihr Überleben ist. Natürlich haben wir uns vom ursprünglichen Leben weit entfernt, aber gewisse menschliche Strategien wie die Entwicklung und das Lernen durch Beobachten, Interpretieren und Nachmachen gelten nach wie vor. Speziell der Konsum von Suchtmitteln hat nicht nur während einer Schwangerschaft sehr negative Auswirkungen auf die gesunde Entwicklung eines Kindes, sondern auch noch lange danach. Alles, was Eltern tun, hat einen erheblichen Einfluss auf die psychische und körperliche Gesundheit der Kinder.

Ich kann mich sehr gut an meine Kindheit erinnern. Bei den schönsten Erinnerungen waren meine Eltern immer nüchtern. Nur dann habe ich sie als liebende, sorgende und wirklich fröhliche Eltern wahrgenommen. Diese Erinnerungen möchte ich nicht missen.

Julia

Ich bin die Tochter eines Alkoholikers.

Er war auch ein liebender und nicht immer betrunkener Vater. Aber er war eben auch alkoholkrank und ich sein Kind. Meine Mutter war seine Partnerin, und meine Schwester war auch sein Kind. Zusammen waren wir eine Familie, ein System.

Ich bin nur eine von zahllosen Betroffenen, da bin ich sicher.

Ich bin sechsundfünfzig Jahre alt, ein Kind der Sechziger- und Siebzigerjahre, mein Vater konnte viele Jahre unbehelligt sehr viel trinken, ohne groß aufzufallen. Es wurde vielleicht mehr getrunken damals, die Wörter „Alkoholismus" und „Alkoholiker" jedenfalls waren Fremdwörter. Es waren die letzten Ausläufer der Nachkriegszeit: Feiern, Schweinebraten essen und Alkohol trinken, um die schlechte Zeit zu vergessen.

Ich habe kaum Erinnerungen an meine Kindheit. Der Schutzmechanismus – die Gnade des Vergessens oder Verdrängens – hat gut funktioniert. Meine Kindheit ist ein großer, dunkler Nebel, nur weniges ist im Bewusstsein geblieben, leider.

Auch das: Ich bin etwa acht Jahre alt, dünn wie ein Strich. Blass, die Haare fallen mir aus, kreisrunde kahle Stellen auf dem Kopf. Die Grundschullehrerin, eine sehr empathische Frau, hat angerufen; sie macht sich Sorgen, und meine Mutter fährt mit mir zum Hausarzt. Ich bekomme Lebertran. Ich werde nichts gefragt. Lebertran gab man damals gegen alles.

Oder das: Ich bin etwa zwölf Jahre alt, stehe im Flur, bin auf dem Weg zur Toilette. Ich sehe meine Mutter und meinen Vater – es hat Streit gegeben, warum, weiß ich nicht. Ich weiß auch nicht, ob er nüchtern ist oder nicht. Er schreit mich so unbegreiflich brutal und laut und gewalttätig zusammen, dass ich mir vor Angst in die Hosen mache. Es ist warm, läuft an den Beinen herunter, meine Mutter fleht, und er schreit und schreit, und ich schäme mich und weiß nicht, wohin – ich bin schutzlos.

Und das: Ich bin etwa dreizehn Jahre alt, auf dem Weg in die Pubertät, auf dem Weg ins Erwachsenenleben, und mein Vater schreit mich wieder an, so gewaltig, als ob ein Gewitter, ein so bedrohliches, so unglaublich beängstigendes Unwetter direkt über mir passiert, und diesmal schreit er Worte, die ich behalte. Dass er sich von mir nichts sagen lässt, von einer kleinen, wertlosen Kröte, einem Nichts. Nicht von mir.
Das war der Moment, als etwas in mir zerbrach. Etwas sehr Wichtiges, Es zersplitterte und hörte auf zu existieren.
Er war nüchtern damals, hatte gerade eine Entziehungskur gemacht. Ich weiß nicht mehr, was besser war, das Trinken vorher oder das krankhaft cholerische, verbale Zusammenschlagen danach.

Mehr weiß ich nicht und will ich auch nicht.
Was ich erst sehr spät in meinem Leben erfahren habe: Diese Erlebnisse, die Gewalttätigkeiten, die Erniedrigungen, all die Probleme innerhalb des Familiensystems, sie werden sich in meinem Leben immer wieder wiederholen. Und auch die Strategien, damit fertig zu werden, werden mich mein Leben lang begleiten.

Caroline

„Denkst du, dass du wer Besseres bist?"
Diese Frage traf mein neunzehnjähriges Ich so unerwartet und schmerzvoll, dass ich verstummte. Heute wäre ich um keine Antwort verlegen: „Nein, ich bin nicht besser als du, nur anders."
Damals warf mich diese Frage aus der Bahn, denn ich

verstand nicht, was daran so schlimm war, mich eben nicht wie alle anderen zu betrinken oder mich mit einem Joint in den Samstagabend zu beamen. Damals suchte ich nach dem nächsten Fehler, den ich gemacht hatte, nach dem Sinn, warum ich nicht einfach nur irgendwie dazu gehören und wie all die anderen um mich herum sein konnte.

Nur einmal in meinem Leben trank ich bis zum Filmriss Alkohol – bis ich, nach dem Erbrechen die Kloschüssel umarmend, tief schlafend von meinen Freunden gefunden wurde, die mich nur mit großer Mühe wieder wach bekamen. Mein letzter bewusster Gedanke, bevor alles schwarz wurde, war, dass ich meinem Spiegelbild erklärte, die schönste Frau der Welt zu sein. Als ich Monate später nach einem Cocktail wieder wunderschön vor einem Toilettenspiegel stand, wurde mir klar, dass Alkohol, der Rausch und ich nun getrennte Wege gehen werden. So ist das bis heute geblieben, und ich bin glücklich damit. Ich mag dieses heiße Gefühl die Speiseröhre hinab bis in meinen Magen nicht, wenn ich Alkohol trinke. Ich mag es nicht, dass mein Gesicht feuerrot davon wird, sich mein Herzschlag beschleunigt und mir der Schweiß auf die Stirn tritt. Ich muss nicht vorglühen, denn ich glühe eh bereits von innen und kann auch ohne Alkohol lachen, albern und witzig sein. Ich bin die Herrin meiner Sinne. Kein Bier, Schnaps, Cocktail, Champagner. Ich kann ein Glas Wein zum Essen genießen, aber ich benutze es nicht, und noch viel wichtiger: Ich lasse mich davon nicht benutzen.

Geboren wurde ich in den frühen Sechzigerjahren in den Wirtschaftsaufschwung hinein, als Zigaretten und Alkohol zu jeder Feier gehörten und nicht nur dorthin. Echte Männer rauchten und tranken Bier und Schnaps. Auch Frauen rauchten, aber nicht so viel wie Männer, denn Zigaretten hatten etwas Verruchtes, Wildes, und Frauen nippten auch nur am Bier, tranken ein Gläschen Sekt oder ein Schälchen Eierlikör. Feste, Alkohol, Zigaretten bildeten ein Triumvirat der Geselligkeit, das Prosit der Freundschaft und Familienseligkeit.

So stellte man sich das vor. Lustig, fröhlich, mit voller

Kraft voraus, denn unsere Eltern, die hatten als Kriegskinder so viel Leid und Hunger erlebt, dass sie ein Anrecht darauf hatten zu erfahren, dass all das hinter ihnen lag. Nicht anders sahen das die Großeltern. Nur wir Kinder, wir hatten nicht die Wahl, uns unser Leben auszusuchen, wir mussten durch all das hindurch, es aushalten; zwischen all dem unseren eigenen Weg finden.

Ich war drei Jahre alt, als mein Vater mich zur Geburt meines Bruders mit dem Zug zu seinen Eltern brachte. Es war fröhlich im Abteil, auch wenn ich nur meinen Vater kannte, es wurde Alkohol getrunken, und irgendwann ging er mit einer fremden, kichernden Frau mit hochtoupiertem, schwarzem Haar im Arm hinaus und ermahnte mich, ich solle nun ganz lieb sein, ruhig und brav schlafen. Ich war drei Jahre alt, alleine in einem fahrenden Zug in einem Abteil voller Bierdunst und mit einer allesvernichtenden Angst, die mich ab diesem Moment nie mehr verließ. Ich erinnere mich an den Gedanken, dass ich nicht brav genug gewesen und deshalb zur Strafe nicht mitgenommen worden war.

Ein Alkoholikerkind wie ich lernt sehr früh, wachsam zu sein, die Kontrolle zu behalten, sich klein und unsichtbar zu machen und trotzdem zu helfen und Verantwortung zu übernehmen, wo immer es möglich ist. Sage nie, das kannst du nicht. Alles kannst du, will's die Pflicht. Ein Kind wie ich entwickelt früh Antennen dafür, was unweigerlich passieren wird, was bestimmte Gerüche und Geräusche bedeuten, kurz: was so gefährlich werden kann, dass es besser ist, sich zu verstecken und zu flüchten. Ein Kind wie ich lernt sehr früh, dass Scham wie Feuer brennt, dass ein Wort zu viel schmerzhaft ist, dass es besser ist zu lügen, als die Wahrheit zu sagen. Ein Kind wie ich lernt früh, dass nichts sicher und dass es selber anders ist.

Misstrauen ist der Name des rechten Schuhs, Gutgläubigkeit der des linken und Verdrängen, Vergessen, Verzeihen sind die Fasern, aus denen das Kind sich, ohne sich dessen bewusst zu sein, einen Panzer webt in der Hoffnung, dass dieser so wenig wie möglich hindurch lässt von dem, was die Wahrheit ist. Nicht zu vergessen die Masken, eine über die andere, bis die Schicht aus ihnen zu einem solch starren Kokon wird, dass es leicht fällt, sich selbst und die eigene Seele darunter zu verbergen und zu vergessen. *Sei wie das Veilchen im Moose, sittsam, bescheiden und rein, und nicht die stolze Rose, die immer bewundert will sein.*

Alkohol zieht sich durch beide Stränge meiner Herkunftsfamilie. Den einen Großvater kannte ich persönlich nur als ruhig, fast still. Schwankend, ja, lallend, ja, lachend, ja – aber nicht übergriffig, pöbelnd, fluchend. Dass es auch diese Seite an ihm gab, dass er noch als mehrfacher Familienvater stets als letzter jedes Fest verließ und darauf stolz war, dass er jeden anging, der ihm das Gefühl gab, ihn nicht ernst zu nehmen, das erfuhr ich erst viele Jahre nach seinem Tod.

Mein anderer Großvater war ein Raubtier. Seine Fangzähne versteckte er hinter dem bernsteingelb gefüllten Schwenker in der einen Hand und der Zigarette in der anderen. Er war ein einziger berechnender Alptraum, immer bereit, sein Gift ins Gegenüber zu beißen, seine Auftritte in Soutane und Bäffchen waren eine schreckliche Qual – nicht für die Erwachsenen, aber für mich. Ihm war ich immer wieder viel zu oft und viel zu lange ausgeliefert.

Kein Wunder also, dass jedes Familientreffen, egal wo und bei wem, so in Alkohol ertränkt wurde, dass das schwächste Glied der Kette, in dem Fall mein Vater, allen, in erster Linie aber immer wieder sich selber, seine Unfähigkeit und Schwäche bewies, dem Saufen zu entgehen. So war er zum perfekten schwarzen Schaf beider Familien geworden.

Familientreffen und -feste entwickelten eine ganz eigene Dynamik, ein Schema, dem man nicht entkommen konnte. Als Kind glaubt man noch daran, dass man nur fest genug an Schönes denken muss, damit nichts passiert, und passiert es dann doch, so wird einem klar, dass man selber daran schuld ist, dass man selber der größte Versager ist, und dann bemüht man sich mit jedem Mal mehr und mehr und mehr, und irgendwann sitzt man so weit oben auf dem Gipfel der eigenen Angst, dass man von alleine nicht mehr heruntergelangt.

So zumindest ist es mir ergangen. Ich wurde zu einem unsichtbaren, pflegeleichten Kind, das man nicht beaufsichtigen, kontrollieren, anleiten musste. Ich war einfach da, irgendwo im Hintergrund, unauffällig, nichtssagend, um nichts bittend. Ich aß, was da war, und machte, was man mir sagte. Das ging so bis zur Pubertät und dann nicht mehr ganz so gut. Mein zartes Aufbäumen war aber nichts, was man nicht mit Verboten und Geboten und der Angst davor, was passiert, wenn man sich an all das nicht hält, nicht in den Griff hätte bekommen können.

Ich bin nicht in dieser klassischen Alkoholikerfamilie aufgewachsen, in der der Vater jeden Tag trank, am Abend mindestens ein Bier auf dem Abendbrottisch stand, so wie bei Freunden von mir. Mein Vater trank immer wieder und auch über längere Phasen nichts – abgesehen von Familienfesten, Ostern, Weihnachten oder Geburtstagsfeiern –, stürzte dann aber regelmäßig alle zwei bis drei Jahre in einen katastrophalen Zustand ab, der bis zu drei Tage anhalten konnte und in dem er spurlos verschwand und uns in der Angst zurückließ, dass die Polizei an der Tür klingeln und uns seinen Tod mitteilen würde. In diesen Phasen brachte er alle finanziellen Mittel durch. Einmal wurde er nahezu unbekleidet und sturzbetrunken aus einem fremden Auto vor unserer Haustür abgelegt, seine leere Brieftasche warf man auf ihn.

Sechs Jahre war ich alt, als ich das erste Mal bewusst so ein Verschwinden erlebte und meine Mutter so hilflos war, dass sie mit uns Kindern bei seinem Vorgesetzten klingelte, weil sie nicht mehr wusste, was sie machen sollte. Den hilflosen Blick dieses Mannes, als wir weinend in seinem Wohnzimmer saßen, werde ich nie vergessen. Als Kind ist einem nicht bewusst, was da passiert, dass das nicht normal ist, denn man nimmt ja automatisch an, dass das bei allen anderen genauso ist.

Dieser erste Absturz war schlimm, beileibe aber nicht der Schlimmste – aber ich möchte hier nicht von allem berichten.

Als ich zwölf Jahre alt war, freundete sich mein Vater so gut mit einem Arbeitskollegen an, dass wir uns als Familien wechselseitig auch mit Übernachtungen besuchten. So lange das bei uns daheim stattfand, war alles gut. Im Haus des Kollegen aber war es irgendwann so weit, dass dieser, wenn mein Vater nicht mehr nüchtern war, darum bettelte, regelrecht flehte, ich solle mich auf seinen Schoß setzen, ihn umarmen und küssen. Zuerst konnte ich dem entgehen, zuletzt aber wurde er so zudringlich, dass ich mich meiner Mutter anvertraute, die wie auch seine Frau davon nichts mitbekommen hatte. Wie, frage ich mich noch heute, kann man sein Kind so schutzlos und alleine lassen? Wieder nüchtern, erzählte meine Mutter ihm davon, und er beendete diese Freundschaft. Wenigstens das. Gesprochen haben weder meine Mutter noch mein Vater mit mir darüber und auch nicht über all die anderen Dinge, die in meiner Familie passierten und was noch heute in ihr passiert. Mit all dem muss ich alleine damit klarkommen.

Das Schlimmste durchlebte ich mit achtzehn, als ich zwei Nächte hintereinander komplett angezogen in mein Bett ging, weil ich Angst hatte, dass mein Vater uns alle erschießen würde. Nach außen hin waren wir die perfekte Familie. Meine Eltern liebten sich so sehr, dass sie immer Hand in Hand gingen; mein Vater war witzig, charmant, unterhaltsam, intelligent, ein gern gesehener Gast und Gesprächspartner. Unsere Fassade nach außen hin war perfekt. Gebröckelt und eingebrochen ist sie nur nach innen. Hätte mir jemand eine Frage in diese Richtung gestellt, ich hätte mit Entsetzen reagiert, wie man so etwas von uns annehmen könnte. Ich war überzeugt davon, eine glückliche Kindheit gehabt zu haben, die man nicht toppen kann, und wurde nicht müde, das auch meinen Eltern gegenüber immer wieder mit Stolz zu verkünden.

Heute weiß ich es besser. Wir waren keine normale Familie und meine Kindheit war nicht normal. Die Zeit, die viele rückblickend als die beste ihres Lebens bezeichnen, war für mich ein Vakuum. Ich hatte keine Träume und Wünsche mehr, ich ließ geschehen, was geschah, bewarb mich auf drei Lehrstellen und nahm gleich die erste Zusage davon an. Ich habe gerne gelernt und weiß, dass ich gut bin, aber meine Arbeit hat mich nie ausgefüllt.

Später als all meine Freundinnen ließ ich mich auf eine erste Beziehung ein und suchte die Schuld für alles, was schief ging, bei mir. Nur mit Mühe schaffte ich es nach Jahren, in denen auch der Alkohol eine Rolle zu spielen begann, einen Schlussstrich zu ziehen, für den ich fast mit meinem Leben bezahlte. Ich hatte es diesem Mann leicht gemacht, denn ich war ein biegsames, unbeschriebenes Blatt, formbar und folgsam.

Seit meiner Kindheit habe ich Alpträume, meine Persönlichkeitsstruktur ist ängstlich und vermeidend und von Co-Abhängigkeit gezeichnet, ich leide an einer Angststörung und an einer posttraumatischen Belastungsstörung. Und das, obwohl mein Leben eine ganz andere Wendung genommen hatte, als ich meinen späteren Mann kennenlernte. Bis heute habe ich ihn nicht ein einziges Mal auch nur angetrunken erlebt. Alkohol spielt in unserer Beziehung, in unserer Liebe, in der Familie zusammen mit unseren Kindern, keine Rolle. Was für eine Gnade, was für ein unfassbares Glück.

Trotzdem kämpfe ich weiter gegen all das an, was in mir schon vorher da war. Bis zu einem Burnout, da war ich vierzig, war mir immer noch nicht bewusst, dass ich eben doch nicht die beste Kindheit von allen hatte, dass diese toxische Familienstruktur immer noch existierte und mich zum Mitlügen und Verschleiern zwang und dazu, mich gegen keine dieser Erpressungen zu wehren.

Es ist, wie es schon immer war: Der wahre Übeltäter ist nicht der Täter, sondern derjenige, der die schlechten Nachrichten überbringt, die Wahrheit ausspricht, den Finger in die Wunde legt. Es ist noch immer so viel einfacher, das

Gegenüber zum schwarzen Schaf zu erklären, statt bei sich selber damit anzufangen.

Eine Wende in meinem Leben fand statt, als ich mir eingestand, Hilfe zuzulassen und anzunehmen. Den Moment, in dem ich vor der Tür meiner ersten Psychotherapie stand, empfand ich als schreckliche persönliche und moralische Bankrotterklärung, dass mich ein Heulanfall durchschüttelte. Der Moment aber, in dem ich diese Tür wieder hinter mir schloss, war voll von Hoffnung, die mich bis heute nicht mehr verlassen hat. Die Dreijährige in mir, die damals voller Wut und Abscheu war, die kann ich heute dank meiner Therapeutin in die Arme nehmen, da ich sie mittlerweile als das sehe, was sie von Beginn an war: Nicht Täter, sondern Opfer.

Ich habe all das überlebt, aber ich weiß auch, dass ich mein ganzes weiteres Leben weiter daran arbeiten muss, um mir diese erlangte Lebensqualität zu bewahren, die ich vorher niemals für möglich gehalten hätte.

Alkoholismus ist eine schlimme Krankheit, und mir tut jeder leid, der an ihr leidet und nicht dagegen ankämpfen kann. Nicht ein Jota weniger, sondern viel mehr tun mir aber die Familien und ganz besonders die Kinder der Alkoholiker leid, deren Schmerzen, Leiden, Vernachlässigung und Wunden, die ihnen geschlagen werden, sowie die Last, die ihr ganzes Leben beeinflussen wird, nicht wahrgenommen werden.

Der Spaß fängt nicht mit Alkohol an. Der Spaß, den du nur mit Alkohol haben kannst, ist im schlimmsten Fall der erste Schritt in einen Abgrund, in den du alle mitreißt, die dich lieben.

Mein Leben und das meiner Familie ist mir dafür zu wertvoll, auch wenn normal sein nie zu meinen Fähigkeiten gehören wird. Ich bin nichts Besseres. Ich bin Anders.

Beate

Ich bin als Einzelkind in einer Kleinstadt aufgewachsen, in einem kleinen, aber sehr engen Familienclan. Die Familie bestand aus meiner Oma, meinem Opa (Trinker), meinem Onkel (drogenabhängig und später starker Trinker), meiner Mutter (später Trinkerin) und den verschiedenen Partnern meiner Mutter (alle bis auf einen drogen- und/oder alkoholsüchtig waren). Meine Mutter hatte sich früh von meinem leiblichen Vater (auch ein Trinker) getrennt und war eine neue Beziehung eingegangen, die knapp sieben Jahre gehalten hatte. Dieser Mann (kein Trinker) ist auch heute noch wie ein Vater für mich. Nach wie vor besteht ein enger Kontakt zwischen uns. Vom Hörensagen weiß ich, dass es noch Halbgeschwister väterlicherseits gibt, die vor meiner Zeit entstanden, aber es bestand nie wirklich Kontakt zu meinem leiblichen Vater, für mich wird er immer ein Fremder bleiben.

Meine Mutter war selbst noch ein Kind, gerade neunzehn Jahre alt, als sie mich auf die Welt brachte. Daher war ich auch mehr Kind meiner Oma, einer Co-Abhängigen, die einen Großteil meiner Versorgung und Erziehung übernahm. Meine Oma hat alle versorgt und die Verantwortung für alles übernommen. Sie hatte auch immer eine starke Tendenz zur Kontrolle, war eigentlich immer aggressiv und gestresst. Sie hat die Familie zusammengehalten und sich dabei komplett aufgeopfert. Sie hatte weder Hobbys noch Freunde oder Lebensfreude. Sie funktionierte eigentlich nur, behielt die Kontrolle und beseitigte Problemchen. Zusätzlich dazu hat sie auch noch den Alkoholismus meines Opas verwaltet: Flaschen beseitigt, Bierrationen eingeteilt, Schnaps gekauft. Den Großteil meiner Kindheit habe ich bei meinen Großeltern verbracht und alles miterlebt.

Es war, als ob wir drei Kinder waren und meine Oma unsere Mutter. Mein Opa hat sich eigentlich mehr im Abseits befunden und war mit sich und seiner Leidenschaft des Filmens, Gärtnerns und leider später nur noch mit der Alkoholsucht beschäftigt. Eigentlich war er sehr aktiv und gesellig. Aber der Alkoholismus wurde immer intensiver, der körperliche Zerfall offensichtlich. Irgendwann vegetierte er nur noch besoffen vor sich, als ob er irgendwann aufgegeben hätte.

Damals war meine Mutter berufstätig und führte eine mehr oder weniger stabile Beziehung mit meinem Ziehvater. Aber sie war noch sehr jung und wollte ihr Leben genießen. Sie ging feiern und konzentrierte sich viel auf sich selbst. Mit fünfundzwanzig wurde meine Mutter erneut schwanger, aber nicht von ihrem damaligen Partner, sondern von einem seiner Freunde. Bei einer Untersuchung wurde Gebärmutterhalskrebs bei ihr entdeckt, sie verlor nicht nur das Kind, sondern auch ihre Gebärmutter und damit die Hoffnung auf weitere Kinder. Sie beendete die Beziehung zu meinem Ziehvater. Für mich wurde von da an alles für immer anders.

Nur ein paar Wochen nach der Trennung zog ein anderer Mann bei uns ein. An die Zeit erinnere ich mich kaum. Aber ich weiß, dass es keine schönen Momente für mich gab, dieser Mann lehnte mich ab. Auch von meiner Mutter wurde ich von da an als notwendiges Übel gesehen. Sie beachtete mich eigentlich gar nicht mehr – und wenn, dann war sie genervt und zeigte mir das ziemlich deutlich. Als der neue Mann irgendwann weg war, fiel meine Mutter in eine schlimme Depression. Ich kann mich noch erinnern, dass sie immer sehr traurig und geistig abwesend war. Sie erhielt dann auch noch die Kündigung vom Arbeitgeber und war ab da gar nicht mehr zu Hause. Jeden Tag schaute ich hoffnungsvoll aus dem Wohnzimmerfenster und wünschte mir, dass meine Mutter endlich wieder da wäre. Aber nichts passierte. Monatelang bin ich von der Schule direkt zu meiner Oma. Habe gegessen, Hausaufgaben gemacht, bin vorm Fernseher gelandet – wobei ich immer still sein und gucken musste, was Opa oder Oma sehen wollten – und habe manchmal alleine zu Hause oder bei Oma geschlafen. Ich hatte dort ein eigenes Bett, weil ich doch meistens bei ihnen war. Wenn ich meine Mutter sehen wollte, musste ich sie bei ihrem Freund in der Wohnung besuchen. Die beiden waren wieder zusammen. Angerufen oder mal nach mir gefragt oder so hat sie nie. Es war, als wenn sie einfach aus meinem Leben verschwunden war. Ich war ihr völlig egal, es hat sie nicht interessiert, was mit mir war. In dieser Zeit muss das mit dem Alkohol bei meiner Mutter angefangen haben. Der Typ hatte schon in unserer Wohnung abends seine paar Bier getrunken. Ob meine Mutter da schon mitgetrunken hatte, weiß ich nicht. Aber der Typ ist hinterher völlig dem Alkohol verfallen und hat sein Leben nie wieder in die Reihe bekommen, er hatte Entzüge und war in Suchtkliniken. Die beiden haben sich gegenseitig runtergezogen und sind abgerutscht.

Irgendwann habe ich eine schlimme Bronchitis bekommen, da war ich etwa elf Jahre alt und habe wie so oft in jenen Jahren weinend bei meinem Ziehvater angerufen, dass er was machen müsse, weil ich die Schmerzen nicht mehr aushalten könne. Ich habe oft geweint am Telefon und mich immer gefreut, wenn ich ihn besuchen und eine Nacht bei ihm verbringen konnte. Er hat nach dem Gespräch meine Mutter aufgesucht und sie so richtig in die Schranken gewiesen und auch das Jugendamt eingeschaltet. Die absolut richtige Entscheidung. Meine Mutter kam auch wirklich zurück nach Hause, aber nur körperlich. Geistig war sie woanders, schaute immer aus dem Fenster, war richtig wütend und abweisend mir gegenüber. Eigentlich war ich also immer noch alleine, nur diesmal wurde mir schmerzlich klargemacht, dass ich abgelehnt werde. Und ich musste mir jetzt auch noch die Vorwürfe meiner Mutter anhören, was mein Ziehvater doch für ein Verräter sei, sie beim Jugendamt anzuschwärzen, und dass ich keinen Kontakt mehr haben dürfe. Natürlich habe ich das ignoriert, wie so vieles, was sie in all den Jahren von mir verlangt hatte. Aber das hat eine schreckliche Angst in mir ausgelöst, auch noch die letzte Person zu verlieren, die mir etwas Halt gibt.

Das Jugendamt hat natürlich gar nichts gemacht. Ein angekündigter Besuch, die Wohnung war blitzeblank geputzt, meine Mutter in bester Verfassung und natürlich beeindruckend in der Rolle als liebevolle und fürsorgliche Mutter, die zu Unrecht vom Ex verraten worden war. Aus heutiger Sicht würde ich sagen: Komplettversagen, das Jugendamt wurde eingelullt, hat nicht hingeguckt, wollte vielleicht auch nichts sehen, und ich hatte natürlich viel zu viel Angst, um etwas zu sagen. Als wenn alles Okay wäre und mein Ziehvater ein Lügner. Ich war fassungslos und habe mich unendlich hilflos und ausgeliefert gefühlt. Alle Hoffnung schwand, von einer Minute auf die nächste. Nach dem Besuch des Amtes wurde meine Mutter wütend, sie war außer sich. Da bin ich dann mit der Sprache raus, dass ich meinen Ziehvater darum gebeten hatte, das Amt einzuschalten. Von da an war nicht nur mein Ziehvater ihr Feind, sondern auch ich.

Wie es dann weiterging, weiß ich gar nicht mehr genau. Auf jeden Fall hielt die Beziehung zu dem Typen nicht mehr lange, vielleicht noch ein paar Wochen oder Monate. Meine Mutter isolierte sich immer mehr, starrte nur noch aus dem Fenster, und es kam immer häufiger zum Streit zwischen uns. Auch mit meinen Großeltern stritt sie andauernd, und überhaupt sah sie überall Feinde, Lug und Betrug. Und dann war meine Mutter verschwunden. Erst stundenweise, dann tageweise und irgendwann sogar über Wochen. Wenn sie wiederkam, dann betrunken und noch streitwütiger als eh schon. Dann war ich ihr Prellbock. Für alles, was ihr je widerfahren war. Da war ich elf. Das ging ungefähr drei Jahre lang so. Irgendwann habe ich angefangen, so richtig dagegen zu halten. Ich habe mir Beschimpfungen bis aufs Blut anhören müssen, Vorwürfe hat sie mir am laufenden Band gemacht: ich sei eine schreckliche Tochter, ich solle ihr dankbar sein, dass ich nicht geschlagen werde, ich sei arrogant und schuld an ihren gescheiterten Beziehungen. Und überhaupt hätten meine Oma und mein Ziehvater mich ja nur gegen sie aufgehetzt, sie wäre ja keine Rabenmutter. Wenn ich ihr dann vor Augen hielt, was für eine schlechte

Mutter sie wirklich sei und dass sie sich überhaupt nicht um mich kümmere, sagte sie immer, ich werde ja nicht geschlagen, und ich solle doch zu meinen Großeltern gehen, die könnten sich ja um mich kümmern. Dieser Irrsinn war für mich nicht auszuhalten, und ich habe sie in diesen Momenten, ob mit Alkohol oder ohne, gehasst.

Im Grunde hat meine Mutter mich nur angeschrien. Sie hat mir noch nicht mal zugehört, was ich zu sagen hatte. Sie ist mir einfach ins Wort gefallen oder hat weitergeschrien. Da war nur noch blinde Wut, tiefer Hass und Herabwürdigung. Sie war ein Monster geworden. Der Alkohol hatte sie zu einem Monster gemacht und kehrte alles Schlechte aus ihr heraus. Und ich litt unbeschreibliche Schmerzen – erstens, weil meine Mutter nicht da war, und zweitens, weil sie mir dafür die Schuld gab und mich für ihren Schmerz bestrafte. Dann schleppte sie einen neuen Typen an, der sein Methadon morgens mit einer Dose Bier kippte und sich ansonsten den Kopf mit Haschisch volldröhnte. Meine Mutter natürlich immer schön mit von der Partie. Irgendwann traf ich meine Mutter gar nicht mehr nüchtern an. Wenigstens ließen ihre Aggressionen nach. Ich habe ihr gegenüber nur noch Verachtung empfunden. Ich fand das alles schrecklich und wahnsinnig und hätte den Typen am liebsten zur Hölle gejagt. Aber wenn ich gewusst hätte, was mich dann erwartete, hätte ich mir den Typen niemals weggewünscht. Der nächste nämlich, den meine Mutter anschleppte, da war ich so vierzehn, war ein Ex-Knacki. Ein Schläger aus der Rotlichtszene, der elf Jahre wegen Totschlags und diversen anderen Delikten gesessen hatte und auf Bewährung draußen war. Von da an ist meine Mutter leider vollends aus der Bahn geraten und hat mit ihm zusammen nur noch gesoffen. Er war sehr aggressiv und hat mich sehr oft bedroht und gedemütigt, während meine Mutter zugeguckt hat. Sie hat sogar einmal gelächelt und gemeint, dass er jemand sei, dem ich mal nicht so auf der Nase herumtanzen könnte wie ihr. Meine Mutter hat es meiner Meinung nach genossen, dass er mich beschimpft und auf den Boden meines Zimmers spuckt. Die beiden waren ständig unterwegs. Saufen. Ich war froh, wenn die weg waren. Nur manchmal hatte ich das Pech, dass sie mitten in der Nacht mit ihren besoffenen Freunden nach Hause kamen und dann weiter tranken und pöbelten. Obwohl ich am nächsten Tag Schule hatte. Da hieß es, ich solle mich nicht so anstellen. Eigentlich hatte ich ab da permanent Angst, nach Hause zu gehen und zu Hause zu sein. Ich habe immer mit einem offenen Auge geschlafen und war zu jeder Zeit breit, die Flucht zu ergreifen. Es gab natürlich immer Stress und Streit zwischen meiner Mutter, ihrem Typen und mir. Oder zwischen den beiden. Ab da habe ich versucht, so wenig wie möglich zu Hause zu sein, und habe zum Teil wochenlang bei Freundinnen geschlafen. So ging das dann, bis ich 18 wurde und zu einer Freundin zog.

Während ich das aufschreibe, kommen auch andere Erinnerungen hoch: Eigentlich waren die Mitglieder meiner Familie früher sehr kontaktfreudig und gern gesehene Gäste. Man war lustig miteinander, konnte ausgelassen feiern und hatte auch immer etwas zu erzählen. Aber das war, als die Alkoholsucht noch gesellschaftsfähig war. Als die Alkoholsucht meines Opas sich verschlimmerte, entfremdete sich auch meine Familie mehr und mehr von der Gesellschaft. Es kamen keine Einladungen mehr zu Festen, Nachbarn mieden den Kontakt, es gab keine Besuche mehr. Ab da lebte meine Familie isoliert von der Außenwelt. Auch innerhalb der Familie war ab da eigentlich jeder isoliert. Es folgte die Flucht in die jeweilige Ersatzdroge: Fernsehen, Alkohol, Selbstmitleid und Lethargie. Der einsame Zerfall hatte begonnen. Genau das gleiche konnte ich bei meiner Mutter beobachten. Auch sie hatte ein normales Leben gehabt, mit Freunden, Bekannten, Hobbies – und hat dann den Halt verloren. Es folgten Depressionen, Isolation, Arbeitslosigkeit, Einsamkeit, Flucht in den Alkohol und der totale Zerfall des normalen Lebens. Es ging nur noch ums Saufen. An einen normalen Tagesablauf war gar nicht zu denken. Der Alkoholpegel und die Öffnungszeiten der Trinkhalle und der Kneipen diktierten den Ablauf des Tages. Dort hat meine Mutter eine Menge neue, vor allem fragwürdige Kontakte gefunden und sich ein neues Sozialleben geschaffen. Ein ungebremster Sog nach unten, mit schweren Folgen für mich als Kind.

Ich sehe mich als Dreijährige zwischen Ziehvater und Oma sitzend, lachend und weinend zugleich. Ich hatte zwar Bezugspersonen, aber meine Mutter, der wichtigste Mensch in meinem Leben, lehnte mich ab. Liebe und Geborgenheit fand ich nur bei meinem Ziehvater. Als Achtjährige war ich einsam, ungeliebt, traurig, verzweifelt, in Todesangst, weil ich mich so verlassen fühlte. Es war niemand für mich da. Mein Ziehvater war ausgezogen, meine Mutter war bei ihrem neuen Freund, meine Oma war beschäftigt mit sich und der Sucht meines Großvaters. Da war einfach kein Platz für mich. Keiner hat auf mich geachtet. Keiner hat meine Bedürfnisse nach Liebe, Geborgenheit und emotionaler Zuwendung gestillt. Ich habe darum gekämpft und bin doch nur bestraft worden, wenn ich meine Bedürfnisse geltend machen wollte. Also war ich unsichtbar und still bei meinen Großeltern und meiner Mutter. Ich habe keine Bedürfnisse mehr geäußert, einfach nichts mehr erwartet und mir bestenfalls Ersatz verschafft bei anderen. Ich habe mich bis aufs Blut verteidigt, wenn ich als Prellbock herhalten musste für die Probleme meiner Mutter. Ich habe mich von ihr einfach losgemacht und sie als Feind betrachtet, gegen den ich kämpfen muss. Ein Überlebensinstinkt! Liebe und Anerkennung habe ich mir bei den Eltern von Freunden geholt und mit guten Noten in der Schule.

Als Vierzehnjährige sehe ich mich rauchend, trinkend, schwer depressiv, gefühllos, kämpferisch, verbissen, enttäuscht. Mit der Pubertät und der Hölle zu Hause begann meine Flucht. Ich habe mich abgelenkt mit allem, was möglich war: Fernsehen, Alkohol, Phantasiereisen, Schlafen, Woanderssein, Partys. Ich habe meine Gefühle weggedrückt, ich habe funktioniert und verbittert gekämpft, gute Noten zu haben und zu überleben. Es war ein Aushalten, ein Hoffen, ein Kämpfen für ein besseres Leben… irgendwann… Oft habe ich daran gedacht aufzugeben, habe mich aber für das Kämpfen und das Leben entschieden. Ich war einfach immer traurig und habe immer geweint. Weinen, Flüchten, Kämpfen, Schlafen, Schule. Das war mein Leben, damals, bis ich ausziehen konnte.

Ich erinnere mich an die Wohnungen, in denen ich leben musste. In den Küchen war es immer kalt, egal welche Jahreszeit, egal ob bei meiner Oma oder zu Hause. Überhaupt waren die Wohnungen sehr kalt. Später kam zur Kälte oft der Schmutz – bei meiner Oma, weil sie keine Lust hatte zu putzen, weil sie lieber vor dem Fernseher Ablenkung von ihrem Höllenleben suchte – bei meiner Mutter, weil niemand es für nötig hielt zu putzen. Es war einfach egal. War ja auch meist kein Erwachsener da. Oft war der Boden klebrig von Bier, Dreck und den Tabakkrümeln der selbstgedrehten Zigaretten, manchmal auch übersät von Essensresten, dreckigem Geschirr, Scherben, Blut und Speichel, wenn der Knasttyp meiner Mutter Schnaps getrunken hatte und vollkommen ausgerastet war und auch meine Mutter besoffen war. Das war immer das schlimmste für mich, wenn ich aus der Schule kam, die Haustür offenstand, keiner da, und die Küche vollkommen auf den Kopf gestellt war. Nicht nur einmal war die Tür eingetreten, der Kühlschrank stand offen, alles war voller Blut. Ich wusste nie, was passiert war. Ich wusste nie, wo alle waren und ob ich in Gefahr war. Und ich habe mir auch Sorgen um meine Mutter gemacht. Solche Situationen gab es an fünf bis zehn Tagen im Monat, immer um den ersten herum, wenn das Hartz IV-Geld auf dem Konto war. Das waren die schlimmsten Tage für mich, in denen ich schon in der Schule mit Magenschmerzen, Herzrasen und schwitzigen Händen auf den Schulschluss wartete und immer mit dem Schlimmsten rechnete.

Bei meiner Oma konnte ich auch keine Ruhe finden, da war ja auch immer nur Stress oder Ignoranz. Da musste ich unsichtbar sein. Also ging ich oft in den Wald und wartete, bis der Hunger mich nach Hause oder zu meiner Oma trieb.

Ich war die Vergessene. Das unsichtbare Kind. Ich hatte mit meinen Bedürfnissen irgendwie nie Platz in dem ganzen Gefüge von Sucht, Abhängigkeiten und unverarbeiteten Schmerzen. Es war, als wenn ich immer so nebenherlief.

Ich glaube, dass ich schon recht früh verstanden habe, dass ich meine Bedürfnisse nicht zeigen darf, weil ich dann Ärger bekomme. Ich weiß, dass ich oft angeschrien worden bin. Ich habe als Kind irgendwann verstanden, dass ich besser still bin und unsichtbar werde. Bloß nicht anecken, bloß keine Aufmerksamkeit auf sich ziehen. Still, ruhig, unsichtbar, ohne Bedürfnisse, ohne Willen sein. Ich weiß noch, dass ich mal meiner Mutter in der Stadt weggelaufen bin und meine Oma mich zur Strafe schlimm verprügelt hat. Heute finde ich: das ist eine grausame Tat. Meine Mutter hätte auf mich aufpassen müssen, aber sie war wie so oft mit sich selbst beschäftigt. Aber ich bin dafür bestraft worden! Und zwar bis weit über das Hyperventilieren eines Kindes durch hysterisches Weinen hinaus, das weiß ich noch. Dies war einer der zahllosen Momente, wie ich heute weiß, die mir beigebracht haben, dass ich nicht in Ordnung bin und dass ich nichts eigenständig machen darf. Ich habe eine unglaubliche Angst entwickelt, Fehler zu machen, eigene Entscheidungen zu treffen, mich etwas zu trauen.

Alkohol gehörte von Anfang an zu meinem Leben, auch weil mein Großvater Alkoholiker war. Schon lange vor der Geburt meiner Mutter war er ein Süchtiger gewesen, entsprechend fortgeschritten war auch der körperliche Zerfall bei ihm.

Eines Tages musste mein Opa wegen eines Deliriums ins Krankenhaus. Meine Oma erzählte mir, dass er sterben müsse, wenn er nicht aufhören würde zu trinken. Ich habe ihn dann mit meiner Oma bei der Entgiftung im Krankenhaus besucht, und meine Oma hat mich zu meinem Opa geschickt, um ihm zu sagen, dass er aufhören muss zu trinken. Er musste mir versprechen, dass er nie wieder trinkt. Danach war er drei Jahre trocken. Das waren tolle drei Jahre, in denen ich mit meinem Opa sehr viel unternommen habe und er sich auch um mich gekümmert hat. Meine Oma hat immer erzählt, dass er meinetwegen aufgehört hat. Das hat mich unheimlich glücklich gemacht. Ich wusste deshalb, mein Opa hat mich lieb und hat aufgehört zu trinken, damit er bei mir bleiben kann.

Irgendwann war ich bei meiner Oma zu Besuch, und ich weiß nicht mehr, wie ich es herausgefunden habe, dass er wieder trinkt. Aber ich weiß noch, dass ich schockiert war und meine Oma gefragt habe: „Trinkt Opa wieder?", und sie mit unglaublicher Verachtung, ohne mir in die Augen zu blicken, sagte: „Einmal Säufer, immer Säufer."

Für mich ist in diesem Moment eine Welt zusammengebrochen. Ich war fassungslos. Ich habe unglaubliche Schmerzen durchgemacht. Ich war so schrecklich enttäuscht, verletzt und wütend. Auf meinen Opa. Auf den Alkohol. Auf mein Versagen. Ich hatte versagt. Ich war nicht wertvoll genug, dass die Liebe zu meinem Großvater ausreiche, um ihn vom Trinken abzuhalten. Ich war nicht gut genug. Ich war weniger wert als dieses gelbe Zeug in den braunen Flaschen.

Ich weiß noch, ich habe ihn verzweifelt gefragt: „Warum?", habe geweint, habe ihn angeschrien, und auch er wurde wütend und hat mich nur abfällig abgespeist. In dem Moment hatte ich nur noch Missachtung für ihn, dass er so schwach war. Da hatte ich das erste Mal das Gefühl totaler Ohnmacht und Angst um einen Menschen wegen des Alkohols. Für mich war das wesentlich, denn er würde ja sterben, wenn er trinkt – es hat mich völlig fertig gemacht.

Aber für mich war keiner da. Keiner hat mit mir darüber gesprochen. Ich war allein mit meinem Schmerz und meiner Enttäuschung. Ich weiß nicht, wie ich damit umgegangen bin. Irgendwie habe ich mich damit abgefunden und mich daran gewöhnt, dass mein Opa mich nicht liebt. Ab da war unser Verhältnis zerstört und der Kontakt auf Hallo und Tschüss beschränkt. Wobei ich auch das am liebsten nicht mehr gemacht hätte. Zehn Jahre lang musste ich den körperlichen und geistigen Zerfall durch den steigenden Alkoholkonsum beobachten, bis er dann starb. Für meine Oma war das sehr schwer. Er starb einen würdelosen Tod. Eingenässt, stark alkoholisiert, auf dem kalten Boden des Schlafzimmers, wo meine Großmutter ihn hat liegen lassen, weil er umgekippt war und sie schon lange aufgehört hatte, ihn noch hochzuhieven. Erst Stunden später wurde ihr klar, dass er tot war. Sie rief den Notarzt und meine Mutter an. Er war schon lange kalt, die Totenstarre hatte schon eingesetzt.

Als ich meine Mutter das erste Mal so richtig besoffen gesehen habe, verabscheute ich sie. Für mich war das ein klares Zeichen von Schwäche. Schon vorher wusste ich, dass sie als Mutter völlig versagt hatte. Aber ab da habe ich angefangen, sie zu hassen. Ich habe erst angefangen mich für alles zu schämen, als ich die Urteile der anderen erfahren habe. Da habe ich verstanden, dass in meiner Familie etwas nicht in Ordnung ist.

Ich weiß noch, als mein Opa mich mal im Krankenhaus besucht hat. Ich war wegen einer Blinddarmentzündung dort. Er war betrunken und hatte sich komplett in die Hose gemacht, es war alles voll Kot und stank bestialisch. Mein Opa hat dann noch alles auf dem Besuchersessel vollgeschmiert, und ich durfte nicht aufstehen. Die Schwester, die ich gerufen hatte, war außer sich vor Wut, und hat mir noch Vorwürfe gemacht. Das war das erste Mal, dass ich mich so richtig geschämt habe.

Scham gehörte ansonsten zu meiner Welt, als ich das erste Mal merkte, dass ich anders war und mein Zuhause und meine Familienverhältnisse nicht „normal". Das war so im Alter von acht bis zehn Jahren. Das Alter, als ich meine Freundinnen besucht habe, viel Zeit im ortsansässigen Reitstall verbrachte und eine Freundin vom Reitstall zu Hause besuchte. Ich hatte keine ordentlichen Reitstiefel, keine Reithose, eigentlich nicht einmal ausreichend warme Kleidung für kalte Tage im Stall. Keine Mutter, die mir Geld mitgab für ein paar Snacks und zu trinken oder sonst was. Es ging also nicht nur um den typischen Vergleich bei der Kleidung von Mädchen, sondern um essentielle Dinge. Es war so schlimm, dass mir einige Mütter Geld für eine Tüte Süßigkeiten gaben, damit ich mir auch mal was kaufen konnte. Das ist alles ganz schön auf mein Selbstwertgefühl gegangen. Ich hatte Glück, dass ich trotzdem einige Freundinnen fand. Aber im Lauf der Zeit wurde alles immer schlimmer, die Abwertungen stärker, und ich wurde mehr und mehr zur Außenseiterin. Als ich dann zu einem Turnier angemeldet worden war, weil ich so gut reiten konnte, bin ich in Panik verfallen. Mein erster Gedanke war, wie soll ich die Startgebühr aufbringen, woher bekomme ich Turnierkleidung, und wie soll ich dort hinkommen? Es war ein Schock für mich, die nackte Angst des Versagens hatte mich ergriffen, und alle waren irgendwie irritiert von meiner Reaktion. Also habe ich den Erwartungen entsprochen und gute Miene zum bösen Spiel gemacht. Natürlich habe ich mich bitterlich geschämt, dass ich kein Geld hatte für Hemd, Hose, Sakko und Startgebühr. Meine Oma hat mir dann das Geld für die Startgebühr gegeben, das Sakko habe ich bei einer Mutter vom Reitstall geliehen, das Hemd habe ich durch einen Rollkragenpullover ersetzt, und die Hose hat mich mein ganzes Taschengeld für den Monat gekostet. Und dann hat mich eine andere Mutter zum Turnier mitgenommen, und ich schämte mich einfach die gesamte Zeit, jede einzelne Sekunde, das Turnier war für mich der reine Horror, und ich habe natürlich auch völlig versagt, bin nicht informiert worden, wie so ein Turnier abläuft, habe alles falsch gemacht, alle Augen waren auf mich gerichtet, die Richter haben mich ausgelacht, und ich bin fast in Tränen ausgebrochen. Ich hätte mich am liebsten in Luft aufgelöst. Das war für mich die schlimmste Erfahrung jemals. Und da war keine Mutter, die mich getröstet hätte. Niemand, der für mich da war. Ich war allein.

Irgendwann habe ich auch ganz bewusst angefangen, mich für meine Mutter zu schämen. Da muss ich etwa neun Jahre alt gewesen sein. Da hatte ich eine Freundin aus gutem Hause vom Reitstall zu Besuch, und deren Mutter wollte sie überraschend in unserer Wohnung abholen. Da war sie entsetzt. „Oh Gott, wie sieht es denn hier aus? Wo ist deine Mutter?" Sie sagte, das sei keine Umgebung für ihre Tochter, hierher würde sie ihre Tochter nie wieder lassen, und nahm sie mit und weg. Ich schämte mich in Grund und Boden, obwohl ich doch wieder nichts falsch gemacht hatte. Wieder wurde ich für etwas bestraft, was nicht ich verbockt habe. Ich war geschockt und habe mich ins Bett geworfen und geweint. Allein mit meinem Schmerz. Später, ungefähr ab meinem zwölften Lebensjahr, ist der Alkoholismus meiner Mutter grenzenlos geworden, und sie hat am Morgen schon getrunken. Manchmal habe ich sie an der Bushaltestelle sitzen sehen, wo sie mit anderen saß und trank, wenn ich aus der Schule kam. Ich bin immer ganz schnell weggerannt oder habe einen extragroßen Umweg gemacht. Ich habe immer vermieden, mit meiner Mutter in Verbindung gebracht zu werden, wobei natürlich einige wussten, dass ich ihre Tochter bin. Ich habe mir zur Lebensaufgabe gemacht, allen zu beweisen, dass ich anders bin. Und habe meine Mutter verleugnet, wo es ging, und bin ihr weitestgehend aus dem Weg gegangen.

Bis ich vierzehn war. Da fing der Horror dann richtig an. Nur meine Oma hat nicht getrunken. Die hat mich versorgt und mir, soweit es ging, ein Minimum an emotionaler Sicherheit gegeben. Aber sie war auch ihrer Tochter gegenüber loyal und hat sich häufig auf ihre Seite geschlagen. Das führte dazu, dass ich irgendwann keine Vertrauensperson mehr in ihr sah. Das war eine schlimme Erkenntnis für mich.

Ich hatte einige lockere Verhältnisse und zwei längere feste Partnerschaften. Beide hatten im Nachhinein eine Menge mit meiner Kindheit zu tun. Meine erste längere Beziehung war geprägt von totaler Abhängigkeit und emotionaler Kälte meines Partners. Ich konnte aber auch gar nicht glauben, dass mich überhaupt jemand liebenswert finden könnte. Ich habe für den Typ alles gemacht: Geputzt, gekocht, Hemden gebügelt und versucht, die perfekte Freundin zu sein. Nebenbei habe ich meine Ausbildung, Studium und meine Familie gemanagt. Ich war immer für ihn da, ich hatte keine eigenen Bedürfnisse – ich kannte es ja auch gar nicht anders. Ich war eine Co-Abhängige. Ich hatte ununterbrochen Angst, dass er mich verlässt, und war ihm so dankbar, dass er mir ein bisschen Liebe gab. Dafür habe ich alles getan. Jetzt weiß ich, dass die Beziehung wenig mit Liebe zu tun hatte.

Irgendwann konnte ich nicht mehr. Ich bekam Depressionen und habe mir unglaubliche Vorwürfe gemacht, dass ich nicht mehr funktionierte, wie ich sollte. Da wollte ich einfach nur noch sterben. Ich war eine Versagerin, ein Nichts, nicht wert, die Luft zu atmen, die ich atmete. Also habe ich mich entschuldigt und ihm versprochen, alles dafür zu tun, bald wieder zu funktionieren. Ich habe mir so Vorwürfe gemacht und mich so geschämt für mein Versagen. Ich wollte mich auflösen.

Erst ein Therapeut, den ich aufsuchte, um wieder normal zu werden, hat mir damals die Augen geöffnet. Da habe ich verstanden, dass ich nicht der Fehler bin, sondern krank, und mein Partner mich eigentlich auch hätte unterstützen können. Ich brauchte eineinhalb Jahre, um mich von ihm zu trennen. Es war die beste Entscheidung meines Lebens. Ich glaube, da begann ich langsam zu begreifen, dass in meinem Leben wirklich etwas ganz entscheidend schiefgelaufen war. Aber es war noch ein langer Weg. Dies alles hat mein Vertrauen in Männer und Liebe zutiefst erschüttert. Danach hatte ich einige unverbindliche Affären. Ich konnte einfach nichts anderes zulassen. Da war immer diese Wand. Dieses Misstrauen. Ich wollte mich einfach auf niemanden wirklich einlassen und ließ auch niemanden an mich heran. Mein Herz war verschlossen.

Der nächste Partner, auf den ich mich knapp zweieinhalb Jahre später einließ, war anders. Er war harmlos. Ein netter, emotional zugänglicher, aufgeweckter, abenteuerlustiger Mensch; ich fühlte mich ihm schnell nah und konnte ihm vertrauen. Dachte ich. Leider zeigte sich, dass ich es mit einem Süchtigen zu tun hatte. Er hatte mir erzählt, dass er viele Jahre gekifft und auch andere, deutlich stärkere Drogen und viel Alkohol konsumiert hatte. Da schellten alle Alarmglocken in mir. Aber ich bin einfach darüber hinweggegangen. Außerdem war er süchtig nach Gaming, was er völlig heruntergespielt. Ich bin dann doch seinetwegen in ein anderes Bundesland gezogen, habe meinen Job aufgegeben, meinen Freundeskreis, alles mir bekannte, und habe ganz neu angefangen. Neuer Job mit neuen Aufgaben, neue Umgebung, plötzlich zusammen mit dem Partner wohnen, keine Freunde vor Ort und ein Kerl, der einfach sein Leben so weiterlebt, als wenn sich nichts geändert hätte. Ich war völlig überfordert und habe mich so richtig als Störfaktor gefühlt. Bereit für ein gemeinsames Leben war er jedenfalls nicht. Also habe ich getan, was ich am besten kann, ich habe funktioniert und mich für ihn aufgegeben. Damit ich die Liebe bekomme, damit ich endlich dieses schrecklich große Loch in meinem Herzen füllen kann. Natürlich war unsere Beziehung eine Vollkatastrophe, und ich bin irgendwann an meine Grenzen gestoßen. Seine Süchte haben alles vergiftet. Ich war wieder in meiner Kindheit angekommen. Ich wollte mich oft trennen, aber die Angst vor dem Nichts hat mich zurückgehalten.

Langsam verstand ich, dass nicht die Männer, sondern ich selber das Problem war. Ich bin einfach eine geschundene Seele, die immer noch nach Liebe und Geborgenheit aus der Kindheit sucht und hofft, dass irgendwer mich rettet. Endlich ein sicheres Zuhause finden, einen Menschen, der mich liebt, der mir zuhört, dem ich wichtig bin. Jemand, der mir das Gefühl gibt, endlich eine Existenzberechtigung zu haben und das Leid zu beenden.

Ich hatte immer das Gefühl, anders zu sein, anders zu fühlen und zu denken und die Welt anders zu sehen. Dinge nicht zu kennen, nicht zu können, die für andere selbstverständlich sind, und immer, wirklich immer, Angst zu haben, das Gefühl von Scham, Wertlosigkeit, und nicht zu wissen, was Sicherheit ist, kein Zuhause zu haben, niemandem vertrauen zu können, allein zu sein. Ich sehe noch heute überall Gefahren, Feinde, Menschen, die mir Böses wollen. Es ist, als wenn ich immer noch im Kampfmodus bin und um mein Überleben ringe. Das macht mir das Leben sehr schwer. Und es macht auch den anderen das Leben mit mir sehr schwer.

Ich sehne mich sehr nach Menschen und Verbundenheit, kann diese aber auch nicht wirklich zulassen und stoße alle von mir weg. Ich habe mein Herz verschlossen, weil es zu schlimm war. Weil ich funktionieren musste, um nicht zu sterben. Gefühle stellen für mich immer noch eine Bedrohung dar. Das macht natürlich soziale Beziehungen sehr kompliziert. Jemanden wirklich an mich heranzulassen und damit echte Liebe zu empfangen, ist für mich noch undenkbar. An diesen Dingen arbeite ich in der Therapie, aber das dauert alles noch.

Ich habe selbst, um zu vergessen, viel getrunken und gefeiert, weit über den Durst hinaus. Oft auch, um einfach mal Gefühle zu spüren und zulassen zu können. Irgendwann ist mir klar geworden, dass das nicht gut ist, und ich habe damit aufgehört.

Und dann habe ich mich auch noch in die Arbeit geflüchtet und bin mehrfach an Depressionen erkrankt, weil ich immer irgendwann den Punkt erreiche, dass ich einfach nicht mehr kann. Dann mache ich mir selbst Vorwürfe, dass ich eine Versagerin bin. Ich habe einfach nicht hingucken wollen, welche Dunkelheit in meiner Seele auf mich wartet. Ich habe mich immer abgelenkt und mich um die Probleme anderer gekümmert.

Ich habe mich selbst gezwungen zu funktionieren, egal in welchem Zustand ich emotional oder körperlich war. Es war wie ein Zwang, ich konnte einfach nicht aufhören. In meinem Kopf war ich nur wertvoll, wenn ich etwas leistete. Je mehr ich leistete, desto wertvoller fühlte ich mich. Also habe ich alles gegeben, was ich hatte. Bis es nicht mehr ging und ich zusammengebrochen bin, weil meine Seele und mein Körper nicht mehr konnten.

Ich hatte wiederholt keinen Kontakt mehr zu meiner Mutter. Zweimal jeweils über zweieinhalb Jahre. Mittlerweile habe ich seit ein paar Wochen Kontakt zu meiner Mutter, weil ich in langwieriger Therapie gelernt habe, ihr keine Vorwürfe mehr zu machen, keine Erwartungen zu haben und Grenzen zu ziehen. Ich habe verstanden, dass Alkoholismus eine Krankheit ist und meine Mutter nicht nur Täterin, sondern auch Opfer ist. Und weil sie sich zumindest bemüht, weniger zu trinken und gar nicht trinkt, wenn wir telefonisch verabredet sind. Sie ist meine Mutter und die einzige Familie, die ich habe. Wir strengen uns beide an, respektvoll miteinander umzugehen, und haben sehr an uns gearbeitet, damit dies möglich ist.

Mein biologischer Vater ist vor einigen Wochen an den Folgen des Alkoholismus gestorben. Das hat mir einmal mehr vor Augen geführt, dass das Leben endlich ist und auch die Zeit mit meiner Mutter begrenzt ist.

Mit meinem Ziehvater habe ich nach wie vor Kontakt und eine enge Bindung.

Ich bin sehr traurig um die Jahre, die mir fehlen, und habe Mitgefühl mit dem Kind in mir, weil es so viel Schlimmes durchmachen musste. Ich habe oft Herzschmerzen, als ob jemand mir das Herz zusammendrückt, und ich bekomme schlecht Luft. Ich weine häufig, zusammengekrümmt wie ein kleines Kind, wegen all des Leids, das ich erfahren musste und dem ganzen Schmerz, den ich als Kind nicht fühlen konnte, weil er mich umgebracht hätte. Die Vergangenheit ist leider unveränderlich schlimm für mich. Aber der Schmerz verändert sich. Ich kann ihn immer besser annehmen und aushalten. Er macht mir keine Angst mehr. Es ist okay, verletzt zu sein und Schmerzen zu spüren. Ich habe Schreckliches durchgemacht. Meine Seele ist schwer verwundet, sie braucht Zeit, um zu heilen. Ganz langsam wird meine verletzte Seele zu einem Teil von mir und ist nichts mehr, was ich verdrängen will.

Ich bin derzeit in meiner zweiten ambulanten Therapie und habe einen Aufenthalt in einer psychosomatischen und psychotherapeutischen Klinik hinter mir. Zudem besuche ich bald eine Tagesklinik, um noch tiefer in die Therapie einzusteigen. Im Moment geht es darum, meine Arbeitsfähigkeit wiederherzustellen. Der ganze Heilungsprozess wird noch sehr lange dauern, und ich werde meine Therapeutin sicher noch einige Jahre aufsuchen. Manche Wunden bluten noch, manche heilen schon, manche werden mir ein Leben lang Schmerzen bereiten. Hilfreich sind Selbsthilfegruppen, Austausch mit Mitpatienten aus der Klinik und Literatur über Alkoholismus und seine Folgen für die Familie.

Meine Seele hat sehr gelitten. Manchmal weiß ich nicht, woher die Kraft für den Weg der Heilung kommen soll. Heute verstehe ich meine Mutter vielleicht etwas besser, sie hat selber in ihrer Kindheit keine Liebe erfahren. Aber verzeihen kann ich ihr noch nicht. Vielleicht irgendwann. Aber jetzt kümmere ich mich erst einmal um mich.

Rabea

Ich bin die Jüngste von insgesamt vier Geschwistern. Ich bin zweiunddreißig Jahre alt. Unsere Mutter ist gebürtige Polin, daher war ihr Deutsch früher nicht so gut. Mit meiner großen Schwester hat sie meist polnisch gesprochen, mit uns anderen deutsch. Wir lebten in einem sozialen Brennpunkt in Hamburg. Ich erinnere mich an unsere Dreizimmerwohnung. Ich war noch ganz klein und saß in einem Holzbettchen und versuchte immer, durch die Gitterstäbe rauszukommen. Zu Anfang hatten wir keine Betten. Auf dem Boden lagen zwei weiße Matratzen. Da schliefen mein Bruder und meine Schwester. Wenn wir etwas gegessen hatten, musste meine Mutter immer alles schnell abwaschen. Viel Geschirr war nicht da. Sie war immer sehr unter Druck, denn das Essen musste immer pünktlich auf dem Tisch sein. Wir spielten meist in einem Innenhof, aber der war gruselig. Ich war nicht gern dort und kannte auch niemanden. Unsere Mutter gab uns immer Brote mit Schmalz mit raus. Häufig musste unsere große Schwester aufpassen. Meine Mutter hat nicht gearbeitet. Mit Freundinnen habe ich sie eigentlich nie gesehen. Unser Vater war früher LKW-Fahrer und immer lange weg. Wenn er zu Hause war, durchsuchte unsere Mutter mit uns die Schränke und Jackentaschen nach Flachmännern. Er war stark alkoholkrank und aggressiv. Mein Vater trank immer heimlich Korn. Wenn er auf mich zukam, habe ich mir meist in die Hose gemacht. Manchmal hatte ich Glück und blieb verschont. Oft saß er total betrunken am Tisch, er war schnarchend im Sitzen eingeschlafen. Unser Vater kannte viele Leute aus der Kneipe und auch von der Tankstelle. Dort fuhr er auch öfter mit mir und meinem Bruder hin. Wir waren beim Autofahren nie angeschnallt. In der Tankstelle kaufte er meist Alkohol und brachte uns, damit wir Mama nichts erzählten, Duplos mit, in denen bunte Aufkleber waren. Er ging auch öfter mal mit uns auf den Spielplatz. Häufig ließ er uns da allein und ging sich wieder was zu trinken holen. Er war ein sehr aggressiver Autofahrer und schrie viel rum. Er rauchte bei offenem Fenster, auf der Rückbank stank es dann immer nach Zigaretten. Mein Bruder musste sich dadurch öfter übergeben. Auf einer Reise nach Polen hat er uns alle fast gegen einen Baum gefahren, weil er während der Fahrt getrunken hatte und eingeschlafen war. Unsere Eltern stritten sich täglich wegen der Schulden, die mein Vater überall machte.

Ich wurde älter und ging gerne mit meiner Mutter und meinem Bruder in die Kirche. Ich glaubte an Gott und meinen Schutzengel. Ich hatte auch ein Lieblingsbuch über Schutzengel, das ich immer gerne ansah. In der Kirche war es ruhig, und ich fühlte mich danach einfach gut. Auf dem Weg zur Kirche sah ich gerne die Bäume an und stellte mir vor, wie aus ihnen Lichtpartikel kamen und zu mir flogen, um mich aufzuladen. Das machte ich sehr oft. Ich verhielt mich zu Hause und auch in meiner Umgebung meist sehr ruhig und schüchtern. In der Schule hatte ich keine Freunde, meist war ich viel zu sehr in meiner Fantasiewelt. Ich war lange zu Hause mit meinem Bruder und meiner Mutter und erinnere mich nicht an die Kindergartenzeit. In der Grundschule habe ich begonnen, mich durch Masturbation vom Druck zu befreien. Ich habe dazu nur mein Becken angezogen, so dass ich das überall machen konnte, ohne dass es jemand merkte. Ich weiß auch, dass ich das öfter auf der Toilette zu Hause gemacht habe und immer schrecklich Ärger bekam, wenn meine Mutter mich erwischte. Ich brauchte aber auch am Tag einen Weg, um Glücksgefühle zu empfinden. Am Abend im Bett schlug ich den Kopf schnell hin und her oder sang.

Ich weiß noch, wie unsere Eltern eine eigene Reinigungsfirma aufmachten und wir in eine riesige Eigentumswohnung zogen. Da muss ich sieben Jahre alt gewesen sein. Unsere Mutter ist am Anfang ein paar Mal den neuen Schulweg mit uns gegangen. Die Grundschule blieb die gleiche im Brennpunkt. Wo wir nun wohnten, war es aber viel ruhiger, und es gab eine große Gemeinschaftswiese mit einem Spielplatz. Dort fanden mein Bruder und ich auch endlich ein paar Freunde. Naja, eigentlich eher mein Bruder. Ich war immer Anhängsel und nur dabei. In der Schule hatte ich auch niemanden. Ich hatte Probleme mit meinen fettigen Haaren und nahm an Gewicht zu. Deshalb war ich nicht so schön wie die anderen Kinder und wurde viel geärgert. Ich erschuf mir Fantasietiere oder war selbst ein starkes Tier. Meist wählte ich eine Löwin und übte auch das Brüllen. Mein größter Wunsch war ein Hund. Ich sammelte Dalmatinerfiguren und Plüschtiere und spielte täglich damit. Mein Lieblingsfilm war „König der Löwen". Ich weiß noch, wie ich die Kassette immer wieder in den Recorder schob. Ich hoffte, dass es mit der neuen Firma und der großen Wohnung zu Hause besser werden würde. Die Wohnung hatte zwei Etagen. Unten war der zentrale Mittelpunkt in der großen Wohnküche. Ich war nicht gern unten. Es war drückend und stank nach Zigaretten, weil meine Eltern viel rauchten. Nebenan war das Büro und daneben das Lager für Putzsachen.

Meine Eltern hielten sich meist unten auf und stritten viel. Meist ging es um Geld, Schulden, die Firma oder ums Trinken. Oben hatten wir ein Gästezimmer, das nach alten Büchern roch. Dort versuchte ich oft, polnische Bücher lesen zu lernen, weil ich polnisch sprechen wollte. Meine Oma sprach nur polnisch, aber ich mochte sie nicht sehr. Meine Mutter telefonierte unten im Büro fast jeden Tag mit meiner Oma oder meinem Onkel und manchmal auch mit Freundinnen aus Polen. Die freundschaftlichen Kontakte brachen aber mit der Zeit ab.

Meine Mutter hat immer nur über Probleme gesprochen. Ich konnte die polnische Sprache bereits komplett verstehen. Oben gab es ein großes Wohnzimmer mit einer Terrasse. Mein Vater war meist nur im Sommer da oben und hörte laut Musik, während er sich in die Sonne legte. Kaum einmal saß ich alleine mit ihm auf dem Sofa, er kraulte mir den Rücken, während er nach Sportwetten schaute. Wir sprachen kaum. Mein Zimmer teilte ich mir mit meinem Bruder. Wir hatten ein Hochbett, und mein Bruder schlief oben. Mein Bruder und ich hielten zusammen, spielten viel und teilten unser Spielzeug. Nebenan war unsere Schwester, die nun schon in der Pubertät und ziemlich rebellisch war. Wir waren Detektive für unsere Mutter. Sie schickte uns öfter zur Kneipe, um zu überprüfen, ob Papa wirklich arbeiten war. Wenn er uns beim Hinterherschleichen erwischt hatte, schrie er immer: „Scheiß Kinder!", und wir rannten davon. Dann war unser Vater sehr wütend, und unsere Mutter wickelte eine Schnur um die Haustür und band sie an die Treppe, damit er nicht reinkommen konnte.

Ich hatte oft Angst vor meinem Vater, und manchmal rief unsere Mutter auch die Polizei, während mein Bruder und ich uns unter dem Bett verstecken sollten. Wir hörten, wie er gegen sie und meine große Schwester kämpfte. Ich versuchte, meiner Mutter zu helfen, wo ich konnte. Ich trug gerne die Einkaufstasche mit ihr. Jeder von uns hatte einen Henkel in der Hand. Ich erinnere mich gut, wie schwer die Tüten für sie alleine waren und wie angestrengt ihre Hände aussahen. Meine Schwester half viel im Haushalt. Sie putzte bald mehr als unsere Mutter. Später half sie ihr auch bei der Abrechnung im Büro und organisierte unsere Geburtstage. Da machten wir zum Beispiel eine Modenschau und lustige Fotos. Schön war auch, dass meine Mutter in der neuen Wohnung abends manchmal Bücher vorgelesen hat. Ich mochte ihren Akzent, und mein Bruder und ich lachten darüber, wie sie die Wörter aussprach. Das half aber nicht gegen die schlimmen Alpträume meines Bruders. Er erschreckte mich nachts mit seinem fruchtbaren Schreien nach unserer Mutter. Ich war dann immer wie gelähmt und versteckte mich unter der Bettdecke, bis unsere Mutter kam.

Mein Vater kümmerte sich nie um so etwas, obwohl er nun nicht mehr LKW fahren musste und abends zu Hause war. Unsere Eltern waren meist früh wach. Ein Frühstück vor der Schule gab es nicht, nur einen Schrank voller Cornflakes, die wir uns selbst machten und beim Essen Fernsehen schauten. Über Probleme in der Schule redete keiner. Ich habe mir jeden Morgen gesagt: „Nicht wieder Schule!" Dieser Gedanke blieb, bis ich die Schule beendet hatte. Später wurde auch mein Bruder geärgert, da seine Zähne weit vorstanden und er dünn und klein war. Er bekam dann eine Zahnspange für die Nacht. Ich verteidigte ihn manchmal auf dem Schulhof. Ich war vielen Kindern in der Schule wegen meines Gewichts überlegen und schubste sie dann weg. In diesen Momenten war ich einfach wütend, und die Lehrer haben nie was gesagt. Nach der Schule bediente ich mich oft an den Süßigkeiten zu Hause. Ich musste zwar vorher fragen, und das tat ich auch mit Nachdruck. Essen machte mich glücklich. Meine Mutter schrie aus der Küche hoch ins Wohnzimmer: „Nimm dir, aber mach mir keine Vorwürfe, wenn du dick wirst!" Mein Bruder hingegen aß fast nie etwas Süßes. Bei ihm lag immer noch Schokolade von Weihnachten und Ostern im Zimmer. Dafür kaute er seine Fingernägel bis aufs Fleisch. Ich konnte gar nicht hinschauen, und er versteckte seine Hände immer. Ich war nicht gerne in der Nähe meiner Eltern. Mein Vater stank immer nach Alkohol und Zigaretten, und meine Mutter nach zu viel Kaffee und Zigaretten. Irgendwann wurde meine Mutter immer unbeteiligter. Sie starrte dann nur noch vor sich hin und pflegte sich auch nicht mehr. Sie erzählte von Geistern und dem Teufel. Von Ketten, die sie hinter dem Schrank hörte und von Monstern, die mit ihr im Bett schliefen. Ich hatte Angst zu lügen oder etwas falsch zu machen. Angst in der Hölle zu landen. Ich war immer noch sehr schüchtern und wie meine Geschwister eine gute Schülerin. Nur in Mathe hatte ich Schwierigkeiten. Um das Problem sollte sich meine schlaue Schwester kümmern. Aber ich war nicht aufnahmefähig und wurde oft von ihr heruntergemacht, wie blöd ich sei. Schließlich bekam ich schlimmes Asthma. Ich weiß noch, wie meine Mutter mich auf der Terrasse vorlesen ließ und ich kaum sprechen konnte, weil ich so schwer atmete. Ein Arzt stellte fest, dass ich auf sehr vieles allergisch reagierte, auch auf Hunde. Ich erinnere mich, dass meine Mutter und ich im Fahrstuhl runterfuhren und ich bitterliche weinte, weil ich nun auch die Hoffnung verlor, dass meine Eltern mir einen Hund geben würden. Auf meinem Wunschzettel für den Weihnachtmann stand nun kein Hund mehr, sondern dass Papa aufhören solle zu trinken und das Geld beim Wetten zu verspielen.

Mit unseren Eltern haben wir jedes Jahr an Weihnachten Handschuhe und Decken an Obdachlose verteilt. Für uns war das immer ein großes Abenteuer, und mit fortschreitendem Alter waren wir fast nur noch draußen und sehr wenig zu Hause. Ich war froh, dass mich mein Bruder bei jeder Fahrradtour mit seinen Freunden mitnahm. Ich machte alles, was Jungs machen: Mais klauen, Fußball spielen, Skateboard fahren und die Mädchen mit Regenwürmern ärgern. Ich sah den Mädchen manchmal neidisch dabei zu, wie sie Blumenkränze zusammensteckten. Ich konnte das nämlich nicht. Ganz selten spielte ich auch mal bei ihnen mit. Meistens, wenn Jungs-gegen-Mädchen-Spiele auf dem Spielplatz stattfanden. Auf diesen Spielplatz kam öfter ein großer Junge, der aber nicht bei uns wohnte. Wenn keiner schaute, drückte er mich an eine Wand und ließ mich nicht weg. Er stank nach Alkohol und Zigaretten. Für mich eklig und aufdringlich. Ich hatte immer ein komisches Gefühl, wenn er da war. Er hatte auch zwei kleine Schwestern, mit denen er wohl schlief. Ich habe in dem Alter noch nicht verstanden, was er meint.

Ich erinnere mich, dass ich oft beim Zirkus war und dort ein Pflegepferd hatte. Dieser große Junge war auch oft da. Ich sah, wie er mit einem Freund dort Alkohol trank. An einem Tag ging es mir komisch auf dem Zirkusplatz. Es fühlte sich an, als würde der Boden hämmern, als ich mein Pferd ansah. An mehr erinnere ich mich nicht. Ich weiß nicht, wie ich nach Hause kam und weiß nur noch, wie ich abends ganz benommen kaum die Treppe hochkam. Mein Vater sprach mich noch an, warum ich so späte komme und ob ich was genommen hätte. Er sagte: „Mädchen, hör auf mit dem Scheiß!" Dann quälte ich mich weiter die Treppe hoch und ging auf die Toilette. Ich sah Blut auf dem Papier, obwohl ich noch keine Periode hatte. Ich war durcheinander und in Panik. Meine Beine zitterten stark. Ich fühlte mich allein und ging total geschafft und weinend schlafen. Ich zog mich weiter zurück und hatte seitdem Angst vor Pferden. Ich sah diesen Jungen danach noch ein paar Mal wieder. Ich erinnere mich, dass ich dann richtig Panik bekam und mein Herz klopfte. Ich konnte das überhaupt nicht verstehen. Dass ich von ihm vergewaltigt worden war, habe ich nicht gewusst. Nur, dass ich Angst vor ihm hatte. Ich hatte den Vorfall einfach in mir vergraben und habe erst dann einige Bruchstücke zusammenpuzzeln können, als ich 31 Jahre alt war und meine eigene Tochter zehn Jahre alt, also genau das Alter, in dem ich damals war, als es passierte.

Als meine Schwester mit 19 Jahren auszog, hatte ich ein eigenes, kleines Zimmer. Ich war dort fast immer allein und sang. Oft lag ich auch am Nachmittag im Bett und hörte meistens laut Musik, wenn Streit zu Hause war, was täglich vorkam. Dabei praktizierte ich wieder das Kopfschütteln. Schon beim Nach-Hause-Kommen hörte ich, wie meine Eltern sich anschrien. Besonders laut war mein Vater. Ich hatte Angst, die Haustür aufzuschließen. Mein Bruder ging meistens alleine mit seinen Freunden raus. Dann, im eigenen Zimmer, wurde auch die Sexualität extremer. Ich stellte mir oft vor, wie ich vergewaltigt werde, und habe dabei geschrien und geweint. Ich weiß noch, wie verheult und nass mein Kopfkissen danach immer war. Zu Hause hat es keiner mitbekommen. In meiner Fantasie waren nur einer oder sehr viele Männer da, und ich war immer bewegungslos. Oft habe ich mir diese Vorstellung stundenlang angetan. Ich habe lange gedacht, dass ich mir das wünsche. Ich weiß erst heute, dass dies die psychischen Folgen meines Körpers waren.

Mit dem Wechsel von der Grundschule in die katholische Realschule war mein einziger Halt immer noch Gott. Ich hatte immer mal eine Freundin, aber meistens waren sie falsch, und je nach Laune waren sie mal nett oder ärgerten mich. Auch die Lehrer waren nicht immer nett zu mir. Sie sagten, ich stinke wie eine Kneipe, weil meine Eltern so viel rauchten und meine Klamotten den Geruch trugen. Bei meinem Bruder war es nicht besser. Ich begann in meinem Zimmer zu boxen und trank nur noch Wasser. Meine Eltern kauften mir zwar das Wasser, aber sie füllten die leeren Flaschen dann meist mit Leitungswasser nach. Abends aß ich nur noch Salat oder Eier. Ich tanzte abends viel in meinem Zimmer. Ich konnte meinen Vater später auch überreden, mich in einem Fitnessstudio anzumelden. Nach außen hin präsentierte er sich als erfolgreicher Geschäftsmann mit seinem Mercedes, den teuren Hemden und einem starken Parfum, das den Alkoholgeruch überdecken sollte. Ich war dann täglich im Studio. Mit meiner Mutter stritt ich viel. Es ging dabei um meinen ersten Brieffreund. Ein Freund war mir nicht erlaubt. Ich hatte mich aber in ihn verliebt, und wir schrieben und telefonierten täglich stundenlang. Irgendwann kam er auch nach Hamburg und wohnte in einer Jugendherberge. Er war drei Jahre älter als ich. Ich traf mich heimlich mit ihm. Da war ich vierzehn Jahre alt. Meine Mutter fragte, wo ich hinginge, und ich habe sie angelogen und mir Freundinnen ausgedacht, die es nicht gab.

Ich bin auch ein paar Mal von zu Hause weggelaufen. Dann hat mein Bruder immer Ärger bekommen. Ich saß dann im Treppenhaus und hörte, wie meine Mutter ihn anschrie, er solle mich suchen. Er sagte dann, ich mache das ja wohl extra, um Aufmerksamkeit zu bekommen, und so war es auch. Ich hatte große Angst, wieder nach Hause zu kommen. Einmal wäre ich fast auf eine Autobahn gerannt, wohl wissend, dass ein Auto mein Leid beenden würde. Diese Gedanken kamen immer häufiger hoch. Ich hatte auch öfter ein Messer in der Hand und führte es zu meiner Brust, so dass ich die Spitze fühlte. Ich sagte dann einfach, wenn ich es wirklich nicht mehr aushalte, mache ich es einfach. Manchmal saß ich auch in meinem Zimmer und dachte daran, das Jugendamt anzurufen. Aber ich hatte schon so lange überlebt, und meine Noten waren gut. Ich würde meinen Abschluss machen und dann verschwinden. Auf dem Weg zum Bus hatte ich oft Schwindelanfälle. Ich hörte immer zwei hohe Männerstimmen in meinem Kopf, die ganz schnell sprachen. Die Perspektive war so, als ob ich auf dem Boden liegen würde, die Männer sagten, ich sei tot und meine Eltern auch. Meine ganze Umgebung hörte sich schneller an. Auch wenn jemand real etwas zu mir sagte, klang es sehr schnell, als ob man ein Tonband vorspult. Ich hatte das fast jeden Morgen auf dem Weg zum Bus. Ich erinnere mich, dass ich immer durchatmen musste oder leise etwas sang. Dann ging es meistens weg. Ich sang später auch im Chor der Schule und in der Schulband. Dort hatte ich ein paar Freundinnen, bei denen ich mich durch ausgedachte Geschichten interessant machte. Ich stellte mich immer sehr gut dar und spielte eine Rolle. Da ich wirklich gut singen konnte, bekam ich Anerkennung. Ich hatte auch Auftritte in der Schule. Ich fühle mich meist unwohl, wenn meine Eltern da waren. Ich war unter Druck und wollte es besonders gut machen. An ein richtiges Lob von ihnen erinnere ich mich nicht. Auch den Wunsch, Gesangsunterricht zu bekommen, erfüllten sie mir nicht.

Ich sprach manchmal mit meinem Vater und bat ihn, mit

dem Trinken aufzuhören. Dann ergriff er meist die Flucht. Ich wollte ihn retten. Er erzählte mir von seiner Vergangenheit. Wie er immer in der Schänke seiner Eltern hatte arbeiten müssen und dass wir nicht wüssten, wie gut wir es hätten. Er erzählte auch, dass er oft geschlagen worden sei und seine Mutter ihm das Essen ins Klo runterspülte, wenn er sich nur eine Sekunde verspätet hatte. Ich hatte irgendwann die Rolle meiner Schwester übernommen und machte den größten Teil des Haushaltes. Dafür bekam ich zu Hause keine Anerkennung. Meist opferte ich den ganzen Samstag, da die Wohnung 120 qm hatte. Am Schlimmsten war immer das Badezimmer. Vom Schimmel und den starken Reinigern bekam ich schlecht Luft. Nachts schlief ich dann mit pfeifender Lunge.

Für meinen Vater waren alle Leute Freunde, die ihm Geld liehen oder mit ihm tranken. Es ging immer ums Geschäft. Einfach nur einen Freund, mit dem er auch über seine Probleme sprechen konnte, hatte er meines Wissens nicht. Er spielte immer seine Rolle und träumte vom großen Lottogewinn. Wir fuhren auch immer in den Urlaub und machten Ausflüge. So macht man das ja als Familie.

Ich wünschte mir oft andere Eltern. Mit der Pubertät fand ich auch echte Freundinnen außerhalb meiner Schule. Deren Mütter waren auch für mich da. Sie halfen mir beim Besorgen der Pille, da ich ja schon einen Freund hatte, aber erst vierzehn Jahre alt war. Später durfte mein Freund auch zu mir nach Hause, weil ich nicht mehr auf meine Mutter hörte. Ich schrie sie an und sie mich. Meistens gab sie dann nach, und manchmal wurde es auch gewalttätig zwischen uns, wenn sie mir das Telefon oder meinen Zimmerschlüssel wegnehmen wollte. Danach hatte ich immer ein schlechtes Gewissen, weil ich sie gekratzt und geboxt hatte. Ich war größer als meine Mutter und ihr deshalb überlegen. Meine Eltern waren beide eher klein, besonders meine Mutter, ich aber hatte es zumindest auf 1.65 cm gebracht und war nun vom Kraftsport im Fitnessstudio stark. Sie schaffte es nie, mir etwas wegzunehmen, und wenn sie vor der Tür schrie, ich solle auflegen, ignorierte ich das einfach. Meine beste Freundin hat das am Telefon auch immer mitbekommen. Sie sprach nie so mit ihrer Mutter, und sie sagte immer, ich wäre heftig drauf. Ich fühlte mich mit meinem Verhalten im Recht. Schließlich übernahm ich so viele Pflichten im Haus und hatte gelernt, dass man das, was man will, mit Gewalt durchbringen muss. Meine Mutter hatte immer schlimmere Depressionen, und in dieser Zeit holte sich mein Vater einen Schäferhund aus dem Tierheim. Ich mochte ihn, und meine Allergien und das Asthma hatte ich selbst geheilt. Ich hatte mir immer gesagt, dass ich kein Asthma habe, und in einem Ritual ganz normales Wasser getrunken. Für mich war es heiliges Wasser. Hauptsächlich war es aber der Hund meines Vaters. Er beschäftigte sich auch mit ihm. Ich war gekränkt, dass er sich jetzt einen Hund holte. Doch ich brauchte ihn auch nicht mehr so und hatte eher Jungs im Kopf.

Eines Tages sollte ich einen großen Auftritt in der Schule haben. Am Abend davor kam meine Mutter zu mir ins Wohnzimmer. Sie war verändert. Sie sprach ganz niedlich mit mir und legte sich zu mir aufs Sofa. Dabei streichelte sie mir den Kopf, wie sie es früher getan hatte, als ich noch ein kleines Mädchen war. Sie versprach, mit mir morgen in die Turnhalle zu kommen und mich singen zu hören. Sie war wegen ihrer Depressionen und Angstzustände meist nicht gekommen, und mein Vater interessierte sich überhaupt nicht dafür. Ich freute mich, dass sie wohl ihre Trauer überwunden hatte, denn kurz zuvor waren ihre Mutter und ihr Bruder verstorben, mein geliebter Onkel.

Am Tag des Auftritts war aber niemand da. Ich stand auf der Bühne und versuchte zu singen, während ich in jeder Ecke nach meiner Familie suchte. Als ich von der Bühne ging, sagte irgendein Kind zu mir, dass ich immer noch fett sei und nicht singen könne. Ich hatte zu dem Zeitpunkt schon sehr viel abgenommen. Das gab mir den Rest, und ich verschwand weinend in der Mädchenumkleide.

Als ich auf dem Weg nach Hause war, hatte ich ein mulmiges Gefühl. Ich betrat die Haustür, und es war ganz still zu Hause. Mein Vater sah total gestresst aus, und mein Bruder sagte mir, dass mit Mama etwas nicht stimmte. Durch die verwaschene Glastür sah ich im Wohnzimmer Kerzen brennen, während ich zu meinem Zimmer ging. Anschließend ging ich runter in die Küche, wo auch meine Mutter saß. Sie starrte mich an, sagte aber nichts. Ich fragte sie, ob alles ok sei, und sie antworte einfach nur: „Ja", und lächelte. Dann kam mein Bruder die Treppe herunter, und sie sagte, er wäre der Engel Gabriel. Dann kam auch unser Vater in den Raum. Sie schimpfte und schrie, er wäre Hitler. Dann griff sie ihn an und er rief immer nur: „Schatzi, ich bin Jürgen."

Mein Vater hatte Schwierigkeiten, sie zurückzuhalten, obwohl er ihr sonst immer überlegen war. Dann schlug sie mit ihrem Hausschuh auf den Tresen. Sie hatte so eine Kraft, dass die Fliesenoberfläche des Tresens zerbrach. Danach sagte sie, dass sie beten müsse und wir auch. Sie erzählte, dass wir Sünder seien und sie uns taufen müsse. Mein Bruder und mein Vater gingen mit ihr hoch ins Badezimmer. Ich blieb einfach sitzen. In der Nacht schloss ich mich ein. Sie rüttelte in dieser Nacht öfter an meiner Tür und rief wehleidig meinen Namen und ich solle ihr bitte aufmachen. Ich versuchte es nicht zu hören und machte Musik auf meinem Walkman an. Ich hatte richtig Angst und spürte, wie mein Herz klopfte. Ich hoffte, dass am nächsten Tag alles normal sein würde und betete.

Am nächsten Morgen war es still. Ich musste zur Schule und machte mir wie jeden Morgen meine Schüssel Cornflakes, als meine Mutter plötzlich hinter mir stand. Sie sagte, dass es ihr leid tue, Gott aber gesagt habe, sie müsse das jüngste Kind opfern wie in der Geschichte von Abraham. Dann zog sie ein großes Messer aus der Schublade und ging auf mich zu. Ich stand einfach da und sah alles in Zeitlupe. Ich konnte mich nicht bewegen. Ich konnte auch nicht schreien oder irgendetwas tun. Es war schon so, als hätte ich meinen Körper verlassen und würde einfach nur zusehen. Die Angst hatte mich komplett gelähmt. Ich wollte gerade meine Augen schließen, als mein Vater plötzlich von oben kam und sie aufhielt. Er kämpfte richtig mit ihr und schaffte es auch, ihr das Messer aus der Hand zu reißen. Ich weiß noch, wie er sie aus der Küche zerrte.

Ich glaube, ich bin dann in die Schule gegangen. Sicher weiß ich es nicht. Ich war aber nicht zu Hause, ich war allein und sprach mit niemanden darüber.

Als ich nach Hause kam, erzählte mir mein Bruder, dass meine große Schwester gekommen war und unserem Vater geholfen hatte, Mama in eine Klinik einzuweisen. Dann übernahm ich zu Hause auch das Kochen, denn Papa kam sehr spät. Es war jetzt ruhig zu Hause. Ich weiß noch, wie still er die misslungenen Bratkartoffeln von mir aß. Ich hatte Rezepte aus dem Schrank hervorgewühlt und lernte es so.

Die Bilder, als wir Mama mal besuchen durften, bin ich nie mehr losgeworden. Sie sah aus wie ein Junkie, und auch die anderen Patienten liefen wie Zombies durch die Gänge. Ich hatte immer Angst, sie zu besuchen. Aber ich musste immer mit. Als ich verstand, dass meine Mutter nie mehr die alte sein würde, weinte ich vor meinem Kreuz über meinem Bett. Ich fragte, warum mir Gott jetzt auch noch meine Mutter weggenommen hatte, wo ich schon meinen Vater im Alkohol an den Teufel verloren hatte. Ich hatte zuvor auch schon schlimme Depressionen. Ich habe dann öfter den Teufel gesehen und hatte Angst, ins Bett zu gehen. Dann packte ich mein Kreuz weg und zerbrach das Bild von Jesus, ich hatte meinen Glauben verloren.

Ich war nun auch fast so schlank wie die anderen Mädchen. In der neunten Klasse wechselte ich kurz vor dem Abschluss die Schule und kam zu meinen besten Freundinnen. Dort war ich dann auch nicht mehr das dicke Mädchen und konnte in der Masse untertauchen. Damit wuchs auch mein Selbstbewusstsein. Ich fand mich schön, und andere sagten mir das auch oft. Einmal versuchte ich, mir Hilfe zu holen nach dem Erlebten. Ich war in einer Klinik, die mich stationär aufnehmen wollte. Ich brauchte aber das Einverständnis meines Vaters, da ich noch minderjährig war. Irgendwie konnte ich ihm das aber nicht antun. Außerdem wurde ich zu Hause gebraucht. Ich hatte ständig Angst vor meiner Mutter, die nun wieder zu Hause war und immer mal wieder Psychosen hatte. Ich hatte schlimme Alpträume, und immer noch begleitete mich die Jaktation[1], wegen der ich immer schlimme Kletten hinten im Haar hatte. Vorm Einschlafen, wenn ich auf dem Rücken lag und laut Musik hörte, versetzte ich mich mit dem Kopf-Drehen in einen hypnotischen Zustand. Schon früher mussten meine Mutter oder meine Schwester mir gewaltsam die Haare durchkämen. Diese krankhafte Unruhe blieb bis ins Erwachsenenalter und ließ erst nach meinem Auszug allmählich nach, weil ich dann auch nicht mehr allein schlief. Ich wusste lange nicht, dass es eine Folge meiner Vergangenheit war. Ich dachte, das Kopfschütteln wäre normal, und noch heute kommt es manchmal vor, dass ich diesen Zustand brauche.

In der Jugend hatte ich einen festen Freundeskreis. Zu Hause war es nun ruhiger, da meine Mutter eigentlich fast nur noch schlief und mein Vater meist für sich war. Wenn sie mal sprachen, stritten sie nur. Meine Mutter bekam noch häufiger eine Psychose, wurde dann aber immer sofort von meinem Vater in die Klinik geschickt. Seitdem schloss ich mich immer in meinem Zimmer ein. Er rief dann immer meine große Schwester dazu. Mit meinem ersten Freund, der ja in der Ferne wohnte, hatte ich nach zwei Jahren Schluss gemacht, da war ich sechzehn Jahre alt. Er hatte mir die Welt zu Füßen gelegt, war dann aber in Drogen abgerutscht, und ich musste an meinen Vater denken – ich konnte keinen weiteren suchtkranken Menschen in meinem Leben ertragen. Dann war ich mit einem Jungen aus Hamburg zusammen. Bei ihm fühlte ich mich besser als zu Hause. Ich hatte einen guten Schulabschluss. Mit sechzehn arbeitete ich in einem Restaurant und machte dort eine Ausbildung, die ich später aber abbrach. Nun sollte min Leben anfangen.

Ich war achtzehn Jahre alt, da machte mir mein damali-

---
[1] Jaktation: Krankhafte Unruhe z.B. bei Menschen im Delirium.

ger Freund vor all unseren Freunden einen Heiratsantrag, den ich aber nicht annahm. Ich arbeitete, und er tat nichts. Ich wollte einen Mann, der auch für mich sorgt. Außerdem mochte ich Armando, einen Jungen aus meinem Freundeskreis, er war Pole und wie ich aus einer katholischen Familie. Er trank nicht. Armando und ich erschufen uns eine eigene Welt. Sein Vater ist auch Alkoholiker, und er hatte Verständnis für mein Verhalten und konnte das alles aushalten. Wir waren immer bei mir zu Hause, dort war es nun ruhiger.

Nach einem Jahr fragte er mich, ob wir zusammenziehen wollten. Ich war zu einem Psychologen gegangen und hatte mir einen Dringlichkeitsschein geholt. Ich hatte nie alles erzählt, ich hatte es einfach verdrängt. Der Psychologe kannte meine Mutter, weil er ihr die Medikamente verschrieb, er war voller Verständnis und stellte mir den Schein aus. In der Gastronomie hatte ich aufgehört zu arbeiten und war nun in einer sehr guten Ausbildung als Personalkauffrau. Wir fanden eine Wohnung, und ich bekam Berufsausbildungsbeihilfe. In der eigenen Wohnung zeigten sich nun seine Macken: Armando war computerspielsüchtig, aber in meinen Augen tat er damit niemandem weh, und es kostete auch kein Geld. Außerdem war er viel draußen Basketballspielen.

Ich hatte am Anfang große Schwierigkeiten, bei offenen Türen zu schlafen. Ich wollte immer alle Zimmer zuschließen. Er hielt mich dann und sagte mir, dass ich nicht mehr in meinem alten Zuhause wäre und das nicht mehr bräuchte. Das tat mir gut. Wenn ich mal im Streit weglief, rannte er hinterher, und wenn ich versuchte, ihn zu kratzen, hielt er mich einfach fest, ohne mir weh zu tun, und half mir, mich zu beruhigen. Er tat es immer liebevoll, immer ohne Gewalt. Er beleidigte mich nie. Er sorgte sich um mich, und wir gingen immer sehr viel spazieren und konnten gut reden. Ich denke, dass ich genau diesen Partner gebraucht habe.

Irgendwann aber begann er, immer häufiger mit Abweisung auf mich zu reagieren. Emotionen konnte er immer schlechter zeigen. Er zog seine Hand weg oder begrüßte mich nicht mehr, wenn er nach Hause kam. Am meisten gestritten haben wir über das PC-Spielen und seine Familie, die mich nicht mochte.

Ich bin zwar halb Polin, sprach aber kein Polnisch, ich verstand die Sprache nur. Immer, wenn ich bei seiner Familie war, wurde ich runter gemacht, und am Anfang stand Armando hilflos daneben. Erst als 2011 unsere Tochter zur Welt kam, wendete er sich gegen seine Mutter und stritt mit ihr. Das war leider aber auch das Einzige. Er kam immer unzufriedener von der Arbeit und wusste nicht warum. Seine liebvolle Art war verschüttet, er hatte keinen Kontakt mehr zu seinen Emotionen. Selbst wenn die Kleine auf seiner Brust schlief, spielte er am PC. Obwohl er polnisch spricht, hat er es nie geschafft, ihr diesen Teil mit auf dem Weg zu geben. Er hat bis heute Schwierigkeiten, seiner Tochter Liebe zu zeigen, und reagiert auf Emotionen meist mit einem Witz.

Ich war damals müde und überfordert. Ich war froh, dass er zumindest da war und ich nicht alleine. Als die Kleine geboren wurde, hatte meine Mutter wieder eine Psychose, so dass meine Familie überhaupt nicht zu mir kam. Von da an drehte sich alles nur noch um meine Mutter, sie war nun ein Pflegefall. Ich holte mir Hilfe von Freunden und war täglich im Eltern-Kind-Zentrum, um von anderen Müttern zu lernen, und ich entwickelte mich sehr gut weiter. Der Psychologe begleitete mich auch noch einige Zeit. Aber eine richtige Therapie habe ich nie gemacht. Ich hatte nach dem ersten Jahr als Mutter starke Erschöpfungserscheinungen. Aber ich war Meisterin im Aushalten und mit meinen dreiundzwanzig Jahren noch so jung.

Armando hatte nun auch komplett dicht gemacht. Wir konnten nicht mehr gut miteinander reden und stritten auch kaum, wir lebten eher nebeneinander her. Ich traf alle Entscheidungen, und ich hatte immer so gute Argumente, dass ich ihn von allem überzeugen konnte. Jeder Urlaub, jeder Ausflug war von mir geplant. Sogar, dass er eine Ausbildung machte, statt weiter in die Schule zu gehen, erklärte ich ihm. Heute hat er es bis zum Werkstattleiter in einer Elektrofirma geschafft. Auch der Hauskauf war meine Idee und der Hund, den er eigentlich nicht wollte. Heute ist er dankbar für die gute Erfahrung in seinem Leben mit einem Tier. Es ist schwer, jemanden, der nicht bewegt werden will, zu bewegen, und deshalb habe ich die Beziehung zu Armando jetzt, nach fast vierzehn Jahren, beendet. Ich wünsche mir, dass er irgendwann aus seinem Kokon herauskommt und dann alleine fliegen lernt. Ich werde mir im neuen Jahr einen eigenen Lebensbereich im Haus schaffen. Ich fühle mich jetzt leichter, weil ich nun für keine Entscheidung mehr kämpfen muss.

Meine Tochter ist mir das Wichtigste im Leben. Wir verstehen uns blind und haben eine enge und sehr liebevolle Beziehung. Ich bin immer für sie da, wenn sie etwas braucht, und höre ihr gerne zu. Wir machen täglich etwas zusammen, und wenn es nur zwanzig Minuten sind. Ich bin glücklich, meine Tochter auf ihrem schönen Weg zu begleiten. Es ist für mich heilsam, sie lachen zu sehen.

Ich leide seit ein paar Monaten unter Panikattacken. Aber jetzt bin ich endlich bereit, etwas für mich zu tun, und werde nächstes Jahr in eine psychosomatischen Tagesklinik gehen. Bis dahin gehe ich regelmäßig in eine psychologische Beratung, die ich privat zahle. Alkohol spielt in meinem Leben keine Rolle mehr. Ich trinke sehr selten in Gesellschaft und bin Nichtraucherin. Ich trinke nur bis zu einer Grenze und bin auch nie mit Alkohol abgestürzt. Bis heute habe ich Gewichtsprobleme. Ich nehme bei Stress immer wieder zu. Ich möchte lernen, dass ich diesen Schutzschild nicht mehr brauche, und bin dabei, im Rahmen einer Ernährungsumstellung daran zu arbeiten.

Auf Anraten meiner Therapeutin habe ich den Kontakt zu meiner Mutter vor einigen Monaten abgebrochen. Ich habe nicht mit ihr darüber gesprochen, sondern es einfach getan. Das fällt mir nicht schwer, weil ich keine Tochtergefühle für sie habe. Ich bin im Moment so wütend, dass ich wegen der

Spuren meiner Vergangenheit immer noch leiden muss. Ich habe nun Mitgefühl mit mir selbst. Mein Vater ist im Februar 2020 an den Folgen des Alkohols an einer Leberzirrhose verstorben. Ich kümmerte mich in der Zeit davor viel um meine Eltern, mit Einkäufen und anderen Dingen. Meine Mutter ist heute immer noch ein Pflegefall. Am Sterbebett trug mir mein Vater noch auf, mich nun um meine Mutter zu kümmern. Dieses Versprechen habe ich rückgängig gemacht, indem ich einen schweren schwarzen Stein auf sein Grab gelegt habe, um mich zu befreien.

Da ich nicht weiß, wie sich eine Mutter richtig verhält, nehme ich bis heute regelmäßig am Austausch mit anderen Müttern teil und hinterfrage mich. Das hilft mir, meiner Tochter in allen Lebensphasen zur Seite zu stehen, ihr die Sicherheit zu geben, die ich mir immer gewünscht habe.

Meine Freunde habe ich sorgfältig ausgesucht. Es sind Menschen, die dort stehen, wo ich gerne hinkommen möchte. Ich glaube an das Gesetz der Resonanz. Mir sind diese Menschen so wichtig, da sie mich mit ihrer Liebe und Stärke immer begleiten. Für meinen Freundeskreis bin ich eine intelligente, lebensfrohe und selbstbewusste Freundin. Man fragt mich oft um Rat und schätzt meine Meinung. Ich bin sehr emphatisch, und die meisten meiner Freundinnen bezeichnen mich als ihre beste Freundin. Ich habe auch Freundinnen im Alter meiner Mutter. Es sind Frauen, die ich mir wegen ihrer verständnisvollen und aufmerksamen Art als Mutter gewünscht hätte.

Martin

Meine Mutter war Hausfrau und, seit ich denken kann, Alkoholikerin. Sie trank täglich ab fünf Uhr nachmittags. Mein Vater war Bergmann und zeichnete sich durch Gleichgültigkeit aus.

Ich habe eine zwei Jahre ältere Schwester, die ist heute Suchttherapeutin. Ich hatte auch einen vier Jahre älteren

Bruder, doch der ist mit nur zwei Monaten verstorben, plötzlicher Kindstod.

Als ich sechszehn Jahre alt war, hat uns unsere Mutter verlassen. Sie war drei Monate verschwunden. Keiner wusste wo sie war. Dann kam sie zurück, um uns mitzuteilen, dass sie ihren ersten Freund in der Kneipe wieder getroffen habe und jetzt bei ihm lebe. Kurz darauf hat unser Vater eine andere Frau kennengelernt. Es war die Frau seines Co-Trainers, sie hatte bereits drei Kinder. Er war seitdem kaum noch zu Hause. Er kam nur mal kurz vorbei, um uns Geld für Lebensmittel zu bringen. Das ging etwa ein Jahr lang so. Als ich siebzehn war, kam er zu meiner Schwester und mir, um uns zu sagen, und ich zitiere: „Ihr müsst jetzt hier ausziehen. Ich ziehe jetzt hier mit meiner neuen Familie ein." Mit seiner neuen Frau hat er dann noch einen Sohn bekommen. Der ist heute achtzehn.

Ich bin 1983 in Essen geboren. Dort lebe ich auch heute noch. Meine Kindheit erlebte ich als sehr glücklich. Ich hatte alle Freiheiten und konnte machen, was ich wollte. Mir wurden keinerlei Grenzen gesetzt. Rückblickend und nach so mancher Therapie sehe ich heute anders auf meine Kindheit zurück. Sie war geprägt von Gleichgültigkeit. Ich war mir selbst überlassen. Ich musste viel zu früh eigene Entscheidungen treffen. Meine Mutter manipulierte mich. Liebe bekam ich nur, wenn ich etwas für sie tat. So musste ich zum Arzt und ihm vorspielen, dass ich krank wäre, damit sie umsonst Medikamente bekam. Damals mussten Kinder noch nichts für Medikamente zahlen. Oder sie schickte mich Bier und Zigaretten holen. Habe ich das nicht gemacht, wurde ich mit Missachtung und Liebesentzug bestrafft.

Meine Eltern hatten nicht viele Freunde. Mein Vater war meistens auf dem Fußballplatz. Meine Mutter war alleine zu Hause. Die erste Erinnerung, die ich an ein Nachbarskind habe, ist, dass er mir das Pinkeln im Stehen beigebracht hat. Klingt vielleicht lustig. Ist es aber nicht. Ich denke, so etwas sollte man vom Vater gezeigt bekommen.

Ich hatte viele Freunde. Ich war ein guter Fußballer und

hatte deshalb gute Kontakte. Weil ich alles durfte, waren andere Kinder auch gerne bei mir. Das habe ich damals sehr genossen.

Eine Erinnerung ist mir geblieben, wenn auch nur ganz grob und verschwommen. Ich war im Kindergarten, erst wenige Tage. Dann gab es dort eine Karnevalsfeier. Ich war als Engel verkleidet und ein anderer Junge als Teufel. Der hat mich geschlagen. Ich wollte ab dem Zeitpunkt nicht mehr in den Kindergarten gehen. Bin ich dann auch nicht mehr. Also blieb ich bis zur Schule zu Hause.

Zu meiner Schwester habe ich einen guten Kontakt. Sie ist mir sehr wichtig und hat immer auf mich aufgepasst. Meine Mutter trank täglich und das pünktlich wie ein Uhrwerk ab fünf Uhr nachmittags. Acht bis zehn Flaschen Altbier. Ich habe dabei nichts Besonderes gefühlt. Es war eher eine Grundstimmung der Traurigkeit, und es war für mich normal, dieses Leben mit einer trinkenden Mutter, ich kannte nichts anderes.

Wir hatten nicht viel Geld. Aber das wusste ich und das wollte ich ändern. Daher habe ich viel gestohlen. Ich habe Lebensmittel gestohlen, um Frühstück für die Schule zu haben. Um Geld zu haben, habe ich Basketballtrikots gestohlen und diese verkauft. Ich wusste mich immer durchzuschlagen. Ich erinnere mich noch an eine Situation. Es war noch in der Grundschule. Ich hatte einen Klassenkameraden, der alle Spielzeuge hatte, die man sich nur vorstellen kann. Ich wollte das auch haben. Ich habe schnell erkannt, dass man bei Karstadt gut klauen konnte. Ich habe bestimmt ein Jahr lang dort Spielzeug geklaut. Das habe ich wöchentlich gewechselt, ich habe es immer in der Nähe in einem Garten im Gebüsch versteckt und bei Bedarf ausgetauscht. Meinen Eltern sagte ich, das Spielzeug würde meinem Schulkameraden gehören und er hätte sie mir geliehen. So ist es nie aufgefallen. Bis ich eines Tages durch eine Nebentür des Einkaufszentrums ging, in dem sich der Karstadt befand. Meine Taschen waren voll mit Spielzeug. Plötzlich stand mein Vater vor mir. Er fragte mich, was das für Sachen seien. Ich sagte ihm, wie es war. Ich musste mit ihm in den Laden, die Sachen zurückgeben und mich entschuldigen. Eine weitere Konsequenz gab es nicht. Man machte sich nur über meine Diebestouren lustig, die ich lange verheimlicht hatte, sie wurden zu einer Geschichte, die man oft weitererzählte.

Meine Mutter war eine sehr traurige Frau. Sie hat in ihrer Familie viel durchgemacht. Daher hat sie wahrscheinlich auch ihre Alkoholsucht. Trotzdem konnte sie sehr lustig und gesellig sein. Bei mir waren immer Freunde eingeladen und jeder war auch gerne bei mir. Schlimm wurde es aber immer nach ein paar Bier, dann wurde sie häufig melancholisch oder auch weinerlich und manchmal auch aggressiv. Selten war sie dann lustig. Das Schlimme an ihrem Trinkverhalten war, das sie morgens nicht ansprechbar und ich auf mich alleine gestellt war. Obwohl – das war ich eigentlich immer.

Ich erinnere mich daran, dass ich nie Frühstück bekommen habe. Entweder hat sich meine Schwester um mich gekümmert und hat für uns Frühstück und etwas für die Schule gemacht, oder ich habe es selbst gemacht, komischerweise aber nie zu Hause. Ich bin dann los und habe Essen von Mitschülern bekommen oder habe es geklaut.

Eigentlich war meine Mutter immer lethargisch. Bis auf eine Zeit, in der sie nicht getrunken hat. Sie war mal für acht Monate trocken. Das war die schönste Zeit. Da hat sie sich um uns gekümmert. So sollten es Kinder haben!

Etwas werde ich nie vergessen: Das Eingießen von Bier aus der Flasche in ein Glas und den Geruch von Zigaretten. Obwohl wir kein Geld hatten, hat meine Mutter am Tag zweieinhalb Schachteln geraucht.

Ich habe mich oft geschämt. Mein Vater hat fast an jedem Monatsende Bekannte nach Geld gefragt. Diese Telefonate wurden in unserer Anwesenheit geführt. Ich bin auch mehrfach mit ins Pfandhaus gefahren, um dort Geld zu bekommen oder wenn der Gerichtsvollzieher mal wieder bei uns war. Da wurde der große Fernseher vom Wohnzimmer in mein Zimmer gestellt, denn Sachen von Kindern wurden damals nicht gepfändet. Oder es wurden Wertsachen in unseren Kinderzimmern versteckt. Ich denke, das ist auch der Grund, warum ich heute nicht will, dass irgendjemand denkt, ich hätte kein Geld. Mir ist es wichtig, ein gutes Auto zu fahren und zu leben. Ich verreise gerne. All das soll auch gesehen werden.

In einer weiteren Situation, in der es um Wut und Scham ging, spielte mein Vater die Hauptrolle, obwohl beide Eltern anwesend waren. Ich war etwa zehn Jahre alt, als es mitten in der Nacht an unserer Tür klingelte. Eine Schwester meiner Mutter klingelte. Sie ist heroinsüchtig und wollte Geld, um sich Drogen zu kaufen. Sie schrie die ganze Straße zusammen. Ich hatte wahnsinnige Angst wegen dem Geschrei. Aus irgendeinem Grund drückte jemand die Außentür auf, so dass sie ins Treppenhaus kam. Wir wohnten im vierten Stock. Sie kam die Treppen rauf und schrie. Mir kam es vor, als wäre sie eine Ewigkeit im Treppenhaus gewesen. Vielleicht war sie das auch. Die Schreie, sie waren schrecklich, und mein Vater hat nichts gemacht. Er hat die Wohnung nicht verlassen und hat sie nicht rausgeschmissen oder sonst was gemacht. Er hat einfach gar nichts gemacht. Ich musste die Schreie aushalten, bis sie gegangen war.

Ein Teil unserer Familie lebt in Ahaus. Meine Schwester war immer gern bei unserer Oma und wollte ihren achtzehnten Geburtstag dort feiern. Also sind viele Freunde von ihr und auch von mir hundert Kilometer zu ihrer Geburtstagsfeier gefahren. Als die Party schon im vollen Gange war, tanzte meine Mutter plötzlich auf der Tanzfläche mit einem Bauern. Sie fing vor allen Gästen an, den Mann zu küssen. Mein Vater war in der Nähe und tat nichts. Dieses Ausbleiben einer Reaktion und die Aktion meiner Mutter finde ich bis heute unbegreiflich, das feige Verhalten meines Vaters fast noch mehr als das meiner Mutter. Kurz darauf erklärte meine Mutter über ein Mikrophon die Party für beendet. Das war sie dann auch.

Als ich ein Kind war, dachte ich, ich hätte eine tolle Kindheit. Denn ich hatte alle Freiheiten der Welt. Mir wurden keine Grenzen gesetzt. Mir wurde nur gesagt, ich kann selbst entscheiden was ich mache. Zum Glück war ich ein ängstliches Kind und hatte vernünftige Freunde. Mussten diese bei Dunkelheit zu Hause sein, bin ich auch nach Hause gegangen. Was sollte ich auch alleine draußen? Erst durch so manche Therapie erkannte ich, dass das alles andere als toll ist.

Geborgenheit habe ich nicht gespürt. Ich musste meiner Mutter immer gefallen, damit ich Aufmerksamkeit und Liebe bekam. Aber ich denke, diese Strategien helfen mir heute. Ich weiß nämlich genau, wie ich etwas bekomme und was mein Gegenüber gerne hätte. Ich wusste auch immer, wo die Grenze meines Handelns war, um nicht abzurutschen. So habe ich früher mit Freunden Autos aufgebrochen und bin mit denen dann herumgefahren. Wir haben sie dann einfach wieder abgestellt. Als die Polizei auf uns aufmerksam wurde, habe ich es gelassen. Auch sollte ich Drogen für Ältere verkaufen. Aber das habe ich nicht gemacht, weil mir das Risiko zu groß war.

Meine Partnerinnen waren sich immer sehr ähnlich. Es waren immer emanzipierte Frauen, die fest im Leben standen, mit gutem Einkommen und Humor. Sie kümmerten sich gerne um mich. Ich habe bei ihnen auch immer die funktionierende Familie sehr genossen. Ansonsten habe ich Frauen oft benutzt, um mich lebendig zu fühlen. Irgendwann merkte ich, dass meine Art, mit Menschen umzugehen, auch sehr gut bei Frauen funktioniert. Die Art habe ich dann über die Jahre perfektioniert. Wenn man mich heute fragt, was ich gut kann, sage ich: Frauen.

In der Jugend war ich meist auf dem Fußballplatz. Ich war ein guter Fußballer und sehr anerkannt. Daher kam ich auch früh selbst mit Alkohol in Verbindung, und da ich im Essener Norden aufgewachsen bin, auch bald mit Drogen. Das erste Mal habe ich Alkohol getrunken, da war ich fünfzehn. Es war Sylvester, und ich konnte den Alkohol nicht einschätzen. Nachdem ich fast zwei Liter Wodka auf

Ex getrunken hatte, wachte ich auf der Intensivstation auf. Ich hatte eine Alkoholvergiftung. Ich rief meinen Vater aus dem Krankenhaus aus an und sagte ihm, was passiert war. Er sagte nur, ich solle das erstmal für mich behalten, da meine Mutter an Neujahr Geburtstag hatte und er ihr das nicht gerade an diesem Tag sagen wollte.

Nachmittags gingen wir dann essen. Ein Freund von mir war mit dabei. Irgendwann sagte er, er habe mich auf der Intensivstation gesehen. Wir machten Späße darüber. Rückblickend hätte ich mir da von Seiten meiner Eltern andere Konsequenzen gewünscht.

Weil ich gut im Fußball war, spielte ich nicht mehr bei den Jugendlichen mit, sondern bei den Älteren. Nach dem Training tranken alle ein paar Bier. Eigentlich waren es nur die Erwachsenen. Aber ich wollte das auch, und so tat ich es, keiner hat mir da einen Riegel vorgeschoben. So fing ich an, drei bis fünfmal in der Woche zu trinken. Rückblickend betrachtet bin ich seit meinem siebzehnten Lebensjahr Alkoholiker. Als meine Mutter dann für drei Monate verschwunden war, habe ich so viel getrunken, dass ich eine weitere Alkoholvergiftung hatte. Auch dieses Mal landete ich auf der Intensivstation und hatte dank der Medikamente und Behandlung keinen Kater oder andere Folgen.

Ich war ziemlich auf mich allein gestellt und trank weiterhin drei bis fünf Tage die Woche Bier. So wie es meine Mutter machte, genauso wie sie, immer nachmittags. Hin und wieder auch alleine. Ich hatte dann einen Freundeskreis, in dem auch viel getrunken wurde, bei jedem Treffen. Auch schon mittags. Hier wurde auch gekifft, aber ich mochte die Wirkung nie und habe es gelassen. Mit siebzehn wurde ich dann zu Hause rausgeschmissen und zog mit meiner damaligen Freundin zusammen. Wir trennten uns und ich zog in eine eigene Wohnung. Dort trank ich ziemlich schnell jeden Tag. An normalen Tagen acht bis zehn halbe Liter Bier und, wenn es zum Feiern ging oder ich frei hatte, auch mehr.

Mit etwa achtzehn zog ich wieder mit einer Frau zusammen. Dann fing ich an, Speed zu ziehen. Das ging etwa ein Jahr. Ich merkte dann, dass ich Montag morgens etwas ziehen muss, um arbeiten gehen zu können. Das wollte ich nicht und habe alleine damit aufgehört.

Meine Mutter wurde in der Zeit immer kränker und war nicht mehr mobil. Ich habe dann für sie Bier gekauft, ein- bis zweimal in der Woche. Wir tranken dann immer zusammen Bier, und ich fuhr mit dem Auto nach Hause. Sie sagte sehr selten, ich solle nicht mehr fahren, und wenn doch, war es halbherzig. Und so bin ich mein ganzes Leben lang betrunken gefahren. Erst in der Therapie habe ich eine andere Sicht darauf bekommen. Aber auch danach bin ich noch betrunken und mit Drogen Auto gefahren.

Mit vierundzwanzig heiratete ich. Und trank täglich. Ein Jahr später ist meine Mutter an Krebs gestorben. Und ich trank noch mehr. Ich wollte keine Gefühle zulassen. Das fällt mir bis heute schwer. Auch das Annehmen von Liebe. Anfangs geht es noch. Aber wenn etwas länger gut läuft, neige ich dazu, es kaputt zu machen, weil ich nicht glauben kann, dass mir etwas Gutes passieren könnte.

Mit sechsundzwanzig wurde mein Sohn geboren. Ich merkte schnell, dass ich kein Vater sein kann. So fing ich an, mehr zu trinken, und ich trennte mich von meiner Frau. Ich lebte dann alleine. In der Zeit habe ich deutlich mehr getrunken. Dann kam ich mit einer Frau zusammen, die auch gerne trank. Wir tranken also jeden Tag zusammen. Sie wollte auch keine Kinder und mochte keine Kinder. Mein Sohn war aber jeden Donnerstag bei mir und daher hat sie den Abend, wenn er endlich weg war, Drinking-Donnerstag genannt, da wurde bis zur Besinnungslosigkeit getrunken. Das ging fast drei Jahre lang so. So habe ich auch die Treffen mit meinem Sohn mit Trinken verknüpft.

Die Beziehung ging auseinander und ich lebte wieder alleine. Jetzt besorgte ich mir über Freunde zusätzlich Koks. Das gefiel mir, und ich blieb dabei. Etwa zwei Jahre später lernte ich eine Frau kennen, die mir sofort klar machte, dass ich ein Alkoholproblem habe. Ich ging in meine erste Therapie. Danach war ich drei Jahre trocken. Was heißt trocken

– ich habe immer nur neun Monate geschafft, hatte ein paar Rückfälle und habe mich dann wieder gefangen. Mal alleine, mal mit Hilfe einer Entgiftung. Die ersten Rückfälle hatte ich nur mit Alkohol, aber die letzten, bevor diese Beziehung auseinander ging, hatte ich mit Koks. Ich war dann wieder alleine und zog in eine ländlichere Gegend, um mich von den Reizen abzuschirmen. Mein Pech war, dass in dem Haus zufällig ein Drogendealer lebte, und so versorgte ich mich mit Speed und Koks und natürlich mit Alkohol. Hier bin ich dann richtig abgestürzt. Ich musste mehrfach ins Krankenhaus. Mein Herz wollte nicht mehr. Ich machte eine erneute Entgiftung und Therapie.

Das war im Mai 2020. Seitdem habe ich es geschafft, die Finger vom Speed zu lassen. Denn das Zeug verteufele ich. Beim Koks hat es nicht so gut geklappt. Aber davon bin ich heute, im August 2021, ein halbes Jahr weg.

Nur der Alkohol. Da schaffe ich es nicht immer. Ich habe etwa alle drei Monate einen Rückfall, bei dem ich einmal ziemlich viel trinke. Das reicht dann erstmal für eine ganze Zeit. Momentan lebe ich wieder in einer Beziehung, sie hilft mir, stabil zu bleiben. Ich schaffe es nicht alleine, trocken zu bleiben. Das bin ich mir leider nicht wert. Heute bin ich mehrfach abhängig und in die Fußstapfen meiner Mutter getreten, ohne dass ich es wollte. Es war normal für mich. Da rauszukommen ist die Hölle.

Überlebensstrategien, Teil 2

Said Hooboty Fard ist Chefarzt an der Median Klinik Eschenburg. Er ist Facharzt für Psychiatrie und Psychotherapie und behandelt in der Reha-Klinik Alkoholabhängige. Er berichtet über die Krankheit Alkoholismus und aus der Praxis einer Rehaklinik.

Alkoholabhängigkeit tritt gehäuft in Familien auf, daher geht man heute davon aus, dass es eine erblich mitbedingte Komponente gibt, suchtkrank zu werden. Aber es spielen auch Vorbildfunktionen eine große Rolle in der Risikoweitergabe über die Generationen.

Eine Alkoholabhängigkeit eines Familienmitglieds zieht alle nahestehenden Personen in Mitleidenschaft. Das ist oft die Primärfamilie: Vater, Mutter, Partner*in, Kinder. Das Leben in einem Familienverbund bedeutet letztlich, ein Teil des sozialen Systems Familie zu sein – auch als alkoholabhängiger Mensch. Das bedeutet, dass die eigene psychosoziale Situation natürlich Auswirkungen auf die anderen Menschen des Systems hat.

Das ist bei den jeweiligen Partnern des Erkrankten so, manchmal bei den Eltern und Freunden, aber im ganz erheblichen Maße natürlich auch bei den Kindern, die in der Familie leben.

Zwei Determinanten sind aus Sicht der Wissenschaft und der Behandler bedeutsam für ein krankes Trinken: der Zwang, das quasi unwiderstehliche Verlangen zu konsumieren, auch wenn die Situation hierzu gar nicht „passend" ist, und die Unfähigkeit zur Abstinenz, also, die Unfähigkeit, Lebens- und Alltagsaufgaben ohne Alkohol zu bewältigen. Als wesentliches Charakteristikum des Abhängigkeitssyndroms gilt hierbei zum einen der starke Wunsch oder innere Zwang, eine Substanz, in diesem Falle Alkohol, zu konsumieren. Dieser innere Zwang wird meistens dann bewusst, wenn versucht wird den Konsum zu beenden oder zu kontrollieren. Um eine entsprechende Diagnose stellen zu können, müssen zu diesem Symptom allerdings zeitgleich auch andere Charakteristika vorliegen, wie beispielsweise eine Toleranzentwicklung, also ein Mehr an Substanz, um einen Rausch auszulösen aufgrund körperlicher Gewöhnung. Ein körperliches Entzugssyndrom bei Absetzen der Substanz, ein Vernachlässigen anderer Interessen oder Verpflichtungen zugunsten des Konsums.

Hierbei ist es nicht so, dass alle Symptome vorliegen müssen. Der ICD 10, welcher das gängige Diagnosemanual in Deutschland ist, fordert beispielsweise das Vorliegen von drei oder mehr von insgesamt sechs Symptomen, um eine Diagnose stellen zu können.

Wichtig finde ich an dieser Stelle, dass nicht nur zwischen dem „normalen" Konsum und der Abhängigkeit unterschieden wird, sondern, dass dazwischen noch ein Bereich liegt, den wir „schädlichen Gebrauch" nennen. Schädlich wird dieser Konsum deswegen genannt, weil er beim Betroffenen und/oder seiner Umgebung Schäden verursacht, körperlicher, psychischer oder sozialer Art, und dennoch weiter konsumiert wird.

Menschen, soziale Interaktionen und psychische Erkrankungen, zu denen auch die Suchterkrankungen gehören, sind ein sehr heterogenes Feld. Daher glaube ich, ist es schwer von etwas Spezifischem in der Kindheit mit Alkoholismus-Hintergrund zu sprechen. Grundsätzlich kann jedoch gesagt werden, dass es mit zunehmender Schwere der Erkrankung von Eltern zu mehr Schwierigkeiten in der Eltern-Kind- Interaktion kommt.

Die emotionale Erreichbarkeit der Eltern für das Kind leidet unter dem Substanzkonsum. Im Extremfall natürlich auch bis hin zur Vernachlässigung der Kinder oder dem Zusammenbruch der rein funktionalen Versorgung. Wesentlich häufiger allerdings sind die subtileren Problematiken wie etwa, dass es einem Elternteil möglicherweise entgehen kann, wenn das Kind gerade einer besonderen Aufmerksamkeit bedarf oder wenn es erlebt, dass die Verlässlichkeit der für das Kind so wichtigen Bezugsperson nicht in dem Maße gegeben ist, wie es für die Entwicklung einer gesunden Bindungsfähigkeit und Lebenstüchtigkeit notwendig wäre.

Ein weiteres Problem ergibt sich daraus, dass wir Menschen in weiten Teilen am Modell lernen. Der Konsum von Alkohol erfüllt in aller Regel eine Funktion, wie etwa Entspannung herzustellen. Vereinfacht gesprochen, ergibt sich hieraus die Gefahr, dass Kinder sich den Konsum als mögliches - wenn auch dysfunktionales/fehlgeleitetes - Problemlösungsverfahren „abgucken" und damit selbst eine höhere Gefahr für Suchterkrankungen im Erwachsenenalter entwickeln.

Man kann sagen, dass das Leben in einer alkoholbelasteten Familie für alle Beteiligten, inklusive des Kranken, ein kontinuierliches und ungesund hohes Stressniveau erzeugt. Dieser Dauerstress kann – wie bei anderen schwerwiegenden, chronischen Erkrankungen auch – schon alleine dazu führen, dass verstärkt psychische und psychosomatische negative Folgen entstehen. Wir erfahren in der Behandlung von Alkoholabhängigen, dass etwa zwei Drittel selbst aus suchtbelasteten Herkunftsfamilien stammen, also dass bei wichtigen Bezugspersonen in der Kindheits- und Jugendzeit Suchterkrankungen vorlagen.

Was, insbesondere bei schweren Abhängigkeiten der Eltern, immer wieder zu beobachten ist, ist, dass Kinder in einem Maße Verantwortung im Familiensystem übernehmen, der sie von ihrem Entwicklungsstand her nicht gerecht werden können. So übernehmen Kinder versorgungstechnische und organisatorische Aufgaben bis hin zu einer Rollenumkehr, in welcher sie eine Quasi-Elternrolle einnehmen. Wir nennen dies „Parentifizierung", das Kind übernimmt also väterliche oder mütterliche Aufgaben oder gar die Rolle als Partnerersatz.

Wenn seitens der Bezugspersonen in Kindheit und Jugend dysfunktionale Lösungsstrategien vorgelebt werden, führt das häufig dazu, dass es den Kindern schwerer fällt, Lösungsstrategien zu entwickeln, die funktional sind, also einerseits kurz- oder mittelfristig zum gewünschten Ergebnis, wie zum Beispiel Entspannung, führen und andererseits langfristig nicht zu Schäden oder gesundheitlichen Problemen führen. Somit kann es in der Entwicklung von Stressbewältigungskonzepten und ähnlichem zu Defiziten kommen, die erst in späterem Alter aufgeholt werden müssen.

Ein anderes Problem kann entstehen, wenn Kinder erleben, dass das Vertrauen, welches sie in ihre Eltern von Natur aus setzen, enttäuscht wird, falls die Eltern aufgrund ihrer Erkrankung nicht in der Lage sind, ausreichend auf die Bedürfnisse ihrer Kinder einzugehen. Manche entwickeln dann auch dysfunktionale Bindungsstile und suchen sich Partner oder Freunde, in denen pathogene, also Leid auslösende Beziehungsmuster fortgelebt werden. Diese Kinder glauben manchmal, dass es so sein muss, dass es nichts anderes für sie gibt.

Grundsätzlich ist aber zu sagen, dass Familiensysteme, auch solche mit Abhängigkeitserkrankungen, genauso komplex, heterogen und individuell wie wir Menschen sind. Die angesprochenen Punkte sind mögliche Schwierigkeiten, welche entstehen können. Es ist nicht möglich, ein klares Schema im Sinne von „Wenn dies die Voraussetzung ist, wird jenes eintreten" zu erstellen. Das Bundesministerium für Gesundheit geht aktuell davon aus, dass 7,5 % der Erwachsenen alkoholabhängig sind. Nicht alle deren Kinder entwickeln psychische Erkrankungen. Manchmal kommt sogar eine besondere Resilienz, also Widerstandsfähigkeit zum Tragen, die es dem einzelnen erlaubt, ein erfolgreiches und zufriedenes Erwachsenenleben zu führen.

Kinder vertrauen ihren Eltern von Natur aus. In einer gesunden Entwicklung sind Kinder davon abhängig, dass ihre

Eltern oder ihre Bezugspersonen für sie da sind und eng mit ihnen interagieren, um wichtiges „Handwerkszeug" für ihr Erwachsenenleben zu erlernen. Die Erfahrung, sich auf die Bezugsperson verlassen zu können, spielt hierbei eine wichtige Rolle, allerdings auch das Erlernen mit den eigenen Emotionen umzugehen oder Mechanismen zu entwickeln, Frustrationen oder Stress abzubauen. Diese Dinge erlernen wir in der Interaktion mit einem Gegenüber, in diesem Fall mit den Eltern oder primären Bezugspersonen. Ist diese Interaktion gestört, erlebt das Kind also beispielsweise wiederholt, dass das Elternteil nicht emotional erreichbar sein kann, weil es sich in einem Rausch befindet, könnte das zur Lernerfahrung führen, dass das Vertrauen, welches in die Bezugsperson gesetzt wurde, nicht gerechtfertigt ist. Im späteren Leben kann eine solche frühe Lernerfahrung möglicherweise zu Bindungsschwierigkeiten und erhöhtem Misstrauen in sozialen Beziehungen führen.

Wir sehen in den Selbsthilfegruppen und den Beratungs- und Behandlungseinrichtungen vorwiegend die Personen, die für sich Schaden genommen haben und Kindheitserfahrungen nicht angemessen verarbeiten konnten.
Der Umgang mit und die Wahrnehmung der eigenen Emotionen und darüber hinaus deren Benennung ist etwas, was in unserem Heranwachsen erlernt werden sollte. Kinder von Eltern, die in diesem Bereich selbst krankheitsbedingte Defizite haben, haben es natürlich schwerer diese Sachen zu erlernen, wenn es keine anderen „guten" Bezugspersonen in den entscheidenden Entwicklungsjahren gegeben hat.
Ebenso ist es mit dem Ausbilden des eigenen Selbstwertes. Scham und Schuldgefühle gegenüber den Angehörigen und im besonderen Maße gegenüber den eigenen Kindern, für die sich Patienten mit Suchterkrankung ebenso verantwortlich fühlen wie es bei gesunden Eltern der Fall ist, spielen eine große Rolle im Erleben von suchtkranken Menschen.
Kinder sind nicht in der Lage, das differenziert zu betrachten. Sie können diese Situation nicht durchschauen

und begreifen nicht, dass die negative Stimmung der Eltern nichts mit ihnen zu tun hat, sondern aus einer Situation resultiert, auf die sie als Kind gar keinen Einfluss haben. Ein Kind wird davon ausgehen, dass es selbst Schuld an der Situation trägt. Dieses wiederkehrende Schulderleben kann natürlich einen negativen Einfluss auf die Entwicklung eines gesunden Selbstwertgefühls haben. Auch das sehr ambivalente Verhalten des Alkoholkranken in der Familie – von Überfürsorglichkeit/Wieder-gut-machen-wollen bis zu Vernachlässigung oder körperlicher und psychischer Gewalt – trägt zur Verunsicherung gerade der Schwächsten im System, der Kinder, bei.

Eine einfache Lösung für die Verletzungen, die in der Kindheit stattgefunden haben, gibt es nicht.

Was Betroffene brauchen, um einen solchen Weg gehen zu können, ist unterschiedlich. Dem einen mag ein gut funktionierendes soziales Umfeld ausreichen, der andere braucht möglicherweise wesentlich mehr Unterstützung durch ambulante oder stationäre Therapien, oder gar komplementäre, also lebensunterstützende Einrichtungen.
  Grundsätzlich halte ich es für sinnvoll, sich als Betroffener an den Hausarzt oder eine Suchtberatungsstelle zu wenden, um zunächst einmal zu klären, in welche Richtung eine Unterstützung gehen kann.

Psychische Erkrankungen, insbesondere Suchterkrankungen, sind insgesamt ein großes Tabuthema in unserer Gesellschaft. Auf gesellschaftlicher Ebene kommt noch hinzu, dass zwar von Kliniken und Fachverbänden nach Kräften Aufklärungsarbeit geleistet wird, aber Patienten und auch Angehörige mit Abhängigkeitserkrankungen im Vergleich zu anderen Patientengruppen wie zum Beispiel Herz- oder Krebserkrankte kaum eine Lobby haben, die diese Aufklärungsarbeit unterstützen kann.
  Betreffend der Suchterkrankungen fehlt es somit gesell-

schaftlich trotz fortschreitender Aufklärung immer noch sehr am Verständnis, dass es sich hierbei um echte Erkrankungen handelt, an denen wir alle erkranken können.

Besonders der Konsum von Alkohol wird gesellschaftlich forciert und bagatellisiert, obwohl es sich um eine Substanz mit verheerenden Auswirkungen handelt, und die Sucht hat somit noch immer den falschen, aber ungeheuer hartnäckigen Beigeschmack der Charakterschwäche.

Dazu kommt noch, dass unsere Eltern immer wichtige Personen in unserem Leben bleiben, ganz unabhängig von der Beziehung zu den Eltern oder dem Kontakt mit ihnen, und man eventuell immer noch unter in der Kindheit entstandenen Schuldgefühlen gegenüber den Eltern leidet. Ich kann mir sehr gut vorstellen, dass es auch erwachsene Kinder in große Loyalitätskonflikte bringt, die Eltern unter diesen Bedingungen als abhängigkeitserkrankt zu benennen, da man befürchtet, sie zu stigmatisieren. Dies ist Teil der Fassade des Familiensystems: „Bei uns gibt es keine Probleme!"

Auch diese Angst und die Scham vor der Frage, ob die mit der Abhängigkeitserkrankung der Eltern fälschlich verbundene Charakterschwäche, nicht vielleicht doch auch einen selbst betreffen könnte, macht es nicht leichter.

Unter diesen Umständen ist es nicht einfach, einen solchen Kampf für die Aufklärung des Umfeldes anzutreten. Besonders wenn man zu all diesen Hemmnissen vielleicht selbst noch an einer wie auch immer gearteten psychischen Erkrankung leidet.

Daher glaube ich, dass es insgesamt einer wesentlich größeren Aufmerksamkeit der Abhängigkeitserkrankungen und der damit entstehenden Probleme in der Öffentlichkeit bedarf. Auch und insbesondere, da es nicht um eine Randerscheinung handelt, die irgendwo irgendjemand anderen betrifft. Ganz im Gegenteil zieht sich diese Form der Erkrankung durch alle gesellschaftlichen Schichten und betrifft alle Altersgruppen. Letzten Endes kann das einen jeden von uns unmittelbar betreffen.

Mia

Mein Vater hatte schon vor meiner Geburt exzessiv getrunken. Das habe ich von meiner Mama erfahren. Das bedeutet, dass ich nie ein Leben kennengelernt habe ohne Papas Alkoholmissbrauch. Es war eine ewige Belastung für meine Familie und mich. Ich bin aufgewachsen mit meinem Papa, meiner Mama und meinem Bruder, der etwa anderthalb Jahre älter ist als ich. Beide Elternteile arbeiteten die meiste Zeit, und mein Bruder musste wegen einer Hörbehinderung Schulen besuchen, die weiter weg waren. Deshalb war ich nach der Schule oft lange allein. Als ich ungefähr elf Jahre alt war, sind wir in ein Haus umgezogen. Seitdem hatten wir Geldsorgen.

Meine erste Erinnerung an Papas Alkoholtrinken ist die, dass ich mit meinem Papa allein am Küchentisch sitze. Ich bin ungefähr sechs Jahre alt und habe eine Dosensuppe gegessen. Mein Papa sitzt mir gegenüber und ist betrunken. Er kritisiert mich und wirft mir vor, dass ich mich ihm gegenüber abweisend und kalt verhalten würde. Er wirkt auf mich bedrohlich und beängstigend, und ich versuche, schnell meine Suppe aufzuessen und mich sonst so wenig wie möglich zu bewegen und bloß keinen Ton von mir zu geben. Ich will einfach nur so schnell wie möglich vor meinem Papa fliehen.

Die Situation spielte sich abends ab, das war auch die typische Zeit, in der sich mein Papa betrank.

Am schlimmsten waren für mich immer die Wochenenden. Das waren die Tage, die sich mein Vater zum Trinken ausgesucht hatte. Ich wusste das. Jeden Freitag, wenn mein Vater von der Arbeit kam, war die Gefahr groß, dass er sich betrinken würde. Seine Exzesse begannen meist kurz nachdem er zu Hause angekommen war, und dauerten dann bis tief in die Nacht hinein. Das Aufploppen einer Bierflasche ist für mich noch heute etwas, das ich mit Anspannung und Schrecken verbinde. Wenn ich merkte, dass mein Papa zu trinken begonnen hatte, versuchte ich, mich so gut es ging zurückzuziehen und mich in meinem Zimmer zu verstecken. Ich erinnere mich an zahlreiche Abende, an denen ich mich nicht traute, mein Zimmer zu verlassen und beispielsweise in die Küche zu gehen, aus Angst davor, auf meinen betrunkenen Papa zu treffen. Es bestand für mich dabei immer die Gefahr, dass er mich kritisierte und runtermachte. Mit diesen Abenden allein in meinem Zimmer verbinde ich das Gefühl tiefer Einsamkeit und Isolation. Ich weiß noch, dass ich mir damals immer gewünscht hatte, mich jemandem anvertrauen zu können. Ich musste dann immer verzweifelt feststellen, dass es für mich niemanden gab, mit dem ich in solchen Momenten über die belastende Situation sprechen konnte. Bis ich mit neunzehn Jahren anfing, Selbsthilfegruppen zu besuchen, hatte ich mich kaum jemandem in meinem Umfeld anvertrauen können, nicht einmal Leuten aus meinem engsten Freundeskreis. Ich hatte immer diese Überzeugung, dass ich darüber einfach nicht sprechen darf und alles, was mit Papas Trinken zusammenhing, für mich behalten müsste. Ich hatte auch oft erlebt, dass, wenn meine Mama oder ich meinen Papa auf sein Trinken ansprachen, die Situation in einem Wutanfall endete und ich mich danach meistens noch aufgebrachter fühlte und es deshalb lieber vermied, ihn darauf anzusprechen.

Als ich zwölf Jahre alt war, bin ich eine Zeit lang regelmäßig Freitagabends in einen Verein gegangen und war erst gegen neun Uhr abends wieder zu Hause. Ich weiß noch, wie ich von Erwachsenen aus dem Verein nach Hause gefahren und vor meiner Haustür abgesetzt wurde und wie während der Autofahrt eine Angst in mir davor aufkam, was mich zu Hause erwarten und wie ich meinen Papa antreffen würde. Schon wenn ich unsere Haustür sah, wünschte ich mir, wieder umkehren zu können, und wenn ich dann davorstand und dabei war, sie aufzuschließen, wurde die Angst richtig laut und machte sich bemerkbar, Zittern, rasende Gedanken und teilweise auch Panikgefühle. Meistens hatte ich Glück, und ich konnte unbemerkt von der Haustür in mein Zimmer flüchten. Ich kann mich aber auch an eine Situation erinnern, als ich die Tür aufmachte und plötzlich merkte, wie sie gegen den Rücken meines Vaters stieß, der betrunken und besinnungslos auf dem Fußboden lag. Er wachte davon zum Glück nicht auf, aber ich hatte einen riesigen Schreck bekommen, und diese Situation hat sich in meine Erinnerung eingebrannt, weil ich mich in diesem und den vielen anderen Momenten so verlassen, hilflos und ängstlich fühlte.

Ich glaubte lange Zeit, dass meine Mama und ich eine tolle, innige und vertraute Beziehung hätten. Mittlerweile habe ich gelernt, dass unsere Beziehung von Verstrickungen und emotionalem Missbrauch geprägt war. Diese Erkenntnis war und ist immer noch sehr schwierig für mich zu verarbeiten. Es gab in meiner Kindheit sehr klare Rollenverteilungen: Mein Vater war der Böse und meine Mama war die Gute. Dieses Schwarzweißdenken habe ich entwickelt, weil ich schon in sehr jungem Alter von meiner Mama zu ihrer Komplizin gemacht wurde. Ich wurde zu ihrer Vertrauten, zum Partnerersatz und zu ihrer Ansprechpartnerin in allen Angelegenheiten. Schon mit acht Jahren wusste ich deshalb von den Geldsorgen, die meine Mama vor meinem Vater beschönigte, die sie mir aber im vollen Ausmaß schilderte, und auch davon, wie sehr sie das Trinken meines Papas belastete. Ich hatte das Gefühl, dass ich die engste Vertraute meiner Mama war. Nach und nach ist es jetzt für mich wichtig zu schauen, wie die Beziehung zu meiner Mama wirklich gewesen ist, und dabei die vielen Graustufen zu erkennen. In meiner Rolle als Mamas engste Vertraute war kein Platz für meine kindlichen Bedürfnisse und Nöte, denn ich sah es als meine Pflicht an, dafür zu sorgen, dass es ihr gut ging, und da wollte ich sie nicht noch weiter mit meinen Sorgen belasten. Es ist für mich sehr schmerzhaft festzustellen, dass meine Mama mich während oder nach Papas Trinkexzessen nie gefragt hat, ob ich okay sei und was ich gerade bräuchte. Mit meinen schwierigen Gefühlen wie Angst, Wut und Trauer bin ich deshalb selten zu meiner Mama gegangen, aus Angst davor, dass mir dann ihre so notwendige Zuwendung entzogen würde, denn ich glaubte damals: Ich muss funktionieren, dass wenigstens ich für Mama da sein kann; nur so bekomme ich ihre Aufmerksamkeit.

Wenn ich an mich als Kind zurückdenke, hat sich ein Bild dabei schmerzlich eingebrannt: Ich sehe mich nachts in meinem Bett liegen, leise weinend, mein Kuscheltier fest an mich gedrückt, mit den bekannten Gefühlen der Überforderung und Einsamkeit. Mir kam in diesen Momenten nie der Gedanke, Trost bei meinen Eltern zu suchen. Ich wusste, dass ich selbst dann wahrscheinlich mit diesen Gefühlen alleingelassen worden wäre, deshalb machte ich sie lieber mit mir selbst aus, um nicht wieder den Schmerz des Verlassenwerdens spüren zu müssen. Ich teilte mir als Kind lange ein Zimmer mit meinem Bruder. Wegen seiner Schwerhörigkeit bekam er aber nichts mit von meinem Weinen, worüber ich einerseits froh war, andererseits fühlte ich mich dann aber noch einsamer. Vor dem Schlafengehen gab es nicht nur diese Traurigkeit, sondern irgendwann auch panische Angstgefühle, weshalb ich mich oft unter der Decke versteckte und mich trotz Schweißausbrüchen und Atemnot nicht aus der Decke hervortraute. Ich hatte damals Angst vor unbekannten Monstern und Schreckensgestalten, vor denen ich mich zu verstecken versuchte.

Mein Bruder und ich wuchsen unter diesen schwierigen Bedingungen auf, und mir fällt auf, dass wir beide sehr unterschiedliche Rollen in unserer Familie zugeteilt bekommen hatten. Ich bekam von meinem Papa ab und zu noch Zuwendung und Lob, aber mein Bruder war für ihn das komplett schwarze Schaf, er konnte es meinem Vater nie recht machen. Weder sein Aussehen noch seine Hobbies oder Interessen waren für meinen Vater gut genug. Und das ließ er meinen Bruder auch wissen und spüren. Er kritisierte ihn ständig und machte ihn häufig vor Freunden, Nachbarn und Bekannten runter. Als mein Bruder noch ein Kind war, kam es auch vor, dass mein Papa ihm gegenüber handgreiflich wurde. Das habe ich dagegen nie erfahren. Ich wurde manchmal gelobt, wenn ich in der Schule gute Leistungen erbrachte. Später hat mein Vater auch mein Aussehen gelobt. Diese Rolle wird als „Goldenes Kind" bezeichnet und charakterisiert sich dadurch, dass dieses Kind von einem oder beiden Elternteilen bevorzugt behandelt und deutlich mehr wertgeschätzt wird als seine Geschwisterkinder. Diese Rolle war für mich mit sehr ambivalenten Gefühlen verbunden. Ich freute mich natürlich über die seltene Zuwendung von meinem Papa, nach der ich mich sehr gesehnt hatte. Aber andererseits empfand ich Schuldgefühle meinem Bruder gegenüber, weil ich auch merkte, dass er viel schlechter behandelt wurde als ich.

Meine Aufgabe war oft, angespannte Situationen mit Witzen und guter Laune aufzulockern. In Gegenwart meiner Mutter verbarg ich häufig meine Sorgen und Nöte und setzte eine fröhliche Maske auf, um sie aufzuheitern. Diese gespielt unbeschwerte und fröhliche Art brachte mir von meiner Familie Zuwendung, Lob und eine angenehmere Atmosphäre ein. Allerdings merke ich heute als Erwachsene, dass es mir unheimlich schwerfällt, diese Maske abzulegen. Ich habe große Schwierigkeiten damit, vor anderen Menschen zu weinen und mich vor ihnen verletzlich zu zeigen, selbst bei Menschen, die mir sehr nahestehen. Dadurch, dass meine Bedürfnisse bei meinen Eltern so selten eine Rolle spielten und immer die Bedürfnisse anderer wichtiger zu sein schienen, fühlte ich mich von ihnen übersehen und unsichtbar, was auch eine weitere Rolle war, die ich angenommen oder die mir zugeteilt worden war: die der Unsichtbaren. Während mein Bruder seiner Wut und Verletzung häufig lauthals Luft machte, versteckte ich meine Wut und Trauer vor meinen Eltern und ließ sie höchstens heraus, wenn ich allein war. Dieses Verhalten hat dazu geführt, dass ich schwierige Gefühle oft verdränge und nun große Schwierigkeiten habe, sie vor anderen Menschen zu zeigen. Auch jetzt fällt es mir noch wahnsinnig schwer, beispielsweise bei der Arbeit meine Bedürfnisse mitzuteilen und mich zu wehren, wenn sich andere Menschen mir gegenüber ungerecht und gemein verhalten.

Ich würde mein damaliges Ich gerne in den Arm nehmen und ihm sagen, dass meine Gefühle und Reaktionen völlig angemessen sind, dass ich fantastisch und wertvoll bin und dass alles besser werden wird; dass ich stark und mutig bin und so viele Sachen meistere; ich stelle mir vor, wie ich mich als kleines Kind umarme und tröste. Ich merke dabei Trauer in mir aufkommen, weil ich mich noch wirklich gut daran erinnern kann, wie allein ich mich all die Jahre gefühlt habe. Allein und auch ungesehen und unwichtig. Als ich endlich soweit war, mir Unterstützung im Außen zu holen, war ich neunzehn Jahre alt. Zu diesem Zeitpunkt hatte ich gerade mein Abitur geschafft und musste ein Jahr mit Jobben verbringen, bis ich meine Ausbildung anfangen konnte. Ich war in der Zeit viel zu Hause, genau wie mein Papa, was für mich eine sehr belastende Situation war. Es kam noch erschwerend hinzu, dass mir meine gewohnte Alltagsstruktur aus der Schulzeit fehlte und ich kaum soziale Kontakte hatte, weil meine Freundinnen und Freunde schon studierten. In dieser Zeit fing ich zum ersten Mal an, mich zum Thema Alkoholismus in Familien im Internet zu informieren. Ich verbrachte etliche Stunden damit, alles zu lesen, was ich finden konnte, was leider nicht allzu viel war, aber ich fand einige hilfreiche Internetseiten wie die von NACOA, wo es sogar eine anonyme und kostenlose Online-Beratung für Kinder und Jugendliche aus suchtbelasteten Familien gibt. Die habe ich dann auch nach einiger Überwindung in Anspruch genommen. Ich empfand es damals als sehr befremdlich und ungewohnt, mit anderen Menschen über meine Situation zu Hause zu sprechen, aber ich merkte auch, wie gut es mir tat, jemanden zu haben, der da war und mir zuhörte.

Ich weiß noch, dass ich nach einiger Zeit auch eine Beratungsstelle vom Blauen Kreuz in meiner Stadt aufgesucht und dort eine Beratungssitzung hatte. Kurz danach habe ich das erste Mal eine Selbsthilfegruppe aufgesucht. Zweimal die Woche traf sich eine Selbsthilfegruppe, die für Angehörige alkoholabhängiger Menschen ist. Dort ist jeder willkommen, der vom Trinken einer anderen Person belastet ist und Unterstützung sucht. Als ich dann das erste Mal vor dem Gebäude stand, in dem ein Treffen stattfand, kam in mir Panik auf und der Gedanke, dass ich mich auf keinen Fall anderen anvertrauen dürfe. Die Vorstellung war wahnsinnig beängstigend für mich. Ich fuhr dann auch sehr geknickt wieder nach Hause, ich konnte nicht reingehen. Aber zum Glück konnte ich mich nochmal aufraffen und dann auch tatsächlich beim zweiten Anlauf an einem Treffen teilnehmen. Ich erinnere mich an vieles nicht mehr, was bei diesem Treffen passiert ist, außer dass ich wahnsinnig nervös und ängstlich war. Und ich erinnere mich noch daran, wie herzlich man mich aufnahm und dass ich mich an diesem Abend sogar getraut hatte, von mir zu erzählen und mich mitzuteilen.

Ich bin sehr dankbar, dass ich damals diesen Schritt gegangen bin und Selbsthilfegruppen besucht habe. Das hat mir geholfen, aus meiner Isolation herauszukommen und mir endlich die Unterstützung zu holen, die ich so dringend brauchte. Ich hatte gemerkt, dass ich mit meinen Erfahrungen und Schwierigkeiten nicht allein bin, sondern dass es viele andere gibt, die ebenfalls mit trinkenden Eltern aufgewachsen sind und meine Schwierigkeiten und Sorgen teilen. Das half mir, ein großes Stück von den Auswirkungen meines Elternhauses einzuordnen und sogar ein Stück zu genesen. Ich bin stolz auf mein damaliges Ich, dass so stark war, diesen gruseligen Schritt ins Ungewisse zu gehen und sich anvertrauen zu können.

Seit zwei Jahren mache ich eine Therapie. Ich konnte zu meiner Therapeutin ein großes Vertrauen aufbauen und fühle mich bei ihr sicher, gesehen und wertgeschätzt. Mit ihrer Hilfe konnte ich schon viele schwierige Gefühle und Erlebnisse aus meinem Elternhaus bearbeiten, verstehen und zudem lernen, mit meinen Schwierigkeiten als erwachsenes Kind dysfunktionaler Eltern besser umgehen zu können.

Ich möchte an dieser Stelle jeder Person, die ähnliche Erfahrungen wie ich gemacht hat oder gerade macht, Mut machen und mitgeben: Es ist nie zu spät, sich Hilfe zu holen und ein neues und gesünderes Leben zu beginnen. Ich kann nicht in Worte fassen, wie sehr es mein Leben bereichert hat, endlich mich selbst in den Fokus zu rücken und dafür zu sorgen, dass es mir gut geht, unabhängig davon, wie es meinen Eltern geht und wie sie sich verhalten.

Sophia

In komme aus einer Familie mit drei Kindern. Aufgewachsen bin ich in der Stadt, ich bin also ein richtiges Stadtkind und würde mich auch noch heute so bezeichnen. In der Stadt, mit Leben um mich herum, fühle ich mich am wohlsten. Bis ich sechzehn war, teilten wir uns zu dritt das Kinderzimmer.

Dann entschieden meine Eltern, ein Haus in einer Kleinstadt zu kaufen. Ich wollte das nicht, und sie versprachen mir daraufhin einen Hund und dass sie sich darum kümmern würden, dass ich weiterhin auf meine alte Schule gehen und so meine Freunde nach wie vor sehen könnte.

Als wir noch in der Stadt wohnten, gab es Nachbarn, mit denen ich mich gut verstand und auch mal Babysitten durfte. Meine Elternund meine Geschwister hatten auch Kontakte in der Nachbarschaft. Dies änderte sich mit dem Umzug aufs Land.

Ich war ein sehr schüchternes und unsicheres Mädchen, und in der Kleinstadt lebten hauptsächlich Senioren und junge, frischgebackene Eltern. Ich hatte große Probleme, neue Freunde zu finden. Meinen Geschwistern fiel das etwas leichter.

Ich zog mich immer mehr zurück und rutschte in eine Depression. Meine Eltern hielten ihr Versprechen, und ich bekam eine Hündin und damit eine Aufgabe. Ich übernahm Verantwortung für sie und damit auch wieder mehr für mich. Trotzdem war ich ein sehr trauriges Kind.

Die Gefühle, die ich am intensivsten wahrgenommen habe und die mir noch heute im Gedächtnis geblieben sind, waren Unsicherheit und Ohnmacht, aber auch Scham. Ich habe mich oft abgelehnt und missverstanden gefühlt. Und irgendwie liegt über allem ein trister, düsterer Schleier, den ich bis heute nie richtig losgeworden bin.

Ich hatte immer das Gefühl, es liegt etwas in der Luft. Etwas Negatives, das alles überschattet. Dieses Gefühl hatte ich schon recht früh.

Zunächst war mir gar nicht bewusst, dass meine Mutter trank. Es äußerte sich nur indirekt. Es gab oft Streit. Ich hatte immer das Gefühl, dass meine Eltern irgendwie abwesend waren. Und damit auch unnahbar. Je älter ich wurde, desto häufiger stritten sich die beiden. Meist fing es an mit „Trink doch nicht so viel!" und endete im Chaos mit Handgreiflichkeiten. Dabei versuchte ich zunächst, zu schlichten und auch meine Geschwister zu schützen. Auch körperlich.

Meine Mutter war launisch. Sie stellte Aussagen in Frage, war überaus kritisch bis hin zu paranoiden Zügen, dass die ganze Welt gegen sie sei und so weiter. Mein Vater war überfordert und sah ab einem gewissen Punkt nur noch die Möglichkeit, sie zu schlagen. Das Problem war also nicht nur die trinkende Mutter, sondern das ganze Konstrukt der Familie.

Ich weiß nicht mehr, wann sie nüchtern war oder betrunken, weil sie heimlich trank. Ich erinnere mich noch gut an einen Feiertag, als ich wegen einer Zugverspätung auf dem Weg nach Hause war. Es war ungefähr ein Uhr mittags. Der nächste Zug fuhr erst Stunden später. Ich rief meine Mutter an mit der Bitte, mich abzuholen. Aber sie konnte mich nicht abholen, weil sie zu dem Zeitpunkt schon betrunken war. Immerhin war sie damals noch so vernünftig, nicht Auto zu fahren.

Ich hatte eine sehr unsichere Kindheit. Ich hätte mir Geborgenheit gewünscht. Für andere war meine Kindheit bestimmt chaotisch. Für mich war es das nicht, denn ich kannte es nicht anders. Ich bin so aufgewachsen, und für mich war es Alltag, dass man die kleinsten Anzeichen erkennt und sich auf plötzliche Stimmungsschwankungen einstellt.

Meinen ersten Partner hatte ich mit Anfang zwanzig. Diese Beziehung hielt einige Jahre, mit diversen Höhen und Tiefen. Ich orientierte mich sehr an meinem Partner, tat im Hinblick auf Wohnort, Urlaub, Freizeit, usw. was er wollte. Meine Mutter war Profi beim Thema Liebesentzug. Mein Partner dann auch, nur wesentlich subtiler. Wenn ich ansprach, dass ich mich mit etwas unwohl fühlte, sollte ich aufhören, ihm ein schlechtes Gewissen zu machen. Eine weitere Parallele fand ich in seinem destruktiven Denken und Leben.

Das Gefühl, anders als andere zu sein, begleitet mich mein ganzes Leben. Ich habe schon früher gesagt, es ist, als würde in meinem Kopf ein anderes Betriebssystem laufen als in allen anderen. Ich habe mich immer anders und teilweise auch falsch gefühlt. Jetzt, da ich weiß, warum das so ist, kann ich aber damit umgehen.

Mit neunzehn fing ich eine Ausbildung an und zog nach Ablauf der Probezeit zu Hause aus. Mit der Entscheidung hatte ich lange zu kämpfen, weil ich meine Geschwister nicht alleine lassen wollte. Ich entschied mich aber für den Auszug, weil ich ihnen damit auch einen Zufluchtsort bieten konnte.

Ich war zu dem Zeitpunkt sehr unsicher und hatte fast schon eine Sozialphobie. Trotzdem begann ich eine Ausbildung im Einzelhandel. Weil ich aber geübt darin war, meine Gefühle abzuschalten, bekam ich auch das hin.

Ich hatte eine Phase, in der mir auffiel, dass Alkohol für mich mehr ist als nur Genuss, meine Gedanken kreisen um Alkohol und um die Entspannung, die er brachte. Das habe ich zum Glück rechtzeitig gemerkt. Stattdessen fing ich an, mit viel Elan sehr viel Sport zu machen. Ich aß zu wenig und teilweise gar nichts und machte noch mehr Sport. So lief ich geradewegs in eine Essstörungskarriere hinein. Irgendwann stellte ich fest, dass ich die Grenzen meines Körpers weit überschritten hatte. Ich konnte nicht mehr schlafen, nicht mehr klar denken, meine Periode hatte ich seit Jahren nicht mehr, und mein Sozialleben hatte ich aus Angst vor dem Essen aufs Nötigste heruntergeschraubt. Ich bekam Entzündungen, Haarausfall, Reizdarmsymptome, abgebrochene Zähne. Bis ich mein Studium der Ernährungswissenschaften abbrechen musste, weil ich nicht mehr konnte. Damals habe ich mich zum zweiten Mal aufgegeben. Aber ich hatte ja noch die Verantwortung für meine Mitmenschen.

Von da an begann ich mich langsam aus eigener Kraft und alleine wieder aufzupäppeln. Das ist jetzt fünf Jahre her. Das erste Mal mit jemandem darüber gesprochen habe ich vergangenes Jahr. Die Langzeitfolgen trage ich noch heute mit mir herum. Aus meiner Kindheit geblieben sind Misstrauen gegenüber Menschen, aber auch Empathie und eine hohe Sensibilität.

Manuela

Meine Familie ist eigentlich sehr normal. Mein jüngerer Bruder und ich sind mit unseren Eltern in einem modernen Reihenhaus auf dem Land aufgewachsen. Von außen betrachtet waren wir eine glückliche vierköpfige Familie, die sich in der Gemeinde engagierte, an jedem Wochenende Besuch bekam und zu der sich bei Nachbarschaftsfesten jeder gerne an den Tisch setzte.

Ich war fünf, als mein Bruder geboren wurde, und ich war sehr eifersüchtig auf ihn und habe ihn schikaniert.

In der Pubertät hatte ich kaum Interesse an meinem nervigen kleinen Bruder. Als es schwierig wurde und sich unsere Eltern scheiden ließen, habe ich ihn dann beschützt. So sehr, dass ich ihn mit meinem Leben verteidigt hätte. Das verstärkte sich sogar noch, als wir mit unserer alkoholkranken Mutter ausgezogen sind. Ich bin dann immer mehr in die Mutterrolle geschlüpft, war für ihn die Vertrauensperson, die unsere Mutter nicht war.

Heute weiß ich, dass das die typischen Verhaltensmuster der Co-Abhängigkeit sind. Ich würde sagen, dass ich eher die temperamentvolle war und mein Bruder der ruhige, der sich hinter mir verstecken konnte.

Ich kann mich gar nicht daran erinnern, wann ich meine Mutter das erste Mal mit Alkohol in Verbindung gebracht habe. Ich weiß nur noch, dass ich sie da komisch und verändert fand. Es gibt eine Erinnerung, bei der meine Eltern zu zweit oder mit Besuch zusammen Wein zum Abendessen tranken, da war ich auf jeden Fall noch ein Kleinkind. Aber während meiner Kindheit habe ich den Alkoholkonsum meiner Mutter kaum wahrgenommen, weil sie immer anfing zu trinken, wenn wir schon im Bett waren. Ich weiß aber noch, dass sie in guten Phasen lustig und laut war und in schlechten Phasen launisch und impulsiv, ihre Erziehungsmethoden waren dann irrational.

Wenn sie nüchtern war, war sie eine der liebevollsten und sanftesten Mütter, die es gibt. Sie las uns kuschelnd Abendgeschichten im Bett vor und gab uns Vollkorn-Bio-Brotzeiten in die Schule mit. Insgesamt würde ich meine Kindheit deshalb als unbefangen und zum großen Teil glücklich beschreiben, aber geborgen waren wir nicht. Mein Vater hatte die hilflose und ausweichende Rolle eingenommen; die letzten Jahre vor der Scheidung hatte er im Dachstock sein eigenes Parallelleben aufgebaut.

Die negativen und eindrücklicheren Momente kamen erst mit der Scheidung, dem Umzug und der neuen Beziehung meiner Mutter; da war ich fünfzehn Jahre alt und mein Bruder zehn. Ab da fing sie an, den Alkohol schlechter zu verstecken und es gab die ersten Erlebnisse, für die ich mich schämte. Es waren oft Situationen, in denen sie zum Beispiel als unzufriedene Kundin maßlos übertrieb und ich in der Rolle der Tochter der verrückten Frau beschämt danebenstand. Eine Schlüsselszene, die ich nie vergessen werde, war, als ich abends heimkam und sie, wie so oft, auf der Couch benommen vor sich hin lallte. Ich dachte mir nichts dabei und bin in mein Zimmer. Dann hörte ich plötzlich einen lauten Knall, sie war vom Sofa gefallen und mit dem Kopf auf dem Boden aufgeknallt. Sie kam nicht mehr alleine die Treppe zum Schlafzimmer hoch, geschweige denn ins Bett. Voller Panik und Sorge wollte ich den Krankenwagen oder einen Bekannten anrufen, aber sie verbot es mir.

Ich kann mich nicht erinnern, in dieser Nacht geschlafen zu haben, weil ich ständig Angst hatte, sie würde sterben oder in Ohnmacht fallen und kotzen und ersticken. Der Wecker auf meinem Handy war auf jede halbe Stunde gestellt, damit ich regelmäßig nachschauen konnte, ob sie noch atmete. Am nächsten Morgen weckte ich meinen Bruder, half ihm, sich für die Schule fertig zu machen und als ich mich selber auf den Weg zu meinem Ausbildungsplatz machte und einen letzten Blick in ihr Schlafzimmer warf, sah ich, wie sie in ihrem eigenen Urin lag.

Das war der Moment, in dem sich das Bild meiner Mutter für mich zum ersten Mal „entmenschlichte".

Seitdem widert mich der Geruch von Alkohol an.

Ob meine Partnerwahl etwas mit meiner besonderen Kindheit zu tun haben könnte, kann ich nicht beurteilen, da ich bis jetzt noch nie in einer romantischen Beziehung war. Das große Bindungsthema und meine Angst, nicht gut genug dafür zu sein, kommen bestimmt daher.

Die Jugendjahre allgemein waren eher ruhig. Wenn ich mit Freunden ausging, habe ich immer darauf geachtet, nur angetrunken zu sein. Heute, mit zweiundzwanzig, trinke ich keinen Alkohol mehr. Während meiner Ausbildung zur Kinderpflegerin und dem Nachholen des Abiturs hatte ich oft Momente, in denen ich mich anders als andere fühlte. Momentan studiere ich und weiß viel mehr über mich und habe mich auch von dem ungesunden Verantwortungsgefühl meiner Mutter gegenüber getrennt.

Ich denke, ich habe sehr viele Muster, Konditionierungen und Glaubenssätze aus meiner Kindheit und noch mehr aus meiner Jugend- mitgenommen. Ich habe das Leben lange als Kampf angesehen und war überzeugt davon, als Einzelkämpferin durchgehen zu müssen. Dies hatte zur Folge, dass ich mich selbst nicht mehr gespürt und mich komplett überfordert habe. Weil ich so ein großes Schamgefühl in mir habe, hielt ich lieber alles aus statt nach Hilfe zu fragen.

Ich lerne immer noch, meine Gefühle richtig wahrzunehmen. Selber bin ich nicht von einer Suchtkrankheit betroffen, unter anderem, weil ich nie so werden will wie meine Mutter. Es wurde auch noch nie eine Depression diagnostiziert, aber es gab Zeiten, in denen ich viele solcher Symptome hatte.

Wenn Menschen in meinem Umfeld trinken, kann ich mittlerweile ganz gut damit umgehen. Früher habe ich automatisch die komplette Person abgewertet, mich zurückgezogen und zukünftige Situationen vermieden. Ich verstehe bis heute nicht, warum unsere Gesellschaft jemanden, der betrunken ist, feiert und lustig findet.

Meine Eltern leben beide noch, mit meinem Vater hat sich das Verhältnis intensiviert, und ich zähle ihn nun zu meinen engsten Vertrauenspersonen, während der Kontakt zu meiner Mutter stockend ist. Als ich letztes Jahr an einem Coaching teilnahm, hatten wir ein halbes Jahr Kontaktstillstand, den ich brauchte, um heilen und alles in Ruhe reflektieren zu können.

An meine Kindheit denke ich oft, auch weil ich mich seit mehr als einem Jahr in einer psychologischen Therapie befinde und dabei viel hochkommt. Wenn ich im Alltag an meine Kindheit zurückdenke, habe ich dabei gemischte Gefühle. Zum einen ist da dieses dunkle Bedauern mit viel Schmerz, zum anderen pure Dankbarkeit, auch für alles Negative, dass alles passiert ist, wie es passiert ist, weil ich ansonsten eine andere Person geworden wäre.

Mich selbst würde ich als sensible und empathische Person beschreiben, mit Tendenzen zur Hochsensibilität. Dies empfinde ich als Fluch und Segen zugleich, da ich bei Freunden eine gute Zuhörerin sein kann, aber in bestimmten Situationen die Bedürfnisse anderer über meine eigenen stelle.

Mein Selbstwertgefühl ist ausbaufähig, weil ich sehr selbstkritisch bin und dazu neige, meine Schwächen mehr zu sehen als meine Stärken. Mein Verantwortungsgefühl gegenüber Mitmenschen ist extrem ausgeprägt. Vor allem bei meiner Mutter oder meinem Bruder erwische ich mich oft dabei, wie ich mich für ihr Lebensglück verantwortlich fühle.

Wenn es mir schlecht geht, hilft es mir enorm, meine Gedanken und Gefühle aufzuschreiben und das Ganze damit zu entwirren. Außerdem hilft es mir fast noch mehr, mich in solchen Momenten daran zu erinnern, mich nicht selbst zu verurteilen und Geduld mit mir und meinem Leben zu haben.

Würde ich meinen Eltern heute einen Brief schreiben, würde ich ihnen danken, dass es mich gibt und für alle positiven Erinnerungen, die ich haben darf. Ich hätte aber auch das Bedürfnis, ihnen zu schreiben, wie enttäuscht und wütend ich bin, dass sie ihre brutale und langatmige Scheidung auf den kleinen Herzen meines Bruders und mir ausgetragen haben.

Aber es bringt mir nichts, Groll gegen sie oder meine besondere Kindheit zu hegen. Sie haben ihre Fehler mit ihrem damaligen Wissen gemacht genauso wie ich Fehler machen werde, an denen ich wachsen darf.

Jasmin

Meine erste und eindrücklichste Erfahrung mit einer Alkoholeskapade meiner Eltern habe ich im Alter von sieben Jahren gemacht. Bis dahin war bei uns zu Hause Alkoholkonsum noch kein so großes oder offensichtliches Thema. Es gab zwar Silvesterfeiern und Geburtstagspartys, alles immer feuchtfröhlich, aber der heftige Konsum fing eigentlich erst mit unserer Zeit in Thailand an. Thailand wurde zur großen Liebe meiner Eltern und hat meine Kindheit, unsere Familie und den Freundeskreis nachhaltig geprägt.

Das kam ganz zufällig: Meine Eltern besaßen ein Dreifamilienhaus, Mitte der Achtzigerjahre zog ins Dachgeschoss ein Mann mit seiner thailändischen Frau ein. Diese Frau und ihre Schwester wurden die besten Freundinnen meiner Mutter und zeigten uns irgendwann auch ihr Land und ihre Familie. So kam es, dass wir über die letzten mehr als dreißig Jahre regelrecht in diese Thai-Familie hineingewachsen sind und unsere Familie so erweitert haben, sowohl in Thailand als auch hier in Deutschland. Unsere eigene Familie war nie besonders groß, ich habe keine Geschwister, meine Eltern auch nicht, und meine Großeltern sind mittlerweile alle verstorben. Meine Herkunftsfamilie besteht nur noch aus meinem Vater und mir.

Sehe ich mich als Kind, dann im Alter von sieben Jahren. So deutlich kann ich mich offen gesagt an nichts davor und wenig danach erinnern. Ich weiß, dass meine Mutter damals sehr unsicher war und immer bemüht, ja nichts falsch zu machen als Europäerin im damaligen Thailand. Da galt es beispielsweise, niemandem die Füße hinzuhalten, niemals den Kopf eines anderen zu berühren, Schultern in Tempeln zu bedecken, überall Schuhe auszuziehen, auf Märkten nichts einfach anzufassen, nicht zu freizügig schwimmen zu gehen oder generell zu freizügig herumzulaufen. Woran ich mich ebenfalls sehr gut erinnere, ist die erste Nacht überhaupt in Thailand. Da unser Dorf gut sechs Stunden Autofahrt von Bangkok entfernt liegt, mussten wir die erste Nacht in der Hauptstadt schlafen. Ich weiß nicht, wieso meine Eltern dachten, es wäre eine gute Idee, sich unten in die Hotelbar zu setzen, während ich oben allein im Zimmer lag. Meine Eltern hatten mir in dieser ersten Nacht den Fernseher angelassen. Damit ich mich allein im Zimmer nicht gruselte, nehme ich an. Allerdings lief dann tatsächlich ein thailändischer Horrorfilm. Ich werde es niemals vergessen, dieses Schwarz-Weiß-Filmchen, in dem sich eine Kletterpflanze selbstständig macht und einem Mann das Bein abquetscht. Natürlich stand ich kurz darauf im Nachthemd bei meinen Eltern an der Bar. Auch wenn diese Szene dreißig Jahre her ist, kann ich heute noch den Alpdruck fühlen.

Von dieser Geschichte abgesehen war dieser Urlaub wohl das letzte Mal, dass sich meine Mutter um mich kümmerte. Einen Tag machten wir eine Bootstour zu einer einsamen Insel. Da ich mich stundenlang im Wasser aufgehalten hatte, bekam ich damals gar nicht mit, dass die Erwachsenen sich am Strand unglaublich betrunken hatten. Das wurde dann erst auf der Heimfahrt deutlich. Wieder in unserem Dorf angekommen, war mein Vater so sturzbetrunken, dass er am Strand entlang irgendwo in die Dunkelheit torkelte. Das war mein absoluter Horror damals, ich weiß noch genau, wie mich diese Szene innerlich zerrissen hat. Den Satz meiner Mutter werde ich nie vergessen: „Lass ihn, der braucht das jetzt!" Ich habe verstanden, dass er es brauchte, von uns wegzugehen, und auch nicht, dass sie ihn einfach gehen ließ am dunklen Strand in diesem fremden Land, mit seinen von einem leichten Motorradunfall offenen und nach der Bootstour nur noch dürftig verbundenen Knien und Ellenbogen. In dieser Nacht zogen wir zu unserer Freundin in den Bungalow, bis mein Vater wieder von seiner einsamen nächtlichen Tour auftauchte.

Dieses Erlebnis war für mich, als hätte jemand einen Vorhang zurückgezogen. Es hat mir eine Seite meiner Eltern gezeigt, die ich nicht kannte und nicht mochte. In meiner Erinnerung nahmen die Veränderungen danach zu. Es wurde immer heftiger, auch in Deutschland, bis nichts anderes mehr von ihnen übrig war. Allzu oft wurde von da an deutlich, was ihre Sauferei für Begleiterscheinungen und Folgen hatte: Streiterei, Erbrechen und Kater. Sachschäden. Es kam häufiger vor, dass mein Vater sich in der Stadt betrank und zu Fuß nach Hause lief, stundenlang quer durch den nächtlichen Wald, nicht erreichbar für meine Mutter. Ich weiß nicht, wie viele Handys meines Vaters in diesem Wald liegen, drei sind es sicher. Viel zu oft sind beide betrunken Auto gefahren und haben sich irgendwelche Schrammen und Beulen am Auto eingefangen.

Wie oft hat er sich die Zähne ausgeschlagen? Wie oft ist er gestürzt und hat sich – von den Zähnen abgesehen – nur leicht verletzt? Wie oft haben sie tagelang nicht miteinander geredet? Ich verstehe schon, dass meine Mutter irgendwann den Schlussstrich gezogen hat. Was ich nicht verstehe, ist, warum sie danach selbst erst richtig mit der Sauferei angefangen hat, wo sie doch praktisch den Absprung geschafft hatte. Der Gipfel der Eskapaden war dann, als mein Vater kurz vor seinem Auszug den heimischen Tabletten-Vorrat schluckte, mit Alkohol versteht sich. Sein Plan ging nicht auf. Nicht meine Mutter kam nach Hause, sondern ich. Ich war diejenige, die ihn gefunden hat – völlig verwirrt in seinem blutigen Erbrochenen herumkriechend. Das war in den letzten Monaten, die ich noch zu Hause gewohnt habe. Ich erinnere mich, dass ich in mein Zimmer ging und mich aufs Bett setzte, völlig verstört. Ich wusste nicht genau, was ich tun sollte. Meine Mutter war abgetaucht und ging nicht ans Telefon. Ich habe dann einen sehr guten Freund meines Vaters angerufen. Ich werde nie vergessen, dass er innerhalb von zwanzig Minuten da war. Mein Vater torkelte in der Zwischenzeit mehrere Male in mein Zimmer und ich hatte Angst. Er ist mir gegenüber niemals handgreiflich geworden, aber er war durch den Medikamenten-Alkohol-Mix dermaßen verwirrt, dass er unzusammenhängende Dinge sagte und fragte und ich damit schlichtweg überfordert war. Er kam dann kurzzeitig in die Psychiatrie, aber langfristige Folgen hatte dieses Erlebnis nicht. Es gibt so vieles, was sich in den letzten fünfzehn Jahren zugetragen hat, dass ich den beiden nicht verzeihen kann. Und trotzdem habe ich mich immer für beide verantwortlich gefühlt und mit ihnen gemeinsam ihre Probleme ausgebadet. Ich suche immer noch nach dem Grund, warum ich so an ihnen gehangen habe und hänge. Warum ich versucht habe, es vor allem meiner Mutter immer recht zu machen. Warum macht man das? Bei jemandem, von dem man eigentlich tief im Innersten weiß, dass man es ihm nie recht machen wird. Das ist hoch toxisch. Momentan habe ich keine Kraft für eine therapeutische Hilfe. Vor drei Jahren habe ich in einer Kurzzeit-Therapie die Grundzüge der Selbstfürsorge gelernt; es hilft mir, damit zu arbeiten. Insbesondere die letzten anderthalb Jahre der Corona-Zeit haben meinem Partner und mir extrem schwer zu schaffen gemacht, mit zwei Schulkindern und einem Kindergartenkind daheim. Es wird regelmäßig alles zu viel, und wir haben uns in den letzten Monaten dabei ertappt, dass es der letzte Ausweg zur Entspannung war, sich abends gemeinsam hinzusetzen und etwas zu trinken. Zwar selten übermäßig, aber trotzdem in der Summe viel zu viel. Ich bin mir sicher, in dieser besonderen Zeit ging es sehr vielen so, regelmäßig standen ganze Meere an leeren Wein- und Spirituosenflaschen um die vollen Glascontainer herum. Trotzdem – schwere Zeit hin oder her – ich will das nicht! Wir beide wollen das nicht! Ich habe Angst davor, dass ich doch irgendwie hineinrutsche. Man sagt ja, Kinder von Suchtkranken haben eine ziemlich gute Prognose, den Eltern zu folgen, vieles ist zwar sozialisiert, aber einiges auch einfach in den Genen angelegt. Ich möchte niemals so absinken. Ich hasse es, die Kontrolle zu verlieren, und ich finde es peinlich, wenn das vor anderen geschieht – niemals möchte ich mich so peinlich aufführen wie meine Eltern. Ich möchte trotzdem nicht ganz auf Alkohol verzichten. Mal ein Glas Wein ab und zu, ohne Angst, dass das kein Ende findet…

Dem Alkohol kann man nicht entkommen, er ist überall, und er ist selbstverständlich. Er ist gesellschaftsfähig und jederzeit an jedem Ort verfügbar. Interessant zu beobachten war das vor allem in unserem Urlaub, einem All-Inclusive-Urlaub. Wie selbstverständlich es für die meisten Menschen offenbar ist: Alkohol umsonst, am besten rund um die Uhr. Der Alkohol wurde zu jeder Mahlzeit schon direkt auf den Tisch gestellt, man musste gar nicht danach fragen. Ich hatte eindeutig mehr Probleme, an mein stilles Wasser zu kommen als an viel Wein. Ich bin froh, dass ich weiß, dass ich tagsüber keinen Alkohol trinken kann, und wenn ich es einmal abends übertrieben habe, trinke ich wenigstens zwei Tage lang gar nichts.

Irgendwie hat man meiner Mutter erst die letzten Jahre angemerkt, dass sie das Trinken körperlich nicht mehr wegstecken konnte. Die Feiern am Wochenende, bei denen die Nächte durchgemacht und am Morgen gleich weiter getrunken wurde; das ganze Wochenende durchweg einen Pegel; zwischendrin mal ein Schläfchen, eine Schmerztablette und dann ging es weiter. Das hat sie eigentlich lange durchgehalten, ohne dass sie aufgefallen wäre. Vor vier Jahren habe ich das erste Mal bemerkt, wie gelb sie war, und habe einen komischen Geruch an ihr wahrgenommen. Das war der Ammoniak-Geruch der sich zersetzenden Leber. Da habe ich ihre spontanen Nickerchen plötzlich ganz anders eingeschätzt.

Ich habe zu Hause keinen maßvollen Umgang mit Alkohol gelernt, aber mein persönlicher Alkoholkonsum hat bis zu meinen Zwanzigern praktisch nicht stattgefunden. Mit vierzehn habe ich zwar meinen ersten Wodka auf einer Feier probiert, fand ihn aber eklig. Damit war das Thema erst mal durch. Zu dieser Zeit hatte ich allerdings auch mehrmals die Woche Schwimmtraining im Verein, was sicherlich auch zu meinem Desinteresse an Alkohol und Feiern beigetragen hat. Ich denke manchmal, das hat mich vielleicht gerettet. Das und der Umstand, dass ich das Glück hatte, nie an wirklich falsche Freunde geraten zu sein. Ich hatte immer eine feste, auserwählte Bezugsperson, beste Freundin oder Partner, aber nie einen großen Freundeskreis. Das hat sich bis heute nicht geändert, was sicher an meiner inneren Unsicherheit liegt. Ich fühle mich schnell einsam, auch unter Menschen. Möglicher Weise liegt das daran, dass ich nie wirklich irgendwo dazugehört habe. Ich habe eine einzige Freundin aus meiner Kindheit, wir teilten damals schon viel und tun es heute noch, auch unsere depressive Weltsicht.

Als ich vierzehn war, fing es zu Hause an zu eskalieren, es gab zunehmend Streitereien, die Stimmung war mies, ich hatte das Gefühl, dass ich immer mehr auf mich allein gestellt war. Meine Patentante bemängelt damals wie heute, dass ich viel zu früh zu selbstständig hatte sein müssen. So nennt sie es. Ich nenne es: emotional alleingelassen. Meine Eltern kreisen nur um sich, und ich war damit beschäftigt, nicht unterzugehen. Ich fing an, mich mit einer Rasierklinge meines Vaters zu ritzen.

Es ging mir nicht um Aufmerksamkeit. Obwohl, ich finde es aus heutiger Sicht schon irgendwie bemerkenswert, dass keiner einen Ton zu den Verbänden gesagt hat. Ich erinnere mich an das Gefühl des emotionalen Druckabbaus, es war ein körperliches Ventil. Da stellt sich die Sinnfrage nicht. Ich habe diese zwei Jahre von vierzehn bis sechzehn als die schlimmsten meines Lebens in Erinnerung. Ich sehe mich allein und dabei, unterzugehen. Ich hatte wirklich Glück, dass ich in dieser Zeit einen festen Freund hatte, der mir Halt gegeben hat.

In meinen letzten Jahren zu Hause fingen meine Eltern exzessiv an zu trinken. Ihre Ehe ging stetig den Bach runter und endete mit einem riesigen Knall. Und ich mitten drin, zwangsläufig. Da ich damals an einer Privatuni studierte, zu deren Kosten ich keine weiteren Lebenshaltungskosten wie Miete hätte tragen können, und zeitgleich ein studienbegleitendes Praktikum absolvieren musste, bei dem ich nahezu nichts verdiente, blieb mir bis zu meinem zweiundzwanzigsten Lebensjahr nichts anderes übrig, als in meinem Elternhaus zu wohnen. Und da flogen die Fetzen, Tag für Tag, Nacht für Nacht.

Die Stellenbeschreibung für jenes Praktikum hatte meine Mutter mir nach dem Abi hingelegt. Der Ton in der Firma war rau, die Mitarbeiter wurden dort verheizt, Mobbing und Ellenbogenmentalität waren an der Tagesordnung. Ich hatte dennoch Glück: mein damaliger Chef hatte gesehen, dass ich zu Hause schwerwiegende Probleme hatte. Eine Woche schickte er mich in unsere Außenstelle in eine andere Stadt, damit ich aus der Schusslinie käme, als es daheim zwischen meinen Eltern eskalierte. Durch seinen Einsatz ging es eine ganze Weile erst mal bergauf für mich. Dann kam der Umbruch in der Firma: Die Chefs trennten sich, damit einer gingen leider wie immer auch personelle Veränderungen, die für mich negativ waren. Es ging beruflich bergab für mich, nach dem hart erarbeiteten Aufwärtsweg.

Zu dem Zeitpunkt trennten sich meine Eltern endlich und ließen sich scheiden. Mein Vater lebt bis heute mehr oder weniger allein. Er ist nicht in der Lage, seinen Haushalt zu führen, und beklagt den Tod meiner Mutter, seiner ersten großen Liebe. Er stürzt von einem Rausch in den nächsten und bemitleidet sich. Mein Vater hat ein gewinnendes Wesen und weiß genau, wie er das einzusetzen hat. Man könnte wirklich gut mit ihm auskommen. Eigentlich. Aber es gibt auch die andere Seite, wenn er zu viel getrunken hat, vor allem Schnaps. Er kennt dann kein Maß, säuft bis zum Umfallen, buchstäblich. Trinkt er das harte Zeug, schwenkt er innerhalb von Minuten von liebenswürdig zu aggressiv um. Dann kriegen wir uns jedes Mal in die Wolle. Er beleidigt mich und versucht, mich mit Beschimpfungen klein zu machen. Seit dem Tod meiner Mutter kommt er irgendwie noch weniger zurecht, obwohl sie seit so vielen Jahren getrennt leben.

Mein heutiger Stiefvater ist nach der Trennung meiner Eltern ziemlich bald in mein früheres Elternhaus eingezogen. In dieser Phase hatte ich meine ersten eigenen Alkohol-Abstürze. Rückblickend kann ich sagen, dass ich keinerlei Kontrolle über mich hatte. Ich war in der Zeit wie ein Auto, das auf einen Abgrund zurast. Ich hatte kein Maß. Ich habe nur an einem Glas genippt, und es war abzusehen, dass ich den Abend abstürzte.

Ich glaube, ich hatte den ein oder anderen Nervenzusammenbruch. Ich erinnere mich an extrem viele Tränen in dieser Zeit. Aber irgendwie sind diese Jahre mehr oder weniger verschwommen. Ich habe mich damals von meinem langjährigen Freund getrennt und bin mit meiner Freundin durch die Discos gezogen, um mich von meinem desolaten emotionalen Zustand abzulenken. Ich bin in meine erste eigene Wohnung gezogen und fühlte mich allein und im Stich gelassen. Meine Eltern konnte man in dieser Zeit vergessen. Ich hatte zeitweise stark suizidale Tendenzen. Meine Hausärztin hat mir einen Psychologen vermittelt, und ich ärgere mich heute maßlos darüber, dass ich damals noch nicht die Courage besaß, um diesem Affen die Meinung zu geigen. Ein derart selbstgefälliger Blödmann ist mir Gott sei Dank kein zweites Mal im Leben untergekommen. Da sitzt eine junge Frau, die nicht weiß, wie sie die Sucht- und Co-Abhängigkeitssituation daheim schildern und damit umgehen soll, und dieser Mensch hat nichts Besseres zu tun, als von oben herab Kommentare, wie „Sie sehen sich also als das Opfer" von sich zu geben. Da wird mir heute ganz heiß vor Wut, wenn ich an diese Situation denke. Ich habe dann doch noch eine Therapie gefunden, die zu mir passt.

Ich kann nach wie vor nicht glauben, dass meine eigene Mutter sich zu Tode gesoffen hat. Das sage und denke ich bewusst so abfällig, weil es mir zu Abstand verhilft. So etwas gehörte bisher für mich in die Kategorie Obdachlose, irgendwelche vergessenen Seelen am Bahnhof. Niemals hätte ich damit gerechnet, dass uns dieses Schicksal mal ereilt und dass ich für immer dieses Stigma tragen muss. Die Scham darüber, ein Alkoholiker-Kind zu sein, habe ich vor drei Jahren im Zuge meiner Therapie begonnen abzulegen. Ich kann nichts für diesen Umstand, das weiß ich jetzt, und doch ist es ein Stigma. Das klebt jetzt bis ans Ende meiner Tage an mir. Es ist ebenso ein Erbe für meinen Sohn. Mit ihm habe ich ganz offen über das Thema gesprochen. Er wusste schon lange, dass Oma krank ist und sterben wird. Sie war ja quittengelb, sie hat nach Ammoniak gestunken, sie war oft abwesend oder ist eingeschlafen, wenn wir dort waren. Mein Sohn ist ein aufgeweckter kleiner Kerl, der die

Welt mit wachen Augen betrachtet und viele schlaue Fragen stellt. Die Welt hat Zähne, und wenn man nicht aufpasst, beißt sie. Sechs Jahre sind nicht zu früh, um das zu lernen.

Ich versuche ihn so zu erziehen, dass er begreift, dass ein gewisses Maß Alkohol zu trinken in Ordnung ist. Dass es darauf ankommt, was man trinkt und wie. Es hat viele Jahre gedauert, bis ich begriffen habe, dass Sorgen schwimmen können. Dass es ganz egal ist, welchen Pegel du dir antrinkst, deine Sorgen schwimmen immer obenauf. Ich musste auch lernen, dass zu viel Alkohol trinken nicht hilft. Man bekommt vom Heulen geschwollene Augen und ein blödes Gefühl am nächsten Tag. Mein jetziger Partner kennt mich und die Familiensituation mittlerweile sehr gut. Er weiß, wie er deeskalieren kann. Ich habe meinen Konsum besser im Griff als früher, aber hin und wieder passiert es eben doch, dass ein Abend im Heul-Drama endet. Meine wichtigste und effektivste Triebfeder ist, dass ich nicht möchte, dass mein Sohn mich jemals so erlebt, wie ich meine Eltern erlebt habe, oder dass er jemals über mich so denkt wie ich über sie. Ich möchte nicht, dass er sich für mich schämen oder sich vor mir ekeln muss. Wenn ich daran denke, fällt es mir relativ leicht nein zu sagen. Ich habe mich allerdings neulich, nachdem ich ein extrem anstrengendes Gespräch hinter mich gebracht habe, bei dem Satz ertappt: „Jetzt brauch ich einen Schnaps", und bin sofort darauf innerlich zusammengezuckt.

An dem Wochenende, als seine Oma im Sterben lag, bat mich mein Sohn, ihm zu erklären, was Alkohol mit dem Körper macht. Was es bedeutet, wenn man sagt, dass er die Leber zerstört. Er ist wie ich sehr visuell veranlagt, ich habe es ihm also auf einer recht bildlichen Basis erklärt. Ich denke, er hat ungefähr verstanden, worum es geht und einen Heidenrespekt davor. Ich habe das, ehrlich gesagt, neuerdings auch. Für mich ist es das Wichtigste, dass mein Sohn niemals solche schlimmen Situationen erleben muss, wie ich sie erlebt habe.

Ich habe im Hinblick auf ihn genauso meine Verlustängste wie er im Hinblick auf mich. Er ist genauso sensibel und empathisch wie ich. Meine Unsicherheit und Sensibilität scheinen mit dem Alter noch zuzunehmen, das ist nicht unbedingt positiv. Ich fühle mich irgendwie immer anders und unpassend und habe ein ziemliches Problem mit Ungerechtigkeit, lieber schwimme ich erst mal gegen den Strom, denn ich habe nie gelernt, den einfachen Weg zu gehen.

Ich habe nie ernsthaft in Erwägung gezogen, dass die Trinkerei meine Eltern tatsächlich einmal ins Grab bringt. Ich glaube, ich habe angenommen, es ginge einfach immer irgendwie so weiter.

Die Angst bleibt. Dass ich da doch irgendwann reinrutsche, trotz meines Bewusstseins dafür. Dass ich mein Auge dafür verliere, wie viel ich tatsächlich konsumiere – oder noch schlimmer: Dass es mir einfach irgendwann egal ist, genau wie meiner Mutter.

Ich denke, als Kind von einem oder zwei suchtkranken Elternteilen wird man mit der besonderen Aufgabe geboren, ein Leben lang an sich zu arbeiten. Der erste wichtige Schritt ist, sich von der Co-Abhängigkeit zu befreien – das ist das Schwierigste. Mir hat es damals sehr geholfen, mich an die Beratungsstelle der Diakonie für Angehörige Suchtkranker zu wenden. Ich bekam innerhalb kürzester Zeit einen Termin bei meiner jetzigen Therapeutin, mit deren Hilfe ich die ganze Thematik überhaupt zum ersten Mal aufdröseln konnte. Ich habe begriffen, dass es keine gewöhnliche Familie ist, in der ich aufgewachsen bin. Sie hat mich darauf vorbereitet, dass es ein langer und kein einfacher Weg werden würde. Ich habe mit ihr jetzt endlich gelernt, dass ich nicht allein damit bin. Ich habe mich so lange mit allem allein rumschlagen müssen. Ich dachte wirklich, dass es in meinem nahen Umfeld keinen vergleichbaren Fall gab oder gibt, ich dachte, ich wäre der einzige Mensch auf der Welt mit dieser Last. Aber so ist es nicht. Fängt man einmal an, darüber zu reden, fangen auch andere an, und man stellt plötzlich fest, dass man ganz und gar nicht allein ist. Das hilft. Mehr als alles andere.

Gerald Hüther Teil 3

Bislang ist man davon ausgegangen, dass die Organisation des Gehirns genetisch festgelegt, also Teil des genetischen Programms ist. Es hat sich herausgestellt, dass diese Annahme total falsch ist. Heute weiß man, dass sich das Gehirn selbst organisiert. Es ist ein Grundmerkmal von allen lebendigen Wesen, dass sich alle Beteiligten am System so lange immer wieder neu zusammenschalten, dass sie bei jeder neuen Situation das geringste Maß an Energie verbrauchen.

Als Beispiel: Wenn Sie am Morgen aufwachen, fällt Licht ins Auge, und das verbraucht Energie – deshalb macht man die Augen wieder zu, das ist dann die energiesparende Lösung. Weil Sie aber doch aufstehen müssen, machen Sie die Augen wieder auf, und im Hirn laufen dann automatisch Prozesse ab, es organisiert sich selbst so, dass Aufwachen und Aufstehen mit möglichst wenig Energieaufwand vonstattengehen. Der Zustand, in dem möglichst wenig Energie verbraucht wird, ist der Zustand, in dem alles gut zusammenpasst.

Ein Hinten und Vorne und ein Oben und Unten und das Alte mit dem Neuen, das Gehirn mit dem Körper – wenn das mit der Person und der Außenwelt zusammenpasst, das nennen Neurobiologen dann Kohärenz, der Zustand, in dem möglichst wenig Energie verbraucht wird, um sich wohl zu fühlen. Dorthin strebt alles, was lebendig ist.

Aber dieser Zustand wird fast nie erreicht, es geht eigentlich immer in eine andere Richtung. Irgendein Ärger, irgendein Licht oder Krach gibt es immer – das nimmt der Mensch dann auch körperlich wahr. Es geht einem dann nicht gut, das Herz fängt an zu rasen, man muss immer zur Toilette und einiges mehr. Dann versucht man eine Lösung zu finden, dass der inkohärente Zustand aufhört. Diese Lösung wird im Hirn dann strukturell verankert.

Inkohärenz bedeutet auch, dass die Bereiche im unteren Teil des Gehirns, die zuständig für die körperliche Regulation sind, nicht miteinander harmonieren. Dann entwickelt der Mensch körperliche Symptome wie Schweißausbrüche,

Zittern, weiche Knie, Atemstocken, einen steifen Nacken, ein klopfendes Herz, körperliche Begleiterscheinungen von Angst, usw.

Wenn der Mensch es schafft, eine Kohärenz im Hirn wiederherzustellen, hören die Symptome auf. Dabei verbraucht das Hirn am wenigsten Energie. So arbeiten und funktionieren lebende Systeme.

Kinder, die aus alkoholbelasteten Familien kommen, sind ständig unberechenbaren Zuständen ausgesetzt. Immer, wenn es ihnen auf irgendeine Art und Weise gelingt, wieder einen kohärenten Zustand zu erlangen, also eine Lösung zu finden, mit der das Problem nicht mehr so spürbar ist, wird Energie frei. Damit werden die Bereiche im Hirn aktiviert, die Hirnforscher Belohnungszentrum nennen. Das Kind hat dann ein gutes Gefühl, es werden Botenstoffe ausgeschüttet, die als Wachstumshormone im Hirn wirken. Diese Botenstoffe sorgen dafür, dass das Verhalten, das zur Problemlösung dient, gefestigt und gestärkt und damit im Hirn ausgebaut und besser verknüpft wird. Es wird gebahnt. Das interessante ist, dass die Lösungen, die wir finden, mit der Übung immer besser werden. Das ist wie beim Autofahren. Am Anfang passt nichts, alles ist inkohärent im Hirn; aber im Laufe der Zeit haben wir für die geforderten Koordinationen gute Lösungen gefunden, und wir haben dann irgendwann das Gefühl, das Auto fährt von ganz alleine, das Hirn braucht nicht mehr so viel Energie wie am Anfang der Fahrerkarriere.

So können Kinder auch Lösungen finden, mit schwierigen familiären Grundverhältnissen zu leben. Eine Lösung kann sein, dass das Kind sich innerlich von den Eltern lossagt. Das wird im Hirn gebahnt, wenn es hilft. Eine Folge davon kann im späteren Leben eine Beziehungsunfähigkeit sein.

Die Lösungen, die in der Kindheit funktioniert haben, passen im Erwachsenenalter aber oft nicht mehr. Der oder die Betroffene sucht nach neuen Lösungen, zum Beispiel, um eine Beziehungsunfähigkeit zu überwinden. Häufig enden solche Lösungsversuche in einer Depression oder anderen psychischen Krankheiten.

Noch einmal: Unser Hirn strukturiert sich anhand der Lösungen, die wir im Bezug auf das Kohärenzstreben, also den neurologischen Niedrigst-Energieverbrauch finden. Entsprechend arbeitet es ständig, es organisiert sich laufend neu. Deshalb braucht ein kindliches Gehirn, um ein möglichst hoch vernetztes Hirn zu haben, nicht möglichst wenig, sondern möglichst viele Probleme. Deshalb lautet ein afrikanisches Sprichwort: „Um ein Kind gut groß zu ziehen, braucht es ein ganzes Dorf."

Allerdings ist damit gemeint, möglichst viele unterschiedliche Probleme und nicht die immer schweren wie bei Alkoholiker-Kindern. Wenn ein ganzes Dorf ein Kind großzieht, weiß es in vielerlei Hinsicht, wie das Leben gelingen kann.

In der Schule geht das nicht. Da wird das Kind genauso vernachlässigt wie in der Alkoholiker-Familie. Es kommt in die Schule und will etwas lernen und bekommt dann vorgeschrieben, was es zu lernen hat. Das ist ein Problem. Viele Kinder unterdrücken dann die ursprüngliche Freude am Lernen. So lange, bis sie die Freude nicht mehr spüren, dann haben sie keine Lust mehr zu lernen, sondern funktionieren nur noch gut. Damit bauen sich Kinder und Jugendliche Spuren ins Hirn, die im späteren Leben fatal sein können.

Ursprünglich starten wir in diese Welt mit einer irrsinnigen Freude am Leben, mit Bewegungsdrang, Entdeckerfreude, mit Gestaltungslust, einem richtig schönen Körpergefühl. Das ist das Ursprüngliche. In der Gegenwart derart belasteter Familien ist es aber nicht möglich, so zu leben. Das Kind muss sich so verhalten, dass es von den Eltern akzeptiert wird oder zumindest keinen großen Schaden erleidet in Form von Gewalt.

Also hat das Kind viele dieser wunderbaren Vitalbedürfnisse in sich selbst unterdrückt, damit es in die von den Eltern geschaffene Situation hineinpasst. Dann ist das weg, das Kind funktioniert, wie es als Kind in dieser belasteten Familie funktionieren muss, um dort nicht zu Schaden zu kommen. Das ist dann aber für das weitere Leben nicht günstig. Eigentlich bräuchten diese Menschen eine Hilfe, wenn sie das Elternhaus verlassen, um das, was im Hirn gehemmt oder eingewickelt wurde, wieder auszuwickeln. Das ist ein Entwicklungsprozess, und dazu braucht es einen Entwicklungshelfer: um mit den unterdrückten Anteilen im Gehirn wieder in Kontakt zu kommen. Mit der Sinnlichkeit, mit der Entdeckerfreude, dem Bewegungsdrang, der Freude am Leben und am Gestalten. Wenn die erwachsenen Kinder etwas davon dann wieder in sich entdecken, wollen sie wahrscheinlich mehr, und dann kann es sein, dass sie den Hebel umlegen, weil es so schön ist.

Im Gehirn werden dann die ganz alten Netzwerke mitsamt den damit verbundenen schönen Gefühlen und körperlichen Reaktionen aktiv, die sie seit vielen Jahren nicht mehr gespürt haben, weil sie sie unterdrückt haben.

Eigentlich gibt es kein Kind, das es nicht schafft, eine Kohärenz in seinem Hirn herzustellen, aber wir beurteilen es so. Es kann zum Beispiel so sein, dass ein Kind aufhört zu sprechen, sich also der Welt verweigert. Oder es verweigert das Essen oder bringt sich um. Nichts anderes ging mehr, aber für das Kind selbst ist das eine Lösung.

Da wir ein plastisches und lebenslang lernfähiges Hirn haben, besteht jederzeit die Möglichkeit, dass wir wiederfinden, was wir verloren oder unterdrückt und eingewickelt haben. Meistens brauchen die Betroffenen aber dafür einen Unterstützer, der sie fühlen lässt, dass es auch anders geht. Oft klappt das nicht in Therapien. Glück bei der Partnerwahl kann helfen. Das Unzugängliche wieder offenlegen, um wieder neugierig zu werden, sinnlich und offen für die Welt.

Inkohärenzen kommen nur durch Gedanken. Die Wahrnehmungen, die mit Angst gekoppelt sind, werden durch Therapien mit einem anderen Gefühl verbunden. Trauma-Therapeuten können das: Dem Schlimmen eine positive Wendung im Gefühl geben.

Betroffende empfinden dann eine Art Dankbarkeit, dass sie überhaupt noch am Leben sind.

Kathrin

Die ersten sieben Jahre meines Lebens verbrachte ich bei meiner Mutter, einer schweren Alkoholikerin, und auch wenn ich diese Bezeichnung eigentlich nicht mag, so war sie bei ihr leider sehr passend. Meine Eltern haben sich in einer Entzugsklinik kennengelernt, in der mein Vater damals wegen seines eigenen Trinkproblems war. Meine Mutter hat dort als Arzthelferin gearbeitet. Bis zum Schluss hat sie nie offiziell zugegeben, dass sie ein Alkoholproblem hat – trotz mehrmaliger eigener Aufenthalte in Entzugskliniken.

Meine Eltern waren nie wirklich zusammen, es gab nur eine kurze Liaison, aus der dann ich entstanden bin. Mit meiner Mutter wohnte ich in einer Stadt in Bayern, mein Vater wohnte zweieinhalb Stunden von uns entfernt und besuchte uns selten, weil meine Mutter das wohl nicht wollte. Mein Verhältnis zu ihm war immer sehr angespannt und schwierig, aber im Moment nähern wir uns das erste Mal ein wenig an.

Mir wurde erzählt, dass meine Mutter früher sehr kontaktfreudig und beliebt war, immer der Mittelpunkt jeder Gruppe und Party. Sie fing wohl schon sehr früh mit dem Alkoholtrinken an, eventuell waren da auch noch andere Drogen im Spiel. Sie hatte einen großen Freundeskreis, ging oft in Kneipen, war bei Männern sehr beliebt, sie lebte ihr Leben. Aber irgendwann begann der Alkohol, ihr Stück für Stück alles zu nehmen, so wie es sich entwickelt, wenn man in die Sucht rutscht. Die Männergeschichten wurden komplizierter und dramatischer, Freunde wendeten sich ab, sie musste häufig den Arbeitsplatz wechseln. Depressionen kamen hinzu, Einsamkeit und Aggressivität. Zu guter Letzt kam es sogar zum Bruch mit der Familie.

Als ich geboren wurde, war sie schon tief drin. So tief, dass sie in der Schwangerschaft nicht aufhörte zu trinken. Bei der Menge Alkohol, die sie konsumierte, ist ein schieres Wunder, dass ich nicht mit starken Schädigungen des Fetalen Alkoholsyndroms (FAS) zur Welt kam. Ich bin heute einfach nur sehr dankbar, dass ich nur ganz leichte soziale und psychische Stolperfallen habe, die man fast nicht merkt.

An meine Kindheit kann ich mich nur sehr vage erinnern, da ich den Großteil dissoziiert habe. Eine Erinnerung werde ich aber nie vergessen: Meine Mutter jagt mich mit einem Nudelholz durch die Wohnung und verprügelt mich dann.

Bis ich Mitte zwanzig war, ging ich davon aus, dass ich mir diese Erinnerung eingebildet hätte, meine Mutter war schließlich eine liebevolle und nette Frau, die mit mir im Wohnzimmer sitzend „Marmor, Stein und Eisen bricht, aber unsere Liebe nicht" gesungen hatte und mir dabei ins Ohr flüsterte: „Das gilt für uns, vergiss das nie!"

Sie war ein hilfloses Opfer des Brustkrebses, an dem sie mit nur vierundvierzig Jahren starb. Sie konnte nichts dafür, dass sie mich mit sieben Jahren allein in dieser Welt zurückließ, ohne einen Vater, der sich um mich gekümmert hätte.

Das dachte ich zumindest. Bis ich mit Mitte zwanzig erfuhr, dass meine Mutter schwere Alkoholikerin gewesen war und die Chemo-Kuren eigentlich Entzugsaufenthalte. Der Brustkrebs hätte sie zwar auch bald dahingerafft, der eigentliche Grund ihres Todes aber war eine schwere Leberzirrhose. Und ich erfuhr, dass die Erinnerung mit dem Nudelholz durchaus real und die schönen Momente im Wohnzimmer nur vom Alkohol geschwängerte Sentimentalität war.

Als ich zwei oder drei Jahre alt war, musste ich mich um meine kranke Mutter kümmern. Ihr die Haare halten, wenn sie kotzen musste, sie ins Bett bringen, wenn sie besoffen in der Ecke lag. Alles in Ordnung halten, damit das Jugendamt nichts merkte, und hungern, weil nie genug Essen in der Wohnung war. Sie verprügelte mich, wenn sie mal wieder aggressiv wurde, und benutzte mich als Heulkissen, wenn der Wein sie emotional werden ließ. Weil all das zu viel für meine kindliche Seele war, habe ich es verdrängt. So gut verdrängt, dass mir selbst jetzt, nachdem ich sehr viel mehr weiß über früher, nur Bruchstücke wieder ins Gedächtnis kommen.

Jetzt ergibt es einen Sinn, dass ich schon immer viel zu reif für mein Alter war; dass ich extrem verantwortungsbewusst bin, immer für jeden in meinem Umfeld mitdenke und alles erledige; mich fast mütterlich um alle kümmere, nur nicht um mich selbst; kleinste Veränderungen im häuslichen Umfeld bemerke, detektivisch gut kombinieren kann, allein durchs Hören genau weiß, wer was wo gerade im Haus macht; es nicht haben kann, wenn ich mit Menschen unterwegs bin und diese hinter mir laufen, aus Angst, sie könnten abhandenkommen oder mir wahlweise von hinten eins überziehen. Ich nenne es liebevoll meinen Schäferhund-Komplex.

Selbstständigkeit war noch nie ein Problem – wie auch, wenn man von Anfang an allein auf der Welt gewesen ist, sich als Kind um die eigene Mutter kümmern musste und so gut wie alles im Leben immer allein meisterte? Ich weiß nicht, ob ich als Kind intensive Gefühle erlebte. Ich hatte nur lange Jahre ein Problem mit Jähzorn , ansonsten aber bis in die späte Pubertät hinein fast keine Gefühle.

Nichts zu fühlen, ermöglichte es mir, am Leben zu bleiben. Leider sind Gefühle aber trotzdem da, auch wenn man sie nicht fühlt, und irgendwann bahnen sie sich einen Weg, um sich zu entladen.

Bei mir geschah dies, als ich mir den kleinen Finger verletzte, drei Mal gebrochen, drei Mal angebrochen, vier Mal die Kapsel gerissen. Das geschah nicht beim Sport, sondern indem ich den Finger gegen die Wand rammte oder von einem Schrank sprang, mit dem ausgestrecktem Finger voran. Ich hatte natürlich den Boden abgepolstert, damit die Nachbarn oder meine Mutter nichts merkten.

Meine ersten zusammenhängenden Erinnerungen fangen mit neun oder zehn Jahren an. Nachdem ich dem Stress mit meiner alkoholkranken Mutter entkam und mit siebeneinhalb zu meinen Großeltern väterlicherseits zog, konnte ich sieben Jahre lang eine schöne Kindheit genießen. Meine Großeltern waren wundervoll und gaben ihr Bestes. Ich verdanke ihnen so viel und bin unendlich dankbar für alles, was sie mir gegeben und mich gelehrt haben. Natürlich waren die inneren Wunden nicht geheilt, all die Verhaltensweisen, Denkmuster und Glaubenssatze sollten mir noch lange, lange Jahre unentdeckt das Leben schwer machen.

Warum meine Familie nicht mit mir über meine Mutter, ihre Suchterkrankung, den wahren Grund ihres Todes und all die Umstande meiner frühen Kindheit sprach, weiß ich nicht. Ich kann nur Vermutungen anstellen; sicherlich wollte man mich vor allem schützen. Aber im Nachhinein war das leider der falsche Weg.

Ich würde allen in einer ähnlichen Situation raten: Macht das nicht! Gerade Kinder bekommen alles genau mit, sie sind sehr feinfühlig und aufmerksam. Vielleicht verstehen sie es noch nicht, doch sie werden daraus Konsequenzen ziehen, Muster und Glaubenssatze in ihrem Innern entwickeln und problematische Verhaltensweisen. Helft ihnen, indem ihr mit ihnen sprecht, sie professionell betreuen lasst und ihnen nichts verschweigt! Sie haben schon die Hölle durchlebt oder sind noch dabei, sie zu durchleben. Die Offenheit hilft ihnen.

In meinem Leben fing der Alkohol dann wieder mit vierzehn Jahren an, eine Rolle zu spielen. Meine Freunde und ich gingen auf Partys, feierten und tranken natürlich Alkohol, denn das macht man ja so. Das gehörte dazu, wir wollten ja locker sein, die Schüchternheit überwinden, Ängste zurückstellen und vor allem Spaß haben. Zum Glück entwickelte ich nie eine richtige Sucht wie meine Mutter, aber der Alkohol bestimmte trotzdem viele Jahre lang mein Leben, auch als sie schon lange tot war.

Es gab massenhaft alkoholisierte Dramen mit Freunden und Partnern, Streits, dumme Aktionen. Vieles, was ich nüchtern nicht getan hätte. Ich habe mich schlecht behandeln, missbrauchen und benutzen lassen und in hochgefährliche Situationen begeben. Ich habe Menschen verletzt und betrogen. Der Alkohol verschlimmerte meinen angeborenen und gesteigerten Hang zu Depressionen. Nervenzusammenbrüche, Burnouts bis hin zu suizidalen Absichten waren die Folge. Der Alkohol erschwerte es mir, eine gute und liebevolle Beziehung zu anderen Menschen, zu Familienmitgliedern und Freunden aufzubauen. Er zerstörte massenhaft Gehirnzellen und ließ mich meine Gesundheit mit Füßen treten. Er ließ mich an die falschen Männer geraten.

Ich dachte, nur mit Alkohol hätte ich ein gutes Selbstbewusstsein, nur mit ihm wäre ich extrovertiert, nur alkoholisiert wären Spaß und gute Gespräche möglich. Stattdessen nahm er mir meine Lebensfreude und ließ mich mein Leben langsam gegen die Wand fahren. Dabei habe ich noch nicht einmal viel getrunken. Nur genauso viel wie mein Umfeld. Wir waren normal, denn wir tranken nur, um Spaß zu haben. Auf Partys, am Wochenende, zwei oder drei Feierabendbier, Studentenleben. Wenn es einen Erfolg gab, wenn es jemandem schlecht ging, auf Hochzeiten, auf Beerdigungen, zum Anstoßen, nach einer gelungenen Premiere, nach einer schlechten Vorstellung, um zu reden oder um zu weinen, weil wir Liebeskummer hatten oder uns wiedersahen. Es gab viele Menschen, die mehr tranken als ich. Oder häufiger. Oder alleine. Oder beides. Es war normal. Ich hatte einen problematischen Umgang mit Alkohol. Mit dieser hochgiftigen, gefährlichen, legalen und akzeptierten Droge.

Ich lebe nun nüchtern und hätte nie gedacht, dass mein Leben jemals so wundervoll, berauschend, ergreifend, spaßig, einnehmend, verrückt, gefühlsintensiv, lebensfreudig und einfach sein könnte.

Seit Alkohol als Substanz keine Rolle mehr in meinem Leben spielt und ich mich aktiv damit beschäftige, die Wunden zu heilen, die das Trinken meiner Eltern und mein eigener Konsum in der Jugend geschlagen hat, habe ich ein wundervolles Leben, das mich glücklich macht und das mich selbstbestimmt leben lässt und mir zeigt, was für ein toller und liebenswerter Mensch ich bin. Dass ich es wert bin, mich selbst zu lieben und mich von anderen Menschen lieben zu lassen. Dass ich es wert bin, glücklich zu sein und Leid und Schmerz nicht einfach klaglos hinnehmen muss. Dass ich für mich einstehen kann, auf meine eigenen Bedürfnisse achten und sie erfüllen darf. Dass ich selbstbewusst und extrovertiert bin und das gut so ist. Weil ich gut bin, wie ich bin.

Es ist wichtig, etwas in der Welt zu verändern. Damit anderen Kindern alkoholkranker Menschen schon früher geholfen werden kann, sie weniger Schaden nehmen und später nicht so viel Zeit und Energie darauf verwenden müssen, all den Schutt und die Asche aus dem abgefackelten Haus ihrer Kindheit aufzuräumen. Damit sie selbst nicht ebenfalls alkoholkrank werden und sich vielleicht sogar ganz gegen den Alkoholkonsum entscheiden. Damit viel mehr Menschen verstehen, wie schlimm Alkohol ist und was er uns wirklich antut. Und um zu erleben, dass ein Leben ohne Alkohol so viel besser und wundervoll ist.

Lea

Mein Vater ist technischer Projektleiter, meine Mutter Testmanagerin. Ab vierzehn Uhr steht die erste Weinflasche leer neben dem Mülleimer. Wenn neue Leute meine Eltern und mich kennenlernen, geht aber jeder davon aus, dass wir eine Traumfamilie sind, finanziell abgesichert, keine Sorgen um die Zukunft, und niemand sieht, was dahintersteckt.

Ich war acht Jahre alt, als ich das erste Mal merkte, dass etwas nicht ganz stimmte. Damals sah man mich fragend an und wollte wissen, woher eine Achtjährige wisse, wie man Weizen einschenkt und woher ich wisse, welche Gläser für welchen Wein verwendet würden. Ich antwortete stolz: „Weil ich das jeden Abend für Mama mache."

Peinliche Blicke von jedem am Tisch, aber niemand wollte etwas sagen. Und was soll man da auch sagen!

Die Probleme hatten jedoch schon fünf Jahre zuvor angefangen, da war meine kleine Schwester auf die Welt gekommen. Mein Vater arbeitete jeden Tag zehn Stunden, kam nach Hause und hatte seine sturzbesoffene Frau, seinen Säugling und die trotzige Vierjährige am Hals. Aus Überforderung fing er an, mich körperlich zu misshandeln. Es fing mit Kopfnüssen an, dann wurde ich im Winter nachts auf den Hausflur oder in mein Zimmer gesperrt, musste einen Regelkatalog abschreiben und auf einem Eimer als Klo gehen. Irgendwann war es normal geworden, dass er mich so heftig schlug, dass ich gegen die Wand flog.

Als ich dreizehn war, wurde meine Mutter gefeuert. Sie war dann schon betrunken, wenn ich aus der Schule nach Hause kam. Ich war die älteste Tochter und musste den Haushalt alleine übernehmen. Während mein Vater mich aus Überforderung körperlich misshandelte, fing meine Mutter an, mich psychisch zu misshandeln. Sie schleuderte Sachen wie: „Ich wünschte, ich hätte dich abgetrieben", „Bring dich doch bitte einfach um!" oder „Zu was bist du bitte gut?" in den Raum. Ihre eigene Unzurechnungsfähigkeit schrieb sie mir zu, um sich besser zu fühlen.

Ich hatte Angst, nach Hause zu gehen, lief von zu Hause weg, die Freunde meiner Mutter nahmen mich auf. Jeder sah, dass es mir nicht gut ging, aber alle sahen weg. Erst als ich mit dreizehn meinen ersten Suizidversuch machte, fingen alle um mich herum an aufzuwachen. Meine Mutter war damals nicht mehr in der Lage, mich im Krankenhaus zu besuchen, weil sie zu betrunken war. Man rief die Mutter meines besten Freundes an und fragte, ob sie sich um mich kümmern könnte.

Danach hörte mein Vater auf, mich zu schlagen. Er suchte sich eine neue Anstellung, um für meine Schwester und mich da sein zu können. Meine Mutter hörte für zwei Monate auf zu trinken. Sie fand eine neue Anstellung und feierte das mit einer Flasche Sekt. Dann fing es wieder an. Am Anfang versuchte sie es noch zu verstecken, aber je mehr sie trank, desto schwieriger wurde es, und alles, was sich zuvor in unserer Beziehung gerade verbessert hatte, wurde nun noch schlimmer.

Mit fünfzehn fing ich selbst an zu trinken, weil ich sie nicht mehr ertrug. Es half. Alkohol war auch nie ein Tabuthema gewesen. Einmal die Woche trinken endete damit, dass ich jeden Tag betrunken einschlief. Und wieder sah jeder weg. Lediglich meinem Physiklehrer fiel auf, dass ich erstaunlich oft verkatert wirkte, wenn ich im Unterricht saß. Er half mir später, da rauszukommen.

Bei meiner Mutter wurde es immer schlimmer. Ihr Charakter änderte sich vollständig. Wenn sie trank, sagte sie noch, dass sie mich liebte, und eine halbe Stunde später schrie sie mich an und fragte, wieso ich mich damals nicht umgebracht hätte.

Ich probierte erneut, mich umzubringen, schaffte es aber wieder nicht. Das Jugendamt überlegte, mich aus der Familie herauszuholen, entschied sich aber dagegen, weil die Alkoholabhängigkeit meiner Mutter und die psychische Folter keine ausreichende Begründung wären. Sie hätte mich körperlich angreifen müssen.

Die Leute vom Jugendamt warfen mir vor, dass ich lediglich zerbrechlich wäre und lernen müsse, mit der Situation umzugehen. Psychologische Hilfe verbot mir meine Mutter, weil sie die Rechnung hätte bezahlen müssen. Am Ende bekam ich einen Jugendarbeiter an die Seite, der mir half, mich auf mein Leben nach meinem achtzehnten Geburtstag zu konzentrieren.

Je näher mein Auszug rückte, desto schlimmer wurden die psychischen Angriffe meiner Mutter. Sie hatte sich betrunken gar nicht mehr im Griff, verfolgte mich durch die Wohnung, provozierte Streit und erinnerte sich nicht mehr an Aussagen, die sie zuvor gemacht hatte. Wenn man sie darauf hinwies, dass sie am Vortag noch etwas anderes gesagt hatte, rastete sie aus und versuchte jeden in ihrem Umfeld psychisch zu zerstören. Sie verbot mir den Kontakt zu Freunden und versuchte, mich zu isolieren. Heute verstehe ich, dass sie mich als Konkurrenz gesehen hat und einen ständigen Konkurrenzkampf geführt hat, weil sie Angst hatte, dass ich besser mit dem Leben zurechtkommen könnte.

Nach meinem Auszug ist mein Vater das Opfer meiner Mutter geworden. Er hat mittlerweile selber ein Alkoholproblem. Ich schaffe es nicht mehr, meine Eltern zu besuchen, weil ich meine Mutter so nicht sehen kann. Im Grunde genommen warten wir alle nur noch darauf, dass sie irgendwann stirbt. Das ist hart, aber sie will diesen Lebensstil beibehalten, und den wird sie nicht mehr lange führen können.

Mir selber geht es besser, seitdem ich ausgezogen bin, aber die Folgen bleiben. Wegen der Alkoholabhängigkeit meiner Mutter habe ich chronische Depressionen, tiefgreifende Vertrauensprobleme und schwere Minderwertigkeitskomplexe entwickelt. Auch bleibt das Wissen darum, dass die notwendige Hilfe häufig verwehrt wird, weil man aus sog. „besseren Verhältnissen" kommt, in denen solche Probleme angeblich nicht vorkommen.

Wenn Sie Familien kennen, in denen es Alkoholmissbrauch gibt, dann sprechen Sie die Eltern bitte darauf an oder suchen Hilfe für die Kinder. Vermutlich werden diese Freundschaften danach enden, aber wenn die Hilfe ausbleibt, können die Folgen für die Kinder ihr ganzes Leben bestimmen.

Marie

Ich bin zusammen mit meinen Eltern und meinem jüngeren Bruder aufgewachsen. Mein Vater war alkoholsüchtig. Meine Mutter hatte nie irgendwelche Süchte. Wir lebten in einem Dorf in der Schweiz. Die Bindung zwischen meinem Vater und mir war sehr eng, ebenso meine Bindung zu meinem Bruder. Aber die Bindung zu meiner Mutter war und ist nicht vorhanden.

Ich war als Kind sehr kontaktfreudig, bin immer draußen gewesen und habe mit meinen Freunden gespielt. Ich war auch sehr offen anderen Menschen gegenüber. Meine Mutter war auch sehr kontaktfreudig. Sie war so kontaktfreudig, dass sie ein bisschen ihr eigenes Leben geführt hat, unabhängig von uns, ihrer eigentlichen Familie. Für uns Kinder und für meinen Vater war sie schon meistens da. Ich glaube, dass ihr das Ganze mit meinem Vater einfach zu viel war, so dass sie aus Selbstschutz diesen Weg gewählt hatte und ihr eigenes Leben lebte. Mein Vater war auch sehr kontaktfreudig. Seine Eltern besaßen ein Restaurant und luden auch ab und zu fremde Leute ein, wenn sie wussten, dass es denen momentan nicht so gut ging. Die Eltern meines Vaters hatten auch schon ein Alkoholproblem, und als Alkoholiker war mein Vater natürlich dann oft beim Stammtisch dabei.

Meine erste Erinnerung an die Nachbarn, die auch selber Kinder hatten, ist, dass sie durchschauten, was bei mir zu Hause abging, nämlich, dass wir eine suchtbelastete Familie waren. Eine Nachbarin organisierte immer für mich Geburtstagspartys, weil meine Eltern nicht dazu in der Lage waren oder das nicht wollten. Das ist eine Erinnerung, die ich immer noch tief in meinem Herzen trage. Solche Situationen in der Kindheit haben mir gezeigt, dass ich nicht alleine bin oder dass ich trotzdem gemocht werde. Ich erinnere mich gerne daran, wie ich draußen mit anderen Kindern auf der Straße Superhelden spielte. Es tat so gut, jemand anderes zu sein. Jemand, der stark ist und kein Verlierer. Diese Traumwelt war sehr wichtig für mich, um vieles vergessen und ertragen zu können. Es gab auch Nachbarn, die sich abgewendet haben oder falsches Mitleid mit uns hatten. Aber es gab eben auch die, die etwas getan haben.

Wenn ich versuche, mich selbst als Kind zu sehen, ist das Problem, dass ich einen großen Teil meiner Kindheit verdrängt habe, weil ich eben nie so richtig Kind sein durfte. Aber wenn ich tief in mich hineingehe und an mein Kindergartenalter zurückdenke, war ich zwar nach außen hin glücklich, weil ich damals schon wusste, wie ich ankommen musste bei meinem Umfeld. Ansonsten ist es schwierig darüber zu reden, weil ich meine Kindheit nicht mit schönen Gefühlen verbinde. Ich hatte eine tolle Beziehung zu meinem Vater und meinem Bruder, das hat vieles gerettet. Aber ich wollte als Kind nicht leben, ich fühlte mich immer fehl am Platz. Und ich fühlte mich auch irgendwie alleine, weil meine Eltern auf eine Art zwar da waren, aber gleichzeitig auch irgendwie nicht. Es gab, vor allem als Kind, Phasen, in denen ich mir gewünscht habe, nicht da zu sein. Ich habe dann hinterfragt: was mache ich hier, was will ich überhaupt hier? So habe ich mich echt früh gefühlt, weil Kindergarten und Schule mir keine Erholung von der Familie geboten haben. Dort ging es nämlich weiter mit Mobbing von Mitschülern und Lehrern. Deswegen weiß ich noch, dass ich als Kind nicht sehr glücklich war. Nach außen hin gab ich die Glückliche, aber innerlich habe ich mich nicht als normal empfunden. Oft hatte ich das Gefühl, dass ich hier gar nicht hingehöre und nicht leben will.

Als ich älter wurde, habe ich angefangen, mich selbst zu verletzen. In der Jugend ist mir dann klar geworden, dass ich mir permanent vor den anderen eine Maske aufgesetzt habe, um mich und meine Familie zu beschützen. Die meisten anderen Details habe ich tatsächlich verdrängt. An was ich mich allerdings erinnere, sind Stimmungen zu Hause. Ich empfand meinen Vater als Kind immer ein bisschen melancholisch, er hatte so eine traurige Ausstrahlung, besonders abends. An diese Atmosphäre kann ich mich noch gut erinnern. Ich habe oft abends rohe Spaghetti gegessen, weil es kein vernünftiges Abendessen gab. Manchmal habe ich mich auch nachts in die Küche geschlichen, um ein bisschen Salz zu essen. Finanziell war es manchmal schwierig, weil mein Vater das Geld für seine Sucht brauchte und nur meine Mutter berufstätig war. Oft war ich auch alleine mit meinem Bruder und habe mich um ihn gekümmert, ich habe ihn eigentlich erzogen.

Ich kann mich noch erinnern, dass ich mich enorm gefreut habe, als meine Eltern mir erzählt haben, dass ich ein Geschwisterkind bekomme. Meine Mutter wurde dann auch anders, und die Stimmung war besser. Mein Bruder und ich standen und stehen uns sehr nahe. Meiner Meinung nach habe ich nicht nur bei meinem Vater eine Elternrolle eingenommen, sondern auch automatisch bei meinem Bruder. Als ich dann mit siebzehn Jahren ein Kind geboren habe, hatte ich deshalb auch keine Angst vor dieser Rolle, weil ich das mit meinem Bruder schon alles durchgemacht hatte. Ich war die treibende Kraft und habe innerhalb der Familie vieles zusammengehalten.

Meine erste Erinnerung an Alkohol? Wie soll ich sagen, ich kenne mein Leben nicht ohne. Mein Vater hatte schon ein Alkoholproblem, als er sehr jung war. Dieser Geruch des Atems nach Bier ist bei mir stark eingeprägt. Mein Vater hat sich den ganzen Tag über von Alkohol ernährt. Auf Fotos ist er ständig mit Bier, man sah ihm an, dass er angesäuselt war. In einem alten Fotoalbum habe ich letztens gesehen, dass beinahe überall Alkoholflaschen waren.

Mein Vater konnte wegen der Suchtprobleme nicht arbeiten und hat mit uns auch darüber geredet. Innerhalb der Familie sind wir mit dem Thema sehr offen umgegangen. Zu Hause war es kein Tabuthema, aber ich habe als Kind krass gespürt, dass ich es nicht so nach draußen tragen durfte, weil ich Angst hatte, von meiner Familie weggenommen zu werden oder dass meinem Papa etwas passiert. Als Kind empfand ich es generell als normal, dass er trank. Nur einige Sachen haben mich gestört, zum Beispiel, wenn er Sprüche machte, die in der Öffentlichkeit nicht so gut ankamen. Da war ich dann peinlich berührt. Auf eine Art fand ich es aber gut, wenn er trank, weil er dann besser drauf war, als wenn er sein Getränk nicht bekam. Wenn er einen gewissen Pegel hatte, war er normal und funktionierte.

Ich weiß nicht, wie mein Vater war, wenn er nüchtern war. Ich kenne meinen Vater nicht nüchtern. Wenn er abends im Wohnzimmer trank, habe mich oft dazugesellt und war gerne bei ihm, ich liebe meinen Vater über alles. Wir haben viel über Gott und die Welt geredet, oft saßen wir dann abends zusammen, haben über unsere Gefühle geredet und zusammen zu trauriger Musik getanzt. Die Momente sind mir dann fast normal vorgekommen, weil ich es anders ja auch nicht kannte. Einerseits finde ich es so schön, dass wir diese gemeinsamen Momente hatten, andererseits macht es mich traurig, dass sie immer mit Schwere und Melancholie behaftet waren. Mein Vater und ich waren sehr viel zusammen unterwegs, meistens in Restaurants. Diese Situationen, wenn ich abends mit ihm unterwegs war und aufgepasst habe, dass er sicher nach Hause kommt, waren mir vertraut. Ich habe dann aufgepasst, dass er nicht auf die Straße taumelt und von einem Auto überfahren wird.

Wenn er den richtigen Pegel hatte, war es fast harmonisch. Als Kind habe ich eine rosarote Brille aufgehabt. Je älter ich wurde, desto mehr habe ich aber verstanden, dass das alles nicht gut ist. Dann gab es auch immer mehr Situationen, die untragbar waren oder für die ich mich geschämt habe. Ich habe ihn dann gefragt, ob er nicht mal versuchen könnte aufzuhören. Dann hat er mir immer Hoffnung gemacht, dass er daran arbeiten will, und für mich war es das Allerschlimmste, als ich merkte, dass es nicht stimmte. Ich spürte, dass ich nichts dagegen tun konnte und wollte umso mehr helfen, dass es ihm gut geht. Ich war in einem schweren Zwiespalt. Auf einer Seite ist es dein Vater, den man über alles liebt, und gleichzeitig hasst man das, was er liebt. Es war so viel Liebe und Hass gleichzeitig. Ich habe unser Leben geliebt, so wie es war, und wusste, dass es nicht gut war. Es war ein einziges Gefühlschaos.

Ich hatte eine sehr unsichere Kindheit, eine nicht kindgerechte Kindheit. Ich hatte keine Kindheit, weil ich immer die Elternrolle übernommen habe.

Wir waren gut mit der Schwester meines Vaters befreundet, die einen Sohn in meinem Alter hat. Meine Tante ist die einzige aus meiner Familie väterlicherseits, die keinen Alkohol trinkt. Sie hat mir auch vor Kurzem in Gesprächen erzählt, dass sie früher gemerkt habe, dass meine Mutter mir keine Liebe schenke. Sie hatte damals ein bisschen versucht, diese Rolle einzunehmen. Ich war manchmal nächtelang wach und habe einfach hinterfragt, wieso ich überhaupt lebe, und bin dann abgedriftet ind Abgestumpftheit.

Generell war ich irgendwann abgeneigt gegenüber Alkohol. Wenn ich schlecht geträumt hatte, wollte ich immer zu meinem Vater kriechen (denn meine Mutter war mir gegenüber sehr kalt), um mich sicher zu fühlen, doch dann habe immer nur seinen Bier-Atem gerochen. Ich musste oft für ihn als Kind Bier kaufen gehen, das konnte man damals in der Schweiz ohne Probleme. Das habe ich irgendwann gehasst, aber gleichzeitig auch gerne gemacht, weil ich wusste, dass er sich verändert, wenn er das Bier nicht bekommt. Irgendwann war es dann verboten, als Minderjährige Alkohol zu kaufen. Da war ich ungefähr zehn und überglücklich, dass ich nicht mehr für ihn einkaufen gehen durfte. Ich habe irgendwie immer gespürt, dass es Kinder gibt, denen es ähnlich geht, manchmal hat man auch darüber gesprochen. Mir war auch sehr früh bewusst, dass ich eigentlich einen Hass auf Alkohol habe, aber die Liebe zu meinem Vater war stärker. Ich habe mir damals aber schon gesagt, dass ich so eine Situation wie mit meinem Vater und auch mit meiner Mutter nie meinen eigenen Kindern zumuten würde. Ich wollte nicht so werden wie meine Eltern.

Als sich meine Eltern scheiden ließen, war ich zwölf. Da hatte ich das Gefühl, dass meine Mutter eh keinen Bock auf mich hatte, und dann ging die Rebellion los, weil ich nicht mehr zu meinem Vater durfte. Da hatte ich dann eine Phase, in der ich sehr viel trank. Keine Ahnung wieso, vielleicht weil ich mein Leben vergessen wollte, vielleicht weil ich dachte, dass mein Vater das gut finden würde. Ich fühlte mich ungeliebt und dachte, dass ich sowieso jedem egal wäre. Ich war dann meistens auf der Straße unterwegs und kaum zu Hause. Manchmal schickte meine Mutter die Polizei los, um mich zu suchen. Ich hatte auch eine kurze Phase, in der ich den Alkohol romantisierte. Die wurde aber nach einer Alkoholvergiftung schnell beendet.

Ich hatte immer das Gefühl, selbst das Problem zu sein. Ich war die, die zu dumm in der Schule war. Ich war die, die nur Mist baute. Obwohl ich nie Drogen genommen oder sonst etwas Schlimmes getan habe. Ich bin einfach immer nur abgehauen. Als ich dann von der Schule flog, war für mich klar, dass ich in ein Heim wollte. Ich spürte, dass ich das brauchte. Mit vierzehn Jahren bin ich dann in ein Heim für „schwererziehbare Kinder" gekommen. Ich hasse dieses

Wort. Ich würde nicht sagen, dass ich schwer erziehbar war, ich wusste mir nur nicht anders zu helfen. Das Heim war meine Rettung. Ich habe dort gemerkt, dass ich doch nicht so dumm bin, wie vorher alle gesagt haben. Ich hatte eigentlich nichts anderes zu tun, als für die Schule zu lernen. Ich war in keiner geschlossenen Einrichtung und durfte deshalb alle zwei Wochen übers Wochenende zu meiner Mutter. Das Verhältnis zu meiner Mutter blieb aber auch in dieser Zeit schwierig, trotz Familientherapie. Meine damalige Bezugsperson, ein Sozialpädagoge, hat dann in meinem Leben eigentlich eine Vaterrolle für mich eingenommen. Ich bin heute noch enorm dankbar, dass ich damals ins Heim gekommen bin, sonst wäre ich wahrscheinlich in der Gosse gelandet. Mein Sozialpädagoge durchschaute mich schnell und merkte, dass ich als Jugendliche schon psychosomatische Probleme hatte. Ich hatte teilweise wochenlang Bauchschmerzen. Im Heim konnte ich mich endlich wieder spüren, besonders nach der Selbstverletzungsphase, in der ich wirklich lebensmüde gewesen war. Über diese Phase denke ich nicht gerne nach, es macht mich traurig, dass ich mich als Kind so gefühlt habe. Im Heim konnte ich mich von all dem distanzieren und mich auf mich selber konzentrieren. Ein paar Engel auf Erden haben mich spüren lassen, dass ich doch etwas wert bin. Deshalb war mein Wille doch immer so groß, überall etwas Positives zu sehen. Die Selbstliebe aber habe ich bis heute noch nicht wirklich gelernt.

Maike

Aufgewachsen bin ich im Rheinland in einem kleinen Dorf mit ungefähr 2.500 Einwohnern. Meine Mutter war Justizangestellte und später Hausfrau und mein Vater LKW-Fahrer. Ich bin Einzelkind, was rückblickend wahrscheinlich auch besser ist.

Meine Mutter war mir gefühlsmäßig immer sehr nah, ich habe sie sehr geliebt. Sie hat mir die Liebe zu Büchern, zum Lesen und Schreiben und den Sinn für schöne Worte vermittelt. Sie war eine sehr intelligente Frau. Zu meinem Vater hatte ich kein gutes Verhältnis. Ich fand ihn schon immer dumm, und mit Grammatik hatte er es auch nicht so. Ich habe mich für ihn geschämt.

Da mein Vater mit seinem LKW viel und oft unterwegs war, habe ich die Zeit mit meiner Mama immer sehr genossen. Wenn mein Vater dann da war, musste ich immer leise sein, weil er schlafen musste. Er hat mich gestört.

Von seinen LKW-Touren hat mein Vater meiner Mutter oft eine Flasche Sekt mitgebracht, um Sex mit ihr haben zu können. So jedenfalls hat meine Mutter es mir erzählt. Vielleicht ist sie deshalb Alkoholikerin geworden. Vielleicht aber auch nicht.

Nach der Grundschule bin ich zuerst aufs Gymnasium gegangen. Dort habe ich mich allerdings nicht wohl gefühlt. Die Eltern der anderen Kinder waren alle Richter, Rechtanwälte, Piloten und sonst was, da habe ich mich noch mehr für meine Eltern und besonders für meinen Vater geschämt. Und die anderen Kinder haben mich spüren lassen, dass ich nicht zu ihnen gehöre. Also bin ich nach einem Jahr auf die Realschule gewechselt.

Ich kann nicht genau sagen, wann meine Mutter angefangen hatte zu trinken. Kurz nach dem Schulwechsel fing es an, dass sie sich veränderte. Ich habe oft den Schulbus morgens an mir vorbeifahren lassen, um wieder nach Hause gehen zu können. Meine Mutter hat mich dann zur Schule gefahren. Aber sie begann zu vergessen, mich irgendwo abzuholen, nach einer OP im Krankenhaus oder von der Schule, wenn der Schulbus ausfiel. Abends habe ich meine Mutter immer öfter mit einer Flasche Wein gesehen. Sie hat dann immer Musik gehört und lange telefoniert. Manche Songs kann ich mir bis heute nicht anhören.

Hobbys hatte ich keine. Meine Eltern haben mir schon früh gesagt, dass ich eh nichts durchhalten würde, und wenn ich nicht sofort die Beste war, hatte ich auch keine Lust. Manchmal habe ich mich mit Freunden im Dorf getroffen.

Wir sind heimlich Moped gefahren, haben heimlich Menthol-Zigaretten geraucht, und später, so ab vierzehn, haben wir die Schützenfeste abgeklappert. Schützenfeste haben auf dem Dorf eine sehr große Bedeutung. Als Junge wird man Edelknabe und später hoffentlich einmal Schützenkönig, und als Mädchen wird man Hofdame und im besten Fall Schützenkönigin. Man benötigt eine Woche Urlaub für das Schützenfest im eigenen Dorf. Fünf Tage davon ist man betrunken und feiert, und den Rest der Woche benötigt man zum Ausnüchtern.

Mit vierzehn Jahren hatte ich den Traum, Schauspielerin zu werden. Ich nahm Unterricht an einer Schule in der nächstgrößeren Stadt. Bis meine Mutter sturzbetrunken in den Unterricht stürmte und sich beschwerte, dass der Unterricht zu lange dauern würde. Sie hatte wahrscheinlich Sorge, dass sie nicht schnell genug zum Alkohol zurückkäme. Danach hatte ich keine Lust mehr auf Schauspielschule. Es war mir einfach peinlich.

Ich war schon immer sehr gewissenhaft und zuverlässig. Die Schule war mir wichtig. Meine Hausaufgaben nach der Schule waren meine Struktur im Leben. Ich wollte unbedingt einen Schulabschluss erreichen, der es mir ermöglichte, ein Fachabitur zu machen. Ich hätte gerne Sozialarbeit studiert und wäre dann Streetworkerin geworden.

Einmal kam ich von der Schule nach Hause und habe wie immer geklingelt. Es hat keiner aufgemacht, obwohl ich wusste, dass meine Mutter zu Hause war. Daraufhin habe ich versucht aufzuschließen, einen Schlüssel hatte ich ja immer dabei. Das ging aber nicht, weil von innen der Riegel vorgeschoben war. Ich klopfte und rief. Niemand öffnete. Das war für mich besonders schlimm, ich musste ja meine Hausaufgaben machen!

Ich versuchte es an der Terrassentür, die über einen Hof zugänglich war, aber auch dort hatte ich keine Chance, da diese Türe mit einem Hebel von innen verschlossen war. Schließlich nahm ich mir einen Stein, schlug die Türe damit ein, drückte den Hebel nach unten und öffnete die Tür.

Im Wohnzimmer lag meine Mutter sturzbetrunken auf der Couch, schlief tief und fest und bekam von dem ganzen Spektakel nichts mit. Seelenruhig bin ich in mein Zimmer gegangen und habe meine Hausaufgaben gemacht. Ich habe nie Ärger wegen der Tür bekommen. Meine Mutter hat mich lediglich gefragt, was denn da passiert sei.

An einem anderen Tag, an dem es wirklich sehr, sehr schlimm mit meiner Mutter war und sie gar nicht mehr nüchtern sein konnte, machte ich mir so große Sorgen um sie, dass ich meinen Vater um Hilfe bat.

Ich hatte wirklich große Angst, dass meine Mutter stirbt, wenn sie so weiter trinkt. Also habe ich meinen Vater gebeten, mit ihr zu sprechen und ihr zu sagen, dass sie aufhören müsse. Mein Vater hat mir versprochen, mit ihr zu reden. Er ging also zu ihr ins Schlafzimmer, und ich wartete vor der Tür und hoffte, dass er etwas erreichen würde bei ihr. Nach einer gefühlten Ewigkeit, in der ich nichts mehr gehört hatte, habe ich vorsichtig die Schlafzimmertür aufgemacht, um mal zu schauen, wie denn der Stand der Dinge sei. Leider war er nicht so, wie ich gehofft hatte. Mein Vater hatte meine Mutter vergewaltigt, und meine Mutter hatte das noch nicht einmal mitbekommen, so voll wie sie war.

Ich glaube, an diesem Tag habe ich gelernt, dass man sich nicht auf andere verlassen kann., noch heute nehme ich diese Dinge lieber selber in die Hand und kümmere mich alleine drum.

Mit siebzehn Jahren bin ich von zu Hause ausgezogen. Etwa um diese Zeit haben sich meine Eltern getrennt, und meine Mutter ist in eine kleine Wohnung gezogen. Ich habe nicht studiert, obwohl mein Abschluss gut war und ich die Fachoberschulreife erlangt hatte.

Ich zog nach Düsseldorf ins Schwesternwohnheim und machte dort eine Ausbildung zur Kinderkrankenschwester. Viele Jahre habe ich in einer Dialysestation gearbeitet, was mir großen Spaß gemacht hat. Mit vierundzwanzig Jahren habe ich meinen späteren Mann kennengelernt und drei wunderbare Mädchen mit ihm bekommen. Wir waren siebzehn Jahre zusammen, bevor wir uns haben scheiden lassen. Kurz davor ist meine Mutter an den Folgen ihres Alkoholkonsums gestorben und im gleichen Jahr auch mein Vater.

Mittlerweile bin ich wieder verheiratet. Zur Zeit bin ich in einer ambulanten Reha-Einrichtung, da ich selber eine Alkoholsucht entwickelt habe. Ich bin nüchtern. Denn ich will leben. Selbstbestimmt.

Karen

Ich bin das fünfte von sechs Kindern, drei Jungen, drei Mädchen. Meine Geschwister kommen von verschiedenen Vätern. Aber wir haben alle dieselbe Mutter.

Ich bin in einer kleinen Stadt großgeworden, in der Nähe von Detroit. Unsere Nachbarn sind sehr freundlich miteinander umgegangen, aber sie haben nicht sehr viel Zeit miteinander verbracht. Die Kinder kannten sich untereinander alle gut, aber die Eltern waren zu beschäftigt mit der Arbeit, oft haben sie im Schichtdienst gearbeitet oder sich um andere Familienmitglieder gekümmert, so dass sie nicht viel Zeit für Freundschaften in der Nachbarschaft hatten. Wir alle wussten, wer unsere Nachbarn waren, in welchem Haus, in welcher Straße sie wohnten, wir grüßten oder winkten, wenn wir sie sahen.

Als ich klein war, fühlte ich mich oft einsam. Mir war schnell etwas peinlich, und ich mochte es nicht, im Mittelpunkt zu stehen. Ich habe einmal den Kindergarten geschwänzt, weil ich zu spät dran war. Der Kindergarten war direkt gegenüber, und als ich über die Straße lief, hörte ich die letzte Glocke schlagen. Also drehte ich um, ging zurück nach Hause und setzte mich auf die Treppenstufe vor unserer Tür, bis ich die Glocke zur Mittagspause hörte, zweieinhalb Stunden später. Dann lief ich zurück zur Schule und trat ein, als wäre ich schon den ganzen Tag dagewesen. Auf keinen Fall wollte ich zu spät kommen und die Blicke von allen auf mich ziehen. Ich hätte es besser gefunden, wenn mich meine Eltern später eingeschult hätten. Ich fühlte mich nicht bereit, in die erste Klasse zu kommen, und weinte. Ich bekam oft Kopfschmerzen und wurde traurig, weil ich nicht mehr im Kindergarten war. Heutzutage würde man sorgfältiger einschätzen, ob ein Kind wirklich bereit ist, und es nicht einfach weiterschicken. Ich hatte Schwierigkeiten in der Schule, es war schwer für mich, um Hilfe zu bitten, weil ich nicht als dumm dastehen wollte. Ich war schüchtern und leichtgläubig.

Die Hausaufgaben habe ich immer schnell erledigt, damit ich schneller mit meinen Barbies spielen oder Fernsehen gucken konnte. Ich versuchte immer, es allen recht zu machen und irgendwie dazuzugehören. Ich liebte es zu kochen und zu backen und meine Eltern stolz zu machen.

Meine erste Erinnerung an Alkohol war ein Dosenbier. Die Marke war Black Label, es war eine rote Dose mit schwarzer kursiver Schrift. Ich sehe sie in der Hand von meinem Vater, er sitzt am Esstisch mit Gästen, und ich bin sicher, dass die anderen auch getrunken haben. Ich war gut sechs Jahre alt und fühlte, dass Alkohol nur für Erwachsene war und dass man es nur trank, wenn Leute zu Besuch waren oder man schick Essen ging.

Wir waren nicht arm, aber wir hatten kein extra Geld, um extravagante Dinge zu machen. Wir sind sonntags mit dem Auto auf Ausflüge gefahren, um Enten zu füttern. Dann ließ mein Vater uns auf seinem Schoß sitzen, während er das Auto ganz langsam um den Friedhof fuhr. Die Mutter meines Vaters war dort begraben. Dieser Ausflug dauerte immer ein paar Stunden, und es war eine tolle Unterhaltung für uns Kinder, die Enten zu sehen und eine Oma zu besuchen, die wir nie getroffen hatten.

Alkohol war bei Familientreffen immer präsent, bei Taufen, Kommunionen, Schulabschlussfeiern, usw. Heiligabend war das größte Familienfest. Den ganzen Abend haben alle Erwachsenen getrunken und gelacht, während sie sich Geschichten erzählten. Meine Eltern tranken bei diesen Feiern und waren glücklich, aber am Ende lallte meine Mutter immer. Sie war nicht gemein, mochte es aber nicht, wenn man ihr sagte, dass es genug war oder dass es Zeit war, den Abend zu beenden. Dann fing sie an, sich heftig mit meinem Vater vor allen anderen zu streiten, das war mir sehr peinlich. Wenn sie nüchtern war, war sie einfach meine Mama und kümmerte sich um den Haushalt. Sie arbeitete nachts, damit wir tagsüber nichts für einen Babysitter bezahlen mussten. Wenn wir Kinder uns stritten oder laut waren und sie vor fünf Uhr am Nachmittag aufweckten, wurde sie sehr böse. Manchmal wirkte es so, als würden die kleinsten Dinge sie sauer machen. Mama kam morgens von der Arbeit nach Hause, machte Frühstück und brachte uns zur Schule. Dann bereitete sie das Abendessen vor, putzte, machte Mittagessen und schlief. Wir aßen zusammen Abendessen, danach ging sie wieder zur Arbeit.

Ich schämte mich, besonders vor anderen, wenn es offensichtlich war, dass sie getrunken hatte. Ich war vielleicht zehn Jahre alt. Eines nachts lag ich im Bett, als meine Eltern von einer Feier nach Hause kamen. Sie fingen an, sich zu streiten. Meine Mutter war zornig und aggressiv, und ich hörte, dass er sie schlug. Sie weinte, und das machte mir Angst, aber ich hatte auch das Gefühl, dass sie es irgendwie auch verdient hatte. Ich rannte ins Wohnzimmer und sagte meinem Vater, dass er aufhören solle. Meinem Vater tat es leid, dass ich alles mitbekommen hatte. Er entschuldige sich, ließ meine Mutter alleine im Wohnzimmer und ging ins Bett. Meine Mutter schluchzte nur und wollte mein Mitgefühl, aber ich schlug nur vor, dass sie ins Bett gehen sollte.

Ich bin in einer Zeit groß geworden, in der Eltern ihre Kinder nicht dazu drängten, Sport, Tanzunterricht oder anderes zu machen. Solange wir nicht nach etwas fragten, gingen sie davon aus, dass wir kein Interesse hätten. Ich dachte nur, dass wir ja sowieso kein Geld übrighätten, das wir nur für mich ausgeben könnten.

Als ich vierzehn war, starb meine acht Jahre ältere

Schwester bei einem Autounfall. Das war der erste Tod einer Person, die mir nahestand. Bei der Beerdigung tauchte mein leiblicher Vater auf. Das einzige, was ich von diesem Besuch noch weiß, ist, dass er auf dem Parkplatz stand und Bier trank. Ich sagte meiner Mutter, dass es respektlos wäre, dass er sich auf der Beerdigung seiner Tochter betrank. Sie selbst trank während der dreitägigen Trauerzeit keinen Tropfen, aber ich wusste, dass ihr der Arzt etwas zur Beruhigung geben musste.

Nachdem meine Mutter einige Zeit in einer Bar gearbeitet und auch ihre freie Zeit dort oft verbracht hatte, entschied sie sich, Hilfe zu holen. Zu der Zeit war ich ungefähr sechzehn Jahre alt und realisierte langsam, wie sehr ihr Konsum außer Kontrolle war. Wir fanden im Haus Wodkaflaschen, die sie versteckt hatte. Sie erklärte uns, was sie in der Klinik durchmachen würde, und es tat mir leid, dass wir nicht zusammen mit ihr dorthin gehen konnten. Nach zwei Wochen ging ich mit drei meiner Geschwister in die Klinik und traf ihre Therapeutin. Die Fragen, die sie mir stellte, gaben mir das Gefühl, Schuld am Verhalten meiner Mutter zu sein und selbst ein schwieriges Verhältnis mit Alkohol zu haben. Es machte mich wütend, weil ich dachte, dass es doch ihr Problem ist und nicht meins. Die Therapeutin erklärte, dass meine Mutter eine Krankheit habe, und ich dachte nur: Blödsinn, sie muss doch nur aufhören zu trinken, oder? Liebt sie uns nicht genug, um einfach aufzuhören? Ich bekam das Gefühl, dass wir Kinder Schuld hätten, weil wir nicht verstanden, was mit unserer Mutter passierte. Wir Kinder schämten uns, in der Klinik zu sein, und konnten es kaum abwarten, zu gehen.

Nachdem das Entzugsprogramm zu Ende war, kam meine Mutter wieder nach Hause. Sie nahm an wöchentlichen Treffen der Anonymen Alkoholiker teil und nahm einmal pro Tag eine Tablette, die dafür sorgte, dass sie unkontrolliert erbrechen musste, wenn sie Alkohol trank. Einmal fragte sie mich, ob ich mit zu einem Treffen kommen wolle. Ich kam mit, fühlte mich aber sehr fehl am Platz. Einige

Jahre später hörte sie auf, ihre Medikamente zu nehmen, und begann wieder, heimlich Wodka zu trinken. Sie konnte ihn gut in Gläsern verstecken, weil es wie Wasser aussah. Wir fanden leere Flaschen im Schrank hinter dem Handtuchhalter. Als wir sie darauf ansprachen, log sie und sagte, dass es wohl alte Flaschen seien. Wir baten den Kioskbesitzer in unserer Nachbarschaft, ihr keinen Alkohol mehr zu verkaufen oder uns Bescheid zu sagen, wenn sie versuchen würde, welchen zu kaufen. Als sie das herausfand, wurde sie sauer und kaufte von da an woanders.

Als ich ungefähr zwanzig war, startete sie erneut das Entzugsprogramm, ich besuchte sie kaum noch. Nach diesem Mal nahm sie ihre Medikamente durchgängig, da sie gelernt hatte, dass sie ihrem Verlangen nicht vertrauen konnte. Ein Jahr später hatte sie auch einen neuen Job, den sie echt mochte. Das Leben wirkte normal, und es schien, dass es allen gut ging. Am Jahrestag des Todes meiner Schwester bemerkte ich, wie meine Mutter an einem Glas nippte.

Ich sprach sie darauf an, und sie sagte nur: „Nicht jetzt, nicht heute, spar's dir bis morgen auf!"

Ich sagte nur, dass sie keinen Schluck mehr trinken solle.

Drei Jahre später habe ich mich verlobt. Meine Eltern haben sich sehr für mich gefreut und liebten meinen Verlobten. Während der Vorbereitungen für die Hochzeit erinnerte ich sie an meine Bedingung: Ich würde sie nur dabeihaben wollen, wenn sie vorher keinen einzigen Schluck getrunken hätte. Ich würde bei meiner Hochzeit nicht tolerieren, dass sie trank. Sie hielt sich dran.

In den USA war, als ich jung war, das Mindestalter für Alkoholkonsum einundzwanzig. Ich habe auch schon vorher getrunken. Es war lustig, in Bars zu gehen und etwas zu bestellen. Aber es war teuer, und wir hatten auch eine tolle Zeit ohne Alkohol. Wenn ich nach Hause kam, erzählte ich meiner Mutter, wieviel Spaß ich ohne Alkohol gehabt hätte. Nur damit sie wusste, dass ich nicht davon abhängig war. Ich habe keine Schwierigkeiten mit Alkohol, aber es fällt mir auf, dass andere Familienmitglieder vielleicht zu viel trinken und keine Kontrolle über ihren Konsum haben. Mein ältester Bruder trank zwanzig Jahre lang jeden Tag wahnsinnig viel Bier. Von einem Tag auf den anderen hörte er dann einfach auf. Meine älteste Schwester hatte jahrelang Schwierigkeiten mit verschreibungspflichtigen Medikamenten. Sie starb mit siebenundfünfzig Jahren an Hepatitis C. Mein anderer Bruder trank viel, als er jünger war. Als er Mitte zwanzig war, bekam er eine Bauchspeicheldrüsenentzündung und dann Morbus Crohn. Daraufhin hörte er für zwanzig Jahre auf zu trinken. Eines Tages, vor ein paar Jahren, trank er einen Schluck Bier und trinkt seitdem wieder täglich. Er ist gut gelaunt, wenn er betrunken ist, aber trotzdem nervt es mich, und ich bin dann nicht gerne in seiner Gegenwart. Aber es ist seine Entscheidung und nicht meine.

Ich bin anders als der Rest meiner Familie. Oft frage ich mich im Scherz, woher ich komme, weil ich nicht bin wie sie. Ich versuche, in jedem das Gute zu sehen und mich nicht auf das Negative zu fokussieren, die Familie zusammenzubringen, alles zu tun, um zu helfen, kreativ zu sein, hart zu arbeiten und Dinge im Griff zu behalten. Für mich ist Familie so unglaublich wichtig, aber sie erwidern das nicht. Wenn ich kein Familientreffen plane, gibt es keins. Ich gehe zu jedem Event, jeder Party, zu der ich eingeladen werde, aber die anderen Familienmitglieder finden immer neue Ausreden, warum sie nicht kommen können. Oder wenn sie dann auftauchen, verschwinden sie schon nach kurzer Zeit wieder. Sie wirken ein bisschen egoistisch, ich dagegen bin sehr großzügig mit meiner Zeit, Geld oder was auch immer gebraucht wird.

Ich bin nicht aufs College gegangen, aber ich hatte einen guten Job, mit dem ich gut verdient habe. Ich bin sorgsam mit meinem Geld umgegangen, fuhr schöne Autos, buchte für meine Eltern einen Urlaub nach Hawaii zur silbernen Hochzeit und organisierte eine Überraschungsparty für sie. Ich heiratete, bekam mit dreißig mein erstes Baby und arbeitete viel, bis ich weitere Kinder bekam. Mein Mann und ich entschieden, dass ich nach der Geburt der Kinder aufhören würde zu arbeiten, wenn wir es uns leisten könnten. Es klappte. Andere Leute sagen immer, dass wir so viel Glück hätten, aber wir beide haben uns all das erarbeitet und nicht um Hilfe gebeten. Das kann man nicht Glück nennen.

Alkoholsucht kann Familien und Freundschaften zerstören. Ich verstehe immer noch nicht ganz, wie oder wieso man den eigenen Alkohol- oder Drogenkonsum allgemein nicht kontrollieren kann. Ich nehme Medikamente nur, wenn es wirklich nötig ist.

Ich liebe es, Gastgeberin zu sein, und finde es gut, den Gästen eine Getränkeauswahl anzubieten. Ich ermutige auch jeden, ausreichend Wasser zu trinken, wenn sie Alkohol trinken. Das hilft die harten Trinker ein bisschen zu bremsen. Ich bekomme es immer mit, wie viele Getränke die Leute konsumieren und wie stark ihre Getränke sind. Ich mag es, die Getränke selbst zu mischen, besonders bei Gästen, bei denen ich weiß, dass es problematisch sein könnte, wenn sie zu viel trinken.

Ich bin sehr sensibel und habe viel Empathie für andere, besonders für die, die nicht so privilegiert sind wie ich. Ich mache mich immer für die Außenseiter stark, befreunde mich mit der neuen Person in einer Gruppe und möchte, dass sie sich wohlfühlt. Das kommt daher, weil ich mich früher einsam gefühlt habe und mir keiner geholfen hat.

Meiner trinkenden Mutter gegenüber fühlte ich mich nicht verantwortlich. Ich hatte vielleicht eher ein Gefühl, alles im Griff behalten zu müssen und die Probleme vor anderen zu verstecken. Ich würde es auch als Scham bezeichnen.

Ich bin als Mensch gewachsen und wusste, dass ich eine starke und liebende Familie haben wollte, die gerne Zeit zusammen verbringt. Deshalb habe ich meine Kinder so großgezogen, wie ich gerne hätte großgezogen werden wollen. Ich war involviert in ihrer Schule, bei ihren Hobbies und ihren Freunden. Wenn ich mich nicht gut fühle, ist Ruhe natürlich am besten, und wenn ich Dampf ablassen muss, rede ich mit Freunden.

Wenn ich einen Brief an meine Eltern schreiben würde, würde ich schreiben, wie sehr ich sie vermisse, und über ihre Enkelkinder, die sie leider nicht hatten aufwachsen sehen. Wie stolz sie wären, wenn sie sehen könnten, was für tolle Männer ihre Enkel geworden sind. Mein Vater wäre begeistert, dass ich in Deutschland gelebt habe, und wenn er gesund gewesen wäre, hätte er mich sicherlich unglaublich gerne besucht. Im Januar wäre er neunundachtzig Jahre alt gewesen.

Regina

Ich bin einunddreißig Jahre alt und lebe in den USA mit einem wunderbaren Ehemann. Er ist der erste Mensch, der mir zeigen konnte, wie wahre, bedingungslose Liebe aussieht.

Leider habe ich diese Art Liebe in meiner Kindheit nie erfahren. Ich habe viele Erinnerungen an meine Kindheit, aber vieles ist auch verschwommen und komplett weg. Heute weiß ich, dass das eine Schutzreaktion des Gehirns ist, die oft bei traumatisierten Kindern auftritt.

Ich wuchs als Einzelkind in einem kleinen Haus auf dem Land auf. Meine Eltern waren überfordert mit mir, später erfuhr ich, dass sie eigentlich kein Baby haben wollten, ich war ein „Unfall". Dennoch waren sie glücklich, mich zu haben und versuchten, mir das auch zu zeigen.

Als ich ein Kleinkind war, wurde ihre Ehe immer liebloser. Sie sprachen selten miteinander, mein Vater war oft abwesend und meine Mutter dauerhaft gestresst und traurig. Ich wünschte mir so sehr, dass mein Vater mit mir spielen, mit mir Sachen unternehmen würde, aber er lag tagsüber einfach nur in seinem Bett und schlief. Ich verstand die Welt nicht. Meine Mutter war traurig; sie war aber auch wütend auf meinen Vater. Diese Wut ließ sie leider oft an mir aus, zwar nur verbal, aber es führte doch dazu, dass ich dauernd Angst hatte, etwas falsch zu machen. Sie wirkte oft angespannt und kritisierte mich häufig. Außerdem nahm sie mir alle möglichen Aufgaben ab, was dazu führte, dass ich mir absolut nichts zutraute und immer glaubte, für alles zu dumm zu sein.

Dennoch gab sie sich Mühe, so zu tun, als wäre alles okay bei uns zu Hause. Sie unternahm etwas mit mir, wir waren unterwegs, und auch wenn mein Vater nie dabei war, tat sie so, als wäre eigentlich doch alles gut. Sie tat ihr Bestes, um zu verstecken, was zu Hause vor sich ging. Sie tat ihr Bestes, um nach außen zu verstecken, dass ihr Mann ein Alkoholiker und sie verzweifelt war.

Meine Mutter war kontaktfreudig, es gab immer Leute, die wir besuchten oder mit denen sie sprach, aber ich habe unsere Familie dennoch als isoliert wahrgenommen – denn wir gaben nach außen ein komplett anderes Bild ab. Nach außen war auch mein Vater wie meine Mutter ein netter, hilfsbereiter, etwas zurückhaltender Mensch. Wir wurden in der Gesellschaft akzeptiert. Keiner durfte wissen, was wirklich zu Hause los war. Keiner durfte wissen, dass mein Vater trank und dass meine Mutter total verzweifelt war. Sie schämte sich dafür, er schämte sich für seine Sucht, und auch ich schämte mich, denn ich merkte, in anderen Familien war es anders.

Da meine Eltern beide halbtags arbeiteten, ging ich oft zu anderen Familien, um dort zu essen und meine Hausaufgaben zu machen.

Dort saß die ganze Familie am Tisch, alle sprachen miteinander und erzählten und es wurde viel gelacht. Das war so ganz anders als bei uns zu Hause, wo meine Mutter und ich meist alleine am Esstisch saßen. Und wenn mein Vater mal dabei war, wurde nichts geredet. Außer wenn ich etwas erzählte. Ich lernte, dass wir anders waren, wir waren nicht normal. Aber ich wusste auch, ich darf darüber mit niemandem reden.

So lernte ich zu schweigen. Ein Kleinkind spürt, wenn etwas falsch ist, aber es versteht nicht, was „Sucht" bedeutet. Wenn mein Vater keine Zeit mit mir verbringen wollte, hieß es immer nur, er sei müde oder krank. Das wurde ein durchgehendes Muster. Auch am Telefon sollte ich den Leuten oft sagen, mein Vater sei nicht da oder müde. Keiner sollte merken, dass er betrunken war.

Ich weiß, dass mein Vater auch arbeiten war, wie gesagt, nach außen war alles irgendwie normal und gut, und es gab auch Zeiten, in denen er nichts trank. Aber in meinem Kopf haben sich die anderen, die schlimmen Erinnerungen festgebissen. Die Erinnerungen daran, dass er nie mit mir spielen wollte – was dazu führte, dass ich immer dachte, er liebt mich nicht wirklich.

Wenn es ihm mal gut ging und er Zeit für mich hatte, war ich überglücklich, denn ich liebte meinen Vater. Er war liebevoll, witzig, kreativ, und Zeit mit ihm verbringen zu können, das war absolut besonders für mich. Er erfand Geschichten, die er mir vor dem Schlafengehen erzählte, er tollte mit mir auf dem kalten Steinboden des Hauses herum, oder er ließ mich Fernsehen schauen. Ich wurde ein absolutes Papa-Kind, einfach nur, weil er so enorm lieb zu mir war und mir all meine Wünsche erfüllte. Wenn Papa mal Zeit hatte, gab es Geschenke, Süßigkeiten, alles Mögliche. Es wurde gelacht, gespielt, und ich fühlte mich für diese Zeit geliebt.

Einige Jahre später wurde mir klar, dass das der Versuch war, alle seine Fehler wiedergutzumachen. Er erlaubte mir Dinge, die meine Mutter nicht wollte, um so als „der Gute" dazustehen. Es war alles sehr paradox.

Meine Mutter war auch liebevoll, ich liebte sie genauso. Sie spielte oft mit mir, lenkte mich von der Situation zu Hause ab. So gesehen kümmerte sie sich sehr um mich. Aber leider erinnere ich mich vor allem an all die Momente, in denen sie gestresst, wütend und empfindlich war. Die Momente, in denen sie mich kritisierte, mit anderen Kindern verglich und mir vermittelte, dass ich nicht so sei, wie sie mich gerne hätte. Heute weiß ich von ihr, dass das ihr paradoxer Versuch war, mich abzuhärten und zu schützen, aber so habe ich das nie wahrgenommen. Ich habe mich einfach nie von ihr akzeptiert gefühlt.

Meine Eltern haben selten miteinander geredet, und irgendwann fing es an, dass ich der Vermittler wurde. Heute kenne ich den Begriff „Parentifizierung"[2], und mir ist auch bewusst, dass mir dadurch noch ein weiteres Stück meiner Kindheit gestohlen wurde. Ich wurde sozusagen der Therapeut meiner Eltern, dadurch musste ich als junges Mädchen schon früh erwachsen werden. Meine Mutter kam oft zu mir und erzählte mir von ihren Erwachsenen-Problemen. Davon, dass mein Vater nicht mit Geld umgehen konnte und wir arm waren. Davon, dass mein Vater nicht bei ihr im Zimmer schlafen wollte, sondern in seinem eigenen Zimmer. Davon, wie unglücklich sie in ihrer Ehe war. Ich war ein kleines Kind, aber ich hörte zu und versuchte sie zu trösten.

Um zu vermitteln, ging ich zu meinem Vater und erzählte ihm von Mamas Sorgen. Er sagte mir dann, dass sie doch spinne, wir genug Geld hätten und dass er von ihrem Verhalten genervt sei. Er erzählte mir von seinen Problemen, und Sorgen und ich versuchte auch ihn zu trösten. Ich war der Therapeut meiner Eltern, und ich war noch nicht einmal zehn Jahre alt.

Ich lernte, dass ich immer für meine Eltern da sein musste. Dass ich sie immer trösten, zwischen ihnen vermitteln und meine Bedürfnisse hintenanstellen muss. Ich merkte, dass etwas sehr falsch lief, aber ich schwieg. Und ich konnte sowieso nicht verstehen, was los war.

Einige Jahre später erfuhren wir dann auch, dass mein Vater bipolar war, was sich in manischen und depressiven Phasen äußerte.

Als ich sechs Jahre alt war, kam mein Vater das erste Mal in eine Klinik, um einen Entzug zu machen. Natürlich wusste ich nicht, was das bedeutete, und alles, was ich wahrnahm, war, dass Papa wochenlang weg war. Es war auch das erste Weihnachten ohne ihn, was ich damals besonders schlimm fand. Ich nahm auch wahr, dass er sehr traurig war. Ich erinnere mich an einen gemeinsamen Urlaub in Irland und

[2] Unter Parentifizierung (ein Begriff aus der Familientherapie) versteht man die Umkehr der sozialen Rollen zwischen einem Kind und seinen Eltern.

wie traurig er war. Eigentlich ohne Grund, denn der Urlaub war schön. Ein Kleinkind weiß eben nicht, was Depression bedeutet. Als Kind habe ich nur gemerkt, dass es meinen Eltern nicht gut geht, und dachte, ich müsste ihnen helfen, und lernte, dass es dabei nicht wichtig war, wie ich mich fühlte. Meine Eltern waren so mit ihren Sorgen beschäftigt, dass sie mich nie gefragt haben, wie es mir damit gehe. Später ging meine Mutter zu einer Selbsthilfe-Gruppe, um besser mit ihrer Situation klarzukommen. Mein Vater war immer wieder bei Entzügen oder in Kliniken, um therapiert zu werden. Aber niemals hat jemand sich darüber Gedanken gemacht, dass ich auch Hilfe brauche. Keiner hat sich darum gekümmert, wie es mir ging, und so lernte ich, dass meine Gefühle nicht wichtig sind.

Das ist etwas, das ich meinen Eltern bis heute nicht verzeihen kann. Denn ich bin mir sicher, wenn ich Hilfe gehabt hätte; nur eine einzige Person, mit der ich darüber hätte reden können, wäre ich nun nicht so traumatisiert und wäre frei von all den Mustern, die ich bis heute habe.

Ich war als Kind unsicher, unglaublich durcheinander, hatte vor allen möglichen Dingen Angst, hatte jede Nacht schreckliche Albträume und litt still vor mich hin. Ich war von allem um mich herum eingeschüchtert und immer in Habachtstellung; ich dachte, ich müsste die Kontrolle über alles behalten. Ich hatte einen besten Freund, an den ich mich erinnere, aber bei allen anderen war ich eher der Außenseiter, war zu ruhig, zu komisch, war verunsichert, wusste nicht, wie ich mich zu verhalten hatte; ich ließ mir alles gefallen und mich herumkommandieren. So hatte ich es ja zu Hause gelernt.

Am liebsten war ich alleine und las. So flüchtete ich mich in Geschichten, in meine Fantasie. Ich spielte sehr gerne mit meinem einzigen Freund oder malte. Alle anderen Freundschaften waren eher oberflächlich, ich war oft das komische Kind, das immer malen oder lesen wollte, und wurde auch oft aufgezogen, geärgert.

Als ich in die Schule kam, fing mein Körper an, sich zu

wehren. Ich hatte jeden Morgen Bauchschmerzen, mir war übel, und ich hatte dermaßen Angst vor der Schule. Angst vor den Schülern. Die Bauchschmerzen fingen an, als ich ungefähr sechs war, und hörten auf, als ich fünfundzwanzig war. Aber ich gewöhnte mich daran und dachte, es gehöre eben zu meinem Leben dazu.

Wenn ich heute zurückschaue, spüre ich Mitleid mit dem kleinen Mädchen von damals. Weil es zu Hause keine Sicherheit hatte, weil seine Mutter es ständig kritisierte, weil sein Vater krank war und weil es auch in der Schule nicht akzeptiert wurde. Weil es so gelitten hat und immer schwieg und keine Hilfe bekam. Es hat sich immer falsch, immer fehl am Platz gefühlt.

Leider gingen auch die Bauchschmerzen weiter, es kam eine tägliche Übelkeit dazu, und mit sechzehn Jahren war ich das erste Mal so vom Leben überfordert, dass ich Depressionen bekam. Ich fehlte in der Schule, meine Noten wurden immer schlechter, und irgendwann, mit achtzehn Jahren, kam ich das erste Mal in eine psychosomatische Klinik.

In der Klinik lernte ich, dass ich diese körperlichen Symptome hatte, weil ich in einem toxischen Umfeld lebte und all meine Gefühle in mich hineingefressen hatte. Das machte mir wieder neue Bauchschmerzen. Mit neunzehn Jahren zog ich von zu Hause aus, nachdem mein Vater eines Abends einen Rückfall hatte und ich es nicht mehr ertrug.

Die Erfahrungen aus meiner Kindheit und meine Ängste führten irgendwann zu sehr schweren Depressionen und Panik-Attacken, so dass ich für einige Monate die Wohnung kaum noch verlassen konnte.

Ich kam wieder in eine Klinik, machte eine Therapie, und es ging langsam bergauf. Ich arbeitete halbtags in einem Bioladen und fand wieder ins Leben zurück. Als ich fünfundzwanzig war, lernte ich meinen jetzigen Ehemann kennen, der dann in die USA zog. Er ermutigte mich, mich als Illustratorin selbstständig zu machen, also tat ich das. Eine weitere große Entscheidung, die enorme Auswirkungen hatte, fällte ich allerdings erst Jahre später, im Jahr 2020.

Ich fand einen wunderbaren Therapeuten und arbeitete mit ihm an meinen Selbstzweifeln und meinen traumatischen Erfahrungen. Dadurch konnte ich das erste Mal in meinem Leben Wut auf meine Eltern entwickeln und brach den Kontakt für einige Zeit ab. Das erste Mal fühlte ich mich frei, ich begann, mir mehr zuzutrauen. Das erste Mal fühlte ich mich gut genug. Dieser Schritt war unglaublich wichtig für mich, ich habe zwar seitdem immer mal wieder Kontakt zu meinen Eltern, aber wenn ich spüre, dass ich eine Pause brauche, nehme ich sie mir. Dann lasse ich meine Eltern wissen, dass ich keinen Kontakt haben möchte. Sie akzeptieren es, auch wenn es sie traurig macht.

Heute lebe ich selbst in den USA, arbeite mittlerweile als Illustratorin und Musikerin und habe sehr wenig Kontakt zu meinen Eltern.

Ich bin voll von alten Mustern, die mir oft noch das Leben schwer machen. Es sind starke Selbstzweifel und immer noch das häufig auftretende Gefühl, nicht gut genug zu sein. Leider habe ich sehr oft Albträume, Erinnerungen und Ängste von früher.

Das Wichtigste ist, dass ich mir dessen bewusst bin. Als Musikerin verarbeite ich viele Erfahrungen in meinen Songs und schreibe auch auf meinem Instagram-Kanal sehr offen darüber. Es ist die beste Art von Therapie für mich, darüber zu reden und sich nicht mehr zu schämen. Mich zu zeigen, meine Geschichte und Kunst zu teilen hat mein sehr fragiles Selbstwertgefühl enorm gestärkt. Damit kann ich mir selbst beweisen, dass ich kein Versager bin, denn das dachte ich mein ganzes Leben lang.

Heute mag ich mich selbst, trotz der Zweifel an mir und meinem Verhalten, meiner Arbeit und meinem Leben. Ich lerne immer mehr dazu. Darüber, wer ich bin, warum ich etwas tue und wie es mit meiner Kindheit zusammenhängt. Ich fühle mich frei, auch wenn noch viel Arbeit vor mir liegt.

Ich wünsche mir so sehr, dass meine Geschichte anderen hilft, einen Schritt Richtung Freiheit zu machen. Ich wünsche mir so sehr, dass andere sehen: Sie sind nicht alleine.

Ich spreche jetzt über meine Erfahrungen; ich habe endlich erkannt, ich habe absolut keinen Grund, mich zu schämen.

Heike

Die ersten sieben Jahre meines Lebens, also die Zeit, in der meine Mutter und ich mit meinem leiblichen Vater zusammengelebt haben, bin ich als Einzelkind aufgewachsen. Wir lebten zu dritt in einer Wohnung auf einem Dorf. An sonstiger Familie gab es damals nicht viel. Die Familie meiner Mutter bestand aus ihrer Mutter und ihren beiden Geschwistern, ihr Vater beging Suizid, als sie noch klein war, nachdem er einige Jahre alkoholabhängig war. Die Familie meines Vaters war zwar groß, aber zerstritten.

Meine erste Erinnerung an unsere damaligen Nachbarn ist die, dass ich nicht mit ihren Kindern spielen durfte, obwohl sie in meinem Alter waren. Sie haben uns gemieden, gingen im Hausflur schnell weiter, wenn sie uns begegneten, und grüßten nicht. Ich war damals vielleicht zwei Jahre alt und habe nicht verstanden, wieso sie nicht mit mir spielen durften. Heute ist mir klar, dass sie ihn gehört haben, wenn er ausgerastet ist. Sie hörten ihn brüllen und auch, wenn Gegenstände flogen und zu Bruch gingen.

Wir waren die meiste Zeit nur unter uns, denn wegen seiner Trinkerei und seiner Ausraster wollten viele nichts mit uns zu tun haben. Der Freundeskreis meiner Mutter hatte sich komplett von ihr abgewendet, und mein Vater hatte auch viele seiner Freunde vertrieben. Er hatte noch seine Kegelbrüder, und es gab zwei befreunde Familien, die wir gelegentlich sahen.

Wenn ich zurückdenke, ist die älteste Erinnerung an mich als Kind nur schwer zu fassen. Es sind alles recht klare, aber dafür nur sehr kurze Momente. In der ersten Erinnerung, die nicht nur ein Ausschnitt von wenigen Sekunden ist, bin ich ungefähr zweieinhalb Jahre alt. Wir waren gerade mitten in einem Umzug, und mein Vater und ich standen vor unserer neuen Wohnung auf der Straße. Er stand circa zwei Meter entfernt von mir und telefonierte. Neben mir stand eine Kiste mit Bauklötzen, auf die ich meinen Blick fokussierte. Ich bin sehr still und fühle mich, als würde ich kilometerweit von allem entfernt sein und irgendwie abgeschottet von der Außenwelt. Ich bin gleichzeitig leer und angespannt, denn mein Vater stritt am Telefon wieder mit meiner Mutter. Wenn sie stritten oder wenn er wegen etwas anderem ausrastete, versuchte ich, nichts mehr von meiner Umgebung mitzubekommen. Ich konzentrierte mich krampfhaft auf irgendetwas, versuchte meine Wahrnehmung auszuschalten und wollte am liebsten unsichtbar sein. Ich steckte mir die Finger in die Ohren, um nichts mehr hören zu müssen, und sagte mir in meinem Kopf immer wieder Dinge wie: „Alles wird gut, alles wird gut", oder „Nicht weinen, nicht weinen". Denn ich wusste, wenn ich weinen würde, so würde alles noch viel schlimmer werden, er würde mich anschreien und sagen: „Hör auf zu heulen oder ich gebe dir einen Grund zu heulen!"

Bevor wir in unsere neue Wohnung zogen, wurde diese renoviert und auch Laminat verlegt. In meinem Zimmer hat mein Vater extra für mich Laminat in beige und in blau verlegt, das war eine Überraschung. Immer wenn ich in meinem Zimmer war, vor allem, wenn er mich wieder dahin verbannt hatte, und ich auf den Boden sah, habe ich mich gut gefühlt. Denn es hat mich daran erinnert, dass mein Vater mich liebt – auch, wenn er gerade betrunken war und schrie oder irgendwelche Gegenstände durch die Wohnung flogen oder er irgendetwas kaputttrat.

Bis ich in den Kindergarten kam, war ich ein sehr fröhliches und aufgewecktes Kind. Als ich dann älter wurde und anfing, zu verstehen, was um mich herum geschah, wurde ich sehr still und in mich gekehrt. Ich hatte keine Freunde und in der Grundschule war ich so still, dass das Jugendamt eine Einzel- und eine Gruppentherapie für mich anordnete.

Er trank zwar täglich, aber nicht täglich exzessiv. Er war

LKW-Fahrer im Nahverkehr und musste wochentags um vier Uhr aufstehen. Was er unter der Woche nicht trinken konnte, holte er an den Wochenenden nach, wenn sich sein Kegelclub in der Stammkneipe traf. Und das tat er ohne Rücksicht auf Verluste und vor allem ohne Sicht aufs gemeinsame Konto. Vor allem zum Monatsende hin war das Geld knapp, aber das interessierte ihn nicht. Er hat regelmäßig das letzte Geld versoffen, und meine Mama hatte dann kein Geld, um etwas zum Essen zu kaufen.

Er war auch nüchtern ein Choleriker. Wenn er trank, verstärkten sich diese Persönlichkeitsanteile, er wurde unberechenbar. Er konnte betrunken mit seinen Freunden Spaß haben und mich durch die Wohnung jagen, weil er mich küssen wollte. Dies tat er mit guten und liebevollen Absichten, auch wenn es für mich irgendwie seltsam und unangenehm war, ich hasste die Alkoholfahne und ekelte mich davor. Aber es brauchte nicht viel, dass alles kippte, er ausrastete und die Situation eskalierte. Dann hat er geschrien und getobt. So sehr, dass eine Duschkabine, eine Tür, Porzellan oder ähnliches dabei zu Bruch gingen. Und das war keine Seltenheit. Dann schrie er so unglaublich laut, mit einer so beängstigenden Aggressivität in der Stimme, dass ich nicht nur einmal dachte, dass ich heute sterben muss. Aber das gab es auch, wenn er nüchtern war.

Ich kann dieses Maß an Aggressivität in Worten nicht wiedergeben, ich kann auch sein Verhalten nicht im Ansatz beschreiben. Wenn er cholerisch wurde, vor allem, wenn er betrunken war, wurde er zu einem anderen Menschen. Dann funkelten seine Augen vor Aggressivität und seine Lippen zitterten vor Wut. Dann klappte sich seine Oberlippe komplett nach innen und auch seine Unterlippe, sie bebten im Takt seiner Aggressivität. Wenn er erst einmal in diesem Zustand war, konnte man ihn kaum da rausbekommen. Dann hieß es für jeden in seinem Umfeld, das Weite zu suchen, um nicht das nächste Opfer seines cholerischen Anfalls zu werden. Meine Mutter schrie er an und machte ihr alle möglichen Vorwürfe, ich wurde angeschrien, wegen meines normalen kindlichen Verhaltens, das ihm missfiel – also keine perfekten Tischmanieren, kindliche Blödelei, Spielerei oder Zappelei. Wenn seine Wut ihm jegliche Kontrolle nahm, wurde er mir gegenüber handgreiflich, dies jedoch nur, wenn es keine Zeugen gab, und zu denen zählte auch meine Mutter. Sie hat erst, als ich ein Teenager war, davon erfahren. Sie war schockiert, und ich dachte, sie hätte es immer gewusst. Die Handgreiflichkeiten waren das einzige Verhalten, das er nicht in Gesellschaft an den Tag legte. Sonst ließ er sich von der Anwesenheit anderer Menschen in seinen Wutanfällen nicht bremsen oder einschränken. Wenn er nüchtern war, konnte er auch ein liebevoller Vater sein. Er konnte nüchtern aber auch ähnlich aggressiv werden.

Noch heute gibt es einige Dinge, die mich an das Geschehene erinnern. Er hat immer ein bestimmtes Kölsch getrunken, das verbinde ich mit durchweg negativen Gefühlen und Erinnerungen. Es reicht schon, eine Flasche oder ein Glas Bier zu sehen oder Bier zu riechen, und gewisse Gefühle kommen hoch. Besonders schlimm ist es, wenn dieses Bier zu einem Mann gehört. Die Tatsache, dass ich absolut kein Bier mag und mir bei dem Gedanken daran schon schlecht wird, ist vermutlich auch auf die Vergangenheit zurückzuführen. Betrunkene Menschen, vor allem Männer, machen mir noch heute Angst. Selbst wenn ich diese Männer kenne und eigentlich weiß, dass es keinen Grund gibt, Angst zu haben, weil sie sich niemals so oder so ähnlich verhalten würden. Männer mit Glatze verwirren mich durchweg (er hatte eine). Diese Gefühle reichen von Angst und Furcht bis zu einem Gefühl der Anziehung. Hier zeigt sich mir immer wieder mein nicht zu verleugnender Elektrakomplex. Ich habe mich so oft für ihn geschämt, wenn er geschrien oder getrunken hat. Das erste Mal war, glaube ich, Karneval, als ich vier Jahre alt war. Wir feierten damals groß in unserer Garage mit Freunden, der Karnevalszug ging an unserer damaligen Wohnung vorbei. Er konnte nicht mehr gerade laufen, und er sang laut mit, wobei sein Singen eher einem Geheule entsprach. Unsere Gäste kannten das schon, aber alle anderen Anwesenden starrten uns an, und das war mir damals schon sehr unangenehm. Von solchen, und deutlich schlimmeren Situationen gab es so viele, dass die einzelnen und die Erinnerungen daran in der Masse untergehen.

Es war eigentlich immer Chaos. Entweder war er betrunken und hat so Unruhe heraufbeschworen, oder er ist ausgerastet. Oder beides. Und auch, wenn er ruhig war, war das leider keine wirkliche Ruhe. Denn die Bombe konnte jederzeit hochgehen. Also sind wir täglich wie auf Eierschalen gelaufen, um bloß nichts falsch zu machen, ihm keinen Anlass zu geben, hochzugehen. Aber das war eigentlich unmöglich, und so ist er meist früher oder später ausgeflippt.

Wenn es nachts zu schlimm wurde, hat mich meine Mama geweckt mit den Worten: „Aufwachen, Süße. Wir fahren zur Oma, was hältst du davon? Ich trage dich sogar zum Auto."

Dort sind wir dann meistens für ein bis zwei Tage geblieben, bis er sich wieder beruhigt hatte, und dann sind wir wieder zurück nach Hause. Wenn Mama und ich alleine waren, habe ich mich immer sicher, geborgen und gut aufgehoben gefühlt, sie gab mir nie einen Grund, das nicht zu tun – im Gegenteil.

Wenn er da war, war ich überspannt und verängstigt. Ich hatte Angst, irgendetwas falsch zu machen, wie zum Beispiel beim Abendessen zweimal mit der Suppe zu kleckern. Auf dem Weg vom Teller zum Mund. Ich war nicht gerne mit ihm alleine. Denn ich wusste immer, wenn Mama da ist, schreit und tobt und tritt er zwar, aber mir konnte nichts passieren. Wenn wir alleine waren, ist ihm schon mal die Hand ausgerutscht, deswegen habe ich immer versucht, es zu vermeiden, mit ihm alleine zu sein, und habe mich an meine Mama gehängt. Noch schlimmer war es, mit ihm Auto zu fahren, denn er rastete immer aus, behinderte den Verkehr, legte Vollbremsungen auf der Autobahn hin, weil der Hintermann zu wenig Abstand hielt, und solche Sachen. Mit ihm alleine im Auto, das war die Hölle für mich.

Auch wenn meine Mama ihm gegenüber leider meist

machtlos war und, wie ich glaube, auch selbst oft Angst hatte, hat sie immer alles getan, um mich zu beschützen. Wenn er ausrastete, brachte sie mich weg und sagte ihm, er solle sich beruhigen – meinetwegen. Wenn er mich wieder mal wegen einer Lappalie nachmittags ohne Essen ins Bett schickte, holte sie in der Küche heimlich einen Joghurt, schlich sich damit in mein Zimmer, fütterte und beruhigte mich und blieb bei mir sitzen, bis ich eingeschlafen war. Wenn er in diesem Zustand war, hat sie mich nicht ein einziges Mal mit ihm alleine gelassen, egal wohin sie geflohen ist, egal um wie viel Uhr und unter welchen Umständen, sie nahm mich immer mit.

Als ich sieben Jahre alt war, sind meine Mama und ich ausgezogen, und dann wurde es ruhig. Als meine Mama und ich am Tag des Auszugs beim Abendessen saßen, habe ich meine Mutter ganz begeistert angeschaut und gesagt: „Boah, Mama, wie schön ruhig ist das, denn keiner brüllt." Für mich eine komplett neue Erfahrung. Meine Mama hat recht schnell nach der Trennung einen neuen Partner gefunden, ihren jetzigen Ehemann und meinen Adoptivvater. Die Jahre nach der Trennung habe ich meinen leiblichen Vater nur sporadisch gesehen, es gab mehrere Gerichtsverhandlungen, weil das Jugendamt ihm das Umgangsrecht entziehen wollte, und es gab von seiner Seite viele leeren Versprechungen und große Enttäuschungen. Im Endeffekt war es wie eine typische On-Off-Beziehung. Wir hatten mal für einige Monate Kontakt, dann brach er wieder ab. Meist, weil ich ihn nicht mehr anrief, weil wieder irgendetwas vorgefallen war und er sich nicht in der Verantwortung sah, mich vielleicht auch mal anzurufen.

Als ich vierzehn war, hatten wir das letzte Mal längeren Kontakt. Als ich sechzehn war, lief ich ihm an Karneval zufällig über den Weg. Außer ein paar Anschuldigungen, dass ich die Schuld dafür tragen würde, dass er wegen suizidalen Gedanken in Therapie war, sagten er und seine derzeitige Frau nicht viel.

Ich wollte dem Ganzen noch einmal eine letzte Chance

geben, und wir trafen uns noch einmal. Aber ich habe während des Treffens schnell gemerkt, dass er sich noch immer nicht geändert hatte, deshalb habe ich mich danach nicht bei ihm gemeldet, und er sich bei mir auch nicht.

Das Gefühl, anders zu sein, hatte ich, glaube ich, das erste Mal im Kindergarten. Wenn die anderen Kinder miteinander spielten, saß ich alleine, still und irgendwie traurig in einer Ecke. Dieses Gefühl hat sich über die Jahre und mit der Pubertät verstärkt. Aber das Gefühl war ja nie falsch oder unbegründet. Wegen meiner frühkindlichen Erfahrungen und Prägungen habe ich mich anders entwickelt, anders entwickeln müssen als andere Kinder. Früher habe ich mich damit unwohl und alleine gefühlt. Heute weiß ich um die positiven Seiten des Andersseins und weiß sie zu schätzen.

Ich habe Abitur gemacht und Anfang dieses Jahres meine Ausbildung zur Medizinischen Fachangestellten beendet.

In der Zeit, in der ich mit meinem Vater zusammengelebt habe und auch danach, war ich sehr still, ängstlich und zurückhaltend. Meine Strategie, mit der Situation umzugehen, war, alles immer zu ertragen, mich immer zu ducken und niemals den Mund aufzumachen. Diese Verhaltensmuster sind tief verankert, aber ich arbeite stetig daran, es zu ändern und mehr für mich einzustehen. Als Kind und in meiner Jugend habe ich meiner Mama und meinem Adoptiv-Papa gegenüber genau das gegenteilige Verhalten an den Tag gelegt. Ich war sehr rebellisch und habe so unterbewusst versucht, das Machtgefälle auszugleichen, also die Machtlosigkeit meinem Vater gegenüber mit extremer Rebellion meinen Eltern gegenüber. Ab und zu schlägt dieses Verhalten heute noch durch, aber ich arbeite daran und es wird immer besser. Heute weiß ich, dass auch die Essstörung, die mich seit meiner Kindheit dauerhaft begleitet, eine Bewältigungsstrategie der damaligen Umstände war. Essstörungen entwickeln sich vor allem, weil man das Gefühl hat, nichts in seinem Leben unter Kontrolle zu haben. Das versucht der Betroffene zu kompensieren, indem er krankhaft das Körpergewicht kontrolliert.

Ich wollte nie so werden wie mein Vater, und dennoch gab es eine Zeit in meinem Leben, in der ich viele Drogen konsumiert habe und den Menschen um mich herum damit sehr wehgetan habe. Ich war vor einigen Jahren für etwas mehr als zwei Monate stationär in einer Psychiatrie, hauptsächlich wegen einer Borderline-Persönlichkeitsstörung, Depressionen, einer Essstörung und suizidalen Handlungen. Auch der Drogenkonsum wurde dort therapiert. Heute habe ich das im Griff. Ich konsumiere zwar noch hin und wieder, aber unter kontrollierten Bedingungen und nicht mit einer Sucht als Antrieb.

In der Gegenwart von betrunkenen Menschen habe ich früher grundsätzlich Angst gehabt. Heute geht es mir damit besser, ich fühle mich nicht mehr so oft unwohl, aber es gibt auch heute noch Situationen, vor allem, wenn Männer betrunken sind, bei denen ich Angst bekomme und die Situation verlassen muss.

Dieses einmalige Treffen mit ihm, als ich sechszehn war, ist nun acht Jahre her, seitdem haben wir nicht mehr miteinander gesprochen. Wir wohnen ungefähr einen Kilometer voneinander entfernt, ab und zu fährt er im Auto an mir vorbei, oder ich sehe ihn beim Einkaufen. Aber das ist heute kein Problem mehr für mich, ich gehe einfach an ihm vorbei. Früher bin ich in solchen Situationen in totale Panik verfallen und habe mich hinter irgendwelche Tresen auf den Boden geschmissen in der Hoffnung, dass er mich nicht sieht.

Mit der Zeit denke ich immer weniger an das Geschehene, mittlerweile ist diese Zeit für mich wie ein anderes und vergangenes Leben, mit dem ich abgeschlossen habe. Ich fühle kaum noch Trauer oder Wut, ich bin vielmehr dankbar für das Leben, das ich heute führen darf.

Auch meine Trigger sind mit der Zeit weniger und weniger intensiv geworden. Manchmal muss ich noch an ihn denken, wenn jemand sein Parfüm trägt oder wenn ich Männer mit Glatze sehe und manchmal auch, wenn jemand sein Kölsch trinkt, aber es tut alles weniger weh.

Mein Selbstvertrauen und Selbstwertgefühl sind recht

gering, aber wie alles, wird auch das mit den Jahren besser. Ich traue mich heute Dinge, die vor einigen Jahren noch nicht denkbar gewesen wären, und ich weiß, dass ich mich in einigen Jahren Dinge trauen werde, die heute für mich undenkbar sind.

Das, was ich zu wenig an Selbstvertrauen und Selbstbewusstsein habe, habe ich dafür zu viel an Empathie und Verantwortungsbewusstsein für andere. Ich fühle mich für die Probleme meiner Mitmenschen grundsätzlich verantwortlich und möchte sie für sie lösen. Dabei gehe ich häufig über meine eigenen Grenzen hinaus, aber auch daran arbeite ich.

Ich habe in meinem Leben einige Therapien gemacht, und in allen war mein Vater eins der Hauptthemen.

Wenn es mir mal nicht gut geht, dann schnappe ich mir meinen Hund und gehe mit ihm in die Natur. Wir gehen dann an einen unserer Lieblingsplätze, und ich versuche, die schönen Dinge um mich herum – die Natur, meinen Hund – wahrzunehmen und an sonst nichts zu denken. Was mir auch immer sehr hilft, ist zu schreiben. Ich schreibe schon mein halbes Leben lang alles auf, wenn es mir nicht gut geht, wie ein Tagebuch. Es hört sich bescheuert an, aber es hilft. Manchmal schreibe ich einfach so, ohne eine spezifische Textform oder ich schreibe einen Brief an die Person selber, um die es geht, oder ich schreibe Gedichte.

In den Briefen oder Gedichten, die ich mit der Zeit so geschrieben habe, konnte ich viel von der angestauten Wut loswerden. Das hat mir geholfen, meine Emotionen zu verarbeiten und besser zu verstehen.

*Said Hobooty Fard, leitender Arzt,
MEDIAN Klinik Eschenburg*

Häufig bekomme ich die Frage gestellt, ob eine von den traumatischen Erlebnissen geschädigte Psyche irgendwann komplett geheilt werden kann. Aus der Frage klingt ein bisschen die Hoffnung auf Reparatur, welche mir sehr häufig bei Menschen begegnet, die zum ersten Mal in einer psychotherapeutischen Behandlung sind. Psychotherapie funktioniert allerdings anders. Grundsätzlich hat die Kindheit stattgefunden. Es ist nicht möglich, die gemachten Erfahrungen in der Kindheit durch andere zu ersetzen, so wie man etwa bei einem Auto ein Ersatzteil austauschen kann. Auch wenn ich diese Hoffnung auf eine einfache Lösung des Problems sehr gut verstehen kann, bin ich froh, dass es nicht so ist.

Unsere persönliche Geschichte ist es, die uns Menschen in weiten Teilen ausmacht. Auch die traumatischen und schmerzhaften Aspekte unserer Geschichte gehören zu uns. Aus meiner Sicht kann es nicht Ziel einer Psychotherapie sein, dieses Menschsein grundlegend zu verändern. Vielmehr sollte es darum gehen, einen anderen, gesünderen Umgang mit diesen Erlebnissen und Erfahrungen zu finden. Zu erleben, dass diese Gefühle von „allein gelassen" und „nicht gesehen zu werden" so sind, aber das ist Vergangenheit. Heute ist eine andere Zeit. Auch wenn es häufig vorkommt, dass Betroffene emotional in diese Zustände zurückfallen, ist man als mündiger Erwachsener nicht mehr auf die Versorgung durch die Eltern angewiesen. Darüber können neue Erfahrungen entstehen und man kann im traumatischen Erlebnis gefangen sein oder ein befreites Leben führen. Der Betroffene kann sowohl die Erlebnisse akzeptieren, als auch ein erfülltes Leben führen.

Zugegebenermaßen ist das ein weiter Weg, der viel Arbeit und auch viel Mut erfordert, um ihn zu gehen.

Nachwort

Aus einer Studie des Robert Koch Instituts von 2016, in Auftrag gegeben vom Bundesgesundheitsministerium, geht hervor:

- Unter den 3,8 Millionen Mütter und Väter mit einem riskanten Alkoholkonsum sind Väter mit 62 % häufiger betroffen als Mütter.

- Tendenziell weisen ältere Eltern häufiger einen riskanten Alkoholkonsum auf als jüngere Eltern, bei Vätern ab 50 Jahren ist jeder Dritte betroffen.

- Mütter und Väter mit niedrigem Sozialstatus weisen seltener einen riskanten Alkoholkonsum auf als Elternteile aus der mittleren oder hohen sozialen Statusgruppe.

- 93 % der Elternteile mit riskantem Alkoholkonsum haben keinen Migrationshintergrund.

- Mütter und Väter der niedrigen Bildungsgruppe weisen seltener einen riskanten Alkoholkonsum auf als Eltern der mittleren oder oberen Bildungsgruppe.

- 81 % der Eltern gehören der mittleren und höheren Bildungsgruppe an.

- 97 % der Elternteile mit einem riskanten Alkoholkonsum sind nicht arbeitslos.

Alle, die ihre Geschichten erzählt haben, berichten, dass sie ihre Eltern geliebt haben. Auch in größter Not und Verzweiflung. Sie kommen aus unterschiedlichen Gesellschaftsschichten. Meist aus unauffälligen, gut situierten Familien.

Das Ausräumen von Vorurteilen, das Aussprechen der Nöte der Kinder, Anlaufstellen, wachsame und mutige Familienmitglieder und Nachbarn, Öffentlichkeit und Raum für Gespräche – das wünschen sich die ehemaligen Kinder, die heute erwachsen sind, vor allem für die betroffenen Kinder von heute.

Mein Dank gilt den Menschen, die mir ihr Vertrauen geschenkt haben.

Ute Becker